U0577178

江省国家级非物质文化遗产

代表性传承人调研报告

浙江省非物质文化遗产保护中心 编

浙江摄影出版社

浙江省国家级非物质文化遗产代表性传承人调研报告
编委会

郭　艺　　李　晖

吴延飞　　许林田

薛益泉　　郑金开

蒋倩倩　　方春丽

目　录

前言

　　浙江是华夏文明发祥地之一，人杰地灵，人文荟萃，创造了璀璨的历史文化，既有珍贵的物质文化遗产，又有体现人民群众非凡创造力的非物质文化遗产。截至目前，浙江省入选人类非物质文化遗产代表作名录项目和急需保护的非物质文化遗产名录项目 10 项，国家级非物质文化遗产代表性项目 217 项，国家级非物质文化遗产代表性传承人 122 位，其中年逾 70 周岁的 82 位，涵盖传统音乐、传统舞蹈、传统戏剧等 9 大类，分布在杭州、宁波、温州等 11 个地市。

　　传承人是非物质文化遗产保护工作的主要对象，是非物质文化遗产的重要承载者和传递者，是优秀传统文化得以活态传承、发展的关键。在生活城市化、生产工业化、经济市场化的背景下，国家级非物质文化遗产代表性传承人的生存和传承现状如何？传承人面临着哪些具体的困惑和问题？为客观、全面、深入地了解代表性传承人的生存现状，并针对性地提出对策和建议，自 2016 年起，浙江省非遗保护中心开展了国家级非物质文化遗产代表性传承人调研工作。

　　一年多来，文化主管部门的行政领导、高等院校的专家学者、非遗保护一线的业务骨干、行业协会的从业人员以及社会各界的研究者，深入一线，走进传承人的生活，与传承人话家常、谈传承，了解并掌握传承人的实际情况，并从各自的角度撰写调研报告。

　　《浙江省国家级非物质文化遗产代表性传承人调研报告》一书共选录 34 篇调研报告，对非物质文化遗产代表性传承人所面临的问题提出了针对性的对策和富有建设性的意见，比如推出传承人医疗保险举措，建立传承人传承补贴工资卡、按月发放，对代表性传承人和技艺继承者实行双向考核，建立技艺继承者追踪制度，授予荣誉传承人和传承人退出机制，等等。这些对策和建议虽然是调查者的一家之言，代表个人观点，难免会有偏颇和不足，但是它们来自一线，为今后更好地开展非物质文化遗产保护工作提供了参考与借鉴。

本次调查研究工作与文化部开展的国家级非物质文化遗产代表性传承人抢救性记录工作衔接，有力地推进了我省国家级非物质文化遗产代表性传承人的抢救性记录工作。目前，我省已完成20多位国家级非物质文化遗产代表性传承人的抢救性记录工作，采集、记录和整理了大量的文字、图片、影像等数据。

国家级非物质文化遗产代表性传承人大多年事已高，开展传承人调研与抢救性记录工作刻不容缓。本书的调研报告描述了多位国家级非物质文化遗产代表性传承人多彩而各具特色的人生经历，展现了他们的丰富知识和精湛技艺，体现了他们的高尚品德和博大胸怀，也为我们传承、研究、宣传、利用非物质文化遗产留下了宝贵的资料。

"不能让传统文化基因在我这儿断档"，这是国家级非物质文化遗产代表性传承人的共同心声，也是我们共同的祝愿。

本书编委会
2017 年 12 月

玉汝于成　把根留住

——国家级非遗项目（鸡血石雕）代表性传承人钱高潮调研报告

临安市非遗保护中心　张侠燕

临安位于浙江省西北部，历史悠久，文化璀璨，钟灵毓秀，英才辈出。汉代置县，经过两千多年的历史积淀，文化底蕴深厚。以"鲜红如鸡血，晶莹如美玉"而驰名中外的临安昌化鸡血石，产于昌化上溪玉岩山，故名"昌化鸡血石"。广大百姓视其为辟邪纳福的吉祥物，因而广泛应用于治印和工艺雕刻等领域，创造了博大精深的美学世界，使昌化鸡血石赢得了"印石之宝""印石皇后"的美誉。昌化鸡血石与浙江青田石、福建寿山石、内蒙古巴林石并称"中国四大名石"。2008年，鸡血石雕被列入国家级非物质文化遗产代表性项目名录。

一、项目综述

昌化石的开采雕刻始于战国，明清盛行于世。其雕刻技艺独特，既依托珍贵、艳丽的"鸡血"，又受鸡血石不宜随意雕琢的制约，故而只能相形度势，巧用血色，立足写意，构思造型，充分利用石材自然色彩、质地、纹路的变化来创造和丰富作品的表现力。元末开始，昌化鸡血石列为石中珍品。清乾隆帝南巡天目山，寺院住持献昌化鸡血石一方，帝命刻"乾隆宸翰"玉玺一枚，今藏故宫博物院珍宝馆。毛泽东生前保存两方大号鸡血石对章，系齐白石所篆，今藏中央档案馆。1972年，中日建交，周恩来以国礼赠日本首相田中角荣鸡血石印章一对。2004年，《鸡血印石》特种邮票向海内外发行。

我国的鸡血石雕刻发展经受了曲折的历程。20世纪上半叶，鸡血石雕刻在逆境中生存，举步维艰。60年代以后，鸡血石雕刻逐步得到政府的重视，在家族传承的基础上走向发展的昌盛期。

1974 年，昌化鸡血石产地——上溪人民公社创办了昌化石雕刻厂，聘请了几位石雕名师，边传授技艺边进行石雕创作，培训了石雕艺人二十多名。1978 年，在轻工业部有关专家的帮助和支持下，开采昌化石的国营 207 矿成立浙江省昌化工艺美术雕刻厂，招聘石雕名师指导，进行以雕刻、制印为主的昌化鸡血石加工，培训了十八名石雕新手。两厂出师的学徒分散各地，以"师带徒"的形式壮大了雕刻队伍，并采取"走出去，请进来"的办法，提高和研究石雕技艺。进入 20 世纪 90 年代，昌化鸡血石产地的石雕厂、石雕作坊迅速发展起来，至今已发展到百余家，加上个体雕刻者，从业人员已达三百余人。在产地玉岩山南麓的国石村、玉山村，鸡血石雕作坊、店铺已连成片，形成了约 2 千米长的鸡血石雕一条街，吸引客商众多。进入 21 世纪，鸡血石雕刻队伍进一步发展，从昌化鸡血石产地的龙岗镇到临安区直至杭州、上海、北京、江苏、义乌、宁波、安徽等地，经营和加工昌化鸡血石的商店和作坊已增加到几百家，尤其是昌化国石文化城、临安市锦城鸡血石文化街的建成，给鸡血石产业的发展注入了新的活力。

从古至今，无论是什么身份背景的雕刻艺人，在进行鸡血石雕工艺的研究与实践时，都十分讲究昌化鸡血石的血色利用和创意。由于鸡血石雕刻队伍不断壮大，雕刻工艺更趋成熟，具有很高艺术价值的精品力作纷纷出现，在历次全国或全省展评中，鸡血石雕刻均获得了很高的赞誉，共有数百件作品获得大奖。

目前，昌化鸡血石雕刻队伍中有国家级代表性传承人一人、浙江省级代表性传承人二人、杭州市级代表性传承人三人、临安市级代表性传承人三人。

二、项目代表性传承人概况

（一）艰难困苦，与石结缘

钱高潮，临安区龙岗镇人，生于 1956 年，是家中四兄弟姐妹中唯一读完高中的。勤奋好学的钱高潮啃着玉米饼就腌菜萝卜，拖一双咧开大嘴的解放鞋，每天奔波于家和三四十里外的学校之间，可这样的劳累也挡不住他对艺术的热爱。在每天难得的空闲时间里，他总会用母亲给老师烧玉米粥换来的粉笔头在老屋的石墙木门上写写画画。1973 年，当时的公社千挑百选了十个青年男子，送到外地拜师学艺。钱高潮由于天资出众又受父辈影响，幸运地成为其中一员，被选送至温州学习石雕。这一走彻底改变了钱高潮一生的命运，钱高潮也从此与昌化鸡血石雕紧紧地联系在一起，再也没分开。

雕刻

　　钱高潮以忘我的求学精神一头扎进了雕刻这一无边的艺术海洋。那段在其他人看来枯燥难挨的学艺生涯成了他有滋有味的艺术"大补"期，他跟着名师泡在石头堆里整整三年，练就了一手绝活，无论刚柔的浮雕或是剔透的镂刻都不在话下，鲜活的石头在他的刀下拥有了永恒的生命。

　　1985 年，钱高潮回老家办起昌化石雕厂，后来又被省地矿厅特聘去当了五年老师。此间，自认为尚未学到家的钱高潮更加刻苦。由于交通闭塞，经费短缺，客户寥寥无几，钱高潮虽呕心带徒，操刀养家，生活仍举步维艰。

　　20 世纪 80 年代，昌化鸡血石在国内外声名鹊起。在钱高潮的带领下，一大批石雕艺人脱颖而出，石雕产业成为家乡村民的一大生财之路，钱高潮本人的从艺环境和生活条件才有了显著改善。

（二）技不厌精，玉汝于成

　　钱高潮把传统题材和绘画技法相结合，运用圆雕、镂雕、浮雕、篆刻等诸多技法，雕刻了大量鸡血石精品。操作台上有许多刀具都是他根据需要自己制作的。从事鸡血石雕刻四十多年，其石雕创作以人物为主，涉及历史事件、著名人物、典故逸闻、民俗风情、鸟虫走兽等题材，有五十余件作品在国家级石雕展评中获得大奖。鸡血石雕作品《蝉鸣》入选中国工艺美术名家作品展并被收藏；作品

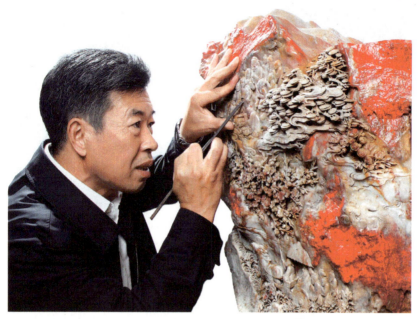

钱高潮在工作

《钱王功绩图》在北京中国国石精品展览会上获特别奖，后于2005年征集为中国工艺美术珍品，收藏于中国工艺美术馆；作品《鸡血石的传说》《中国四大名石——历代帝王薄意雕刻》《鸡血石大屏——桃园结义》分获第七届、第八届、第九届中国工艺美术大师作品暨工艺美术精品博览会"百花杯"金奖和特等奖；作品《紫气东来》以老子出关为题材，选用上等昌化鸡血石雕刻而成，最大限度利用石材，通过圆雕、镂雕、浮雕等特殊性技法和严肃性取料，因色取巧，因材施艺，获得了中国民间文艺山花奖，这是中国文艺界的最高奖项之一。

G20 杭州峰会各国政要肖像印拓片

　　花甲之年，钱高潮又对肖像印产生兴趣，接连创作了三百五十个皇帝（《历代帝王印章图谱》）、三百三十一个高僧（《佛祖道影》）、一百零八个好汉（《水浒人物一百零八图》）、十二位百年巨匠以及《中华人民共和国十大元帅》金石印件。在 G20 杭州峰会前一年，钱高潮足不出户，每天只睡五小时，专心制作参加峰会的各国元首的肖像印，光是设计就花费了几个月的时间，先对着照片画十几遍，用简单的明暗把握人物的神态，然后将纸张缩小，印在石章上，开始雕刻，不断细琢。他说，一旦上手，就如入无人之境，不到深夜不"下岗"。

　　（三）薪火相传，把根留住

　　自 1985 年回昌化办厂带徒弟以来，钱高潮已带出了百余人。令人钦佩的是，他自始至终未收一分学费。他的徒弟有些也已崭露头角，很多就在他家店的附近开了雕刻店铺。"饭店门前摆粥摊"，徒弟抢师傅的生意？钱高潮反而很高兴，他说：第一，山里人寻找

刻肖像印

生财之路不容易；第二，生意大家做，学了手艺就要施展；第三，徒弟有一天比师傅高明了，说明后继有人，技艺才能薪火相传，把根留住。

钱高潮有五名弟子被评为省市县级鸡血石雕代表性传承人。他研究生毕业的儿子钱友杰也投身于石雕行业，继承他的事业。对于是否让儿子传承鸡血石雕刻的技艺，钱高潮曾有过犹豫。他告诉笔者，早期的雕刻生涯很辛苦，他不愿意让儿子吃这份苦，但是作为国家级非物质文化遗产代表性传承人，他又有责任将技艺传承下去，儿子的选择让他感到欣慰。

三、传承现状及存在问题

通过鸡血石雕刻行业调研和对传承人的走访，笔者认为：鸡血石雕刻被国务院列为国家级非物质文化遗产代表性项目，为鸡血石雕的传承、弘扬、保护提供了千载难逢的机遇；但同时，鸡血石雕也面临着前所未有的冲击与挑战。

（一）鸡血石矿产资源日益减少，可供雕刻的原材料越来越稀少

昌化鸡血石是昌化石中最珍贵、最稀有的矿产，是不可再生的资源。经过几百年——特别是20世纪50年代至80年代——的开采，鸡血石矿产资源已越来越少。近年来，政府部门加大了对鸡血石矿产资源的保护力度，严格控制开采。现在可供雕刻的鸡血石材，尤其是精品毛料，越来越少，一些鸡血石雕工艺师开始转向其他外地石材谋求生计。同时，鸡血石毛料价格昂贵，一块好的石料不经任何加工也能卖个好价钱，在客观上影响了鸡血石雕技艺的提高。形成合理的保护机制，珍惜资源，节约资源，优化资源配置，是鸡血石雕刻业可持续发展的重中之重。

（二）市场不景气，鸡血石雕产业日渐式微

从20世纪80年代开始，市场逐渐认识到鸡血石的价值；2010年左右，全市鸡血石相关产业产值达五亿元，到达顶峰。此后，因消费者对艺术品回归理性消费，产业需求不断萎缩，到2016年，全市鸡血石相关产业的产值下降到三亿元左右，并且仍存在大幅下滑的趋势（图一）。鸡血石雕产业经济效益大不如前，产业发展空间受限，部分从业人员转行，想学艺的人也大为减少，目前从事相关产业的人数从最高峰2010年的三千人左右下降到现在的一千二百人

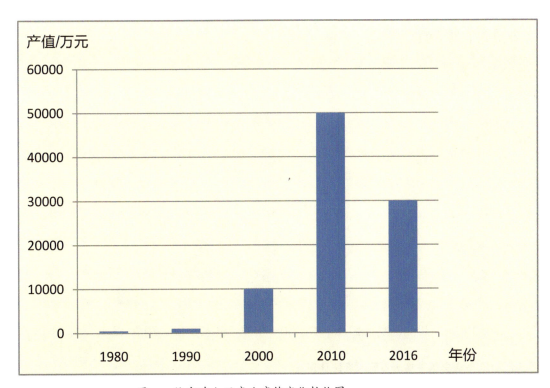

图一：临安鸡血石产业产值变化柱状图

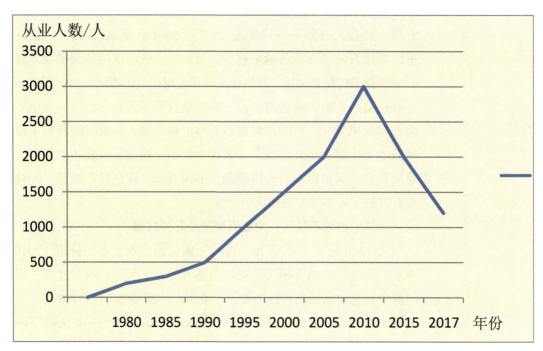

图二：鸡血石雕从业人数变化曲线图

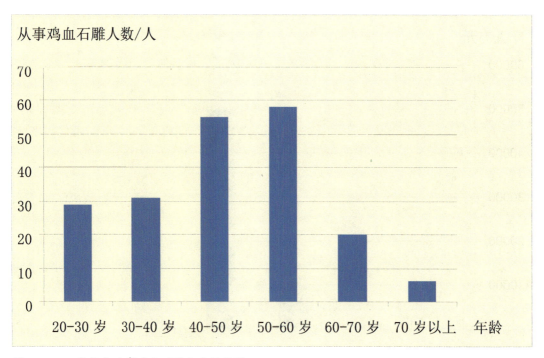

图三：2016年临安从事鸡血石雕人数统计图

左右（图二）。

（三）传承队伍结构不合理，艺人青黄不接

目前，鸡血石雕刻技艺主要是通过言传身教等方式进行传授。由于工艺复杂，一件作品的完成要经过十多道工序，技术难度大，掌握技艺至少要经过三年五载的磨炼；同时，劳动强度大，费时费力，生产环境较差；传授方式比较脆弱，传统手工作坊的生产模式在市场经济大潮冲击下逐渐失去竞争力。因为艺难学，钱难赚，在未成名之前很难解决生计问题，所以不少石雕艺人弃艺从商，传承队伍势单力薄。钱高潮也感觉到，自己手把手教出来的徒弟并没有像他一样对雕刻事业有高度的追求、无比的崇敬与热爱和愿意为之付出一生的执着。据不完全统计，目前全市直接从事鸡血石雕刻的人员只有二百人左右，而最具有活力的四十岁以下人员最少，只占30%；四十岁以上的占70%；五十岁以上的人占42.2%。整个传承队伍结构呈倒金字塔形，年轻的接班人没有及时跟进（图三）。

（四）作品同质化，缺少竞争和创新能力

目前，鸡血石雕刻行业大多是家庭手工小作坊，规模较小，店面兼作坊，有的师傅带一两个徒弟，有的请几位师傅在作坊雕刻，条件都比较简陋，雕刻的品种、造型大同小异，产品同质化，难以形成规模与气候；同时缺少创新，大多数石雕只能说是产品，没有上升到艺术品高度，缺乏竞争力。

（五）机械化智能化引入，艺术水准下降

机械化智能化技术的发展使得在雕刻中同样可以让机器来取代手工，从业人员因此逐渐失去了对鸡血石雕的敬畏和虔诚的艺术创作积累，一切都变得快速高效，缺少一件艺术品所能彰显的艺人的心血和智慧。钱高潮认为，手工制作与机械化生产的区别在于，一件手工艺品是独一无二的，它包含着工匠的创作，融合了艺人的思维、心情和性情，它是灵活、多彩的，而不是千篇一律的。心气正才能看到石料里头蕴含的天地正气，但心气是要培养的，现代化技术代替不了。作为手艺的传承人，一定要有职业道德，更要有社会责任感。

（六）理论研究相对不足，技艺传承只能口授心传

昌化石雕从战国发展到现在，经过两千三百多年的历史积淀，已成为了一份十分宝贵的文化遗产，其中有的历史资料需进行抢救性发掘和整理。鸡血雕刻技艺的发展脉络和内涵亟待深入研究，如何在传承的基础上创新并永葆发展活力，需要不断探索、总结、交

流。为此，专家学者关注鸡血石雕，编纂出版了昌化鸡血石方面的书籍，但无论是民间还是官方，对作品和雕刻大师的介绍都比较多，对鸡血石雕的雕刻技艺、欣赏、保藏、传承以及后续发展研究相对滞后，影响了鸡血石雕刻技艺的传承和发展。

四、保护对策

（一）加大对昌化鸡血石矿产资源的保护

针对矿产资源的不可再生性，省、市、县各级政府须齐抓共管，重拳出击，出台一系列政策性文件、法规，加强对昌化鸡血石矿产资源的保护，遏制无序开采的现状。目前，应按照依法治矿的路子，强化法治意识，严格执行国家的矿产资源法，不断完善和落实地方矿产管理法规，建立以鸡血石产地为核心区域的昌化鸡血石保护基地，对鸡血石严格实行计划开采，加大鸡血石矿产资源的保护力度。

（二）扩大对鸡血石雕的宣传与展示面

扩大宣传，多方面、多角度地对鸡血石雕进行展示，具体措施如下。一是搭建活动交流平台：积极参加省内外各类非遗展示活动，增加投入，扩大参展人数、展示面积、展示数量，尽可能为各级传承人搭建展示舞台。二是对鸡血石雕进行专题宣传报道：争取在各级各类媒体对昌化鸡血石雕刻技艺各级代表性传承人进行深度宣传，提高广大群众的自觉保护意识，形成社会共识，营造全社会关心、支持鸡血石雕刻业发展的氛围。三是利用各级文化网站对传承人进行宣传介绍。四是编纂融知识性、通俗性、普及性于一体的乡土教材《鸡血石雕》，系统介绍鸡血石雕的历史渊源、活动现状、工艺价值、雕刻技法、艺术特色等，并列入本地中小学教学计划，普及鸡血石雕刻知识和技艺，从小培养学生的热情与兴趣。

（三）强化硬件建设投入力度

目前，临安从事鸡血石矿开采业的有六百多人，经营鸡血石的店家和加工企业有一百二十多家，雕刻人员二百余人，累计从业人员一千二百多人，年销售产值约三亿元。为使鸡血石雕艺术更好地传承发展，要提高昌化鸡血石的文化附加值，积极发展鸡血石雕刻文化创意产业，强化鸡血石雕文化街、昌化国石文化城建设，为农民致富探索一条可持续发展之路。目前，临安尚无一家政府投资兴建的昌化鸡血石雕博物馆，建议临安区政府在即将完成的博物馆中开辟一层作为鸡血石雕博物馆。同时，积极鼓励民间建立鸡血石雕艺术馆。

（四）拓展传承人培养渠道

加大对传承人的培养。在临安昌化职高、国石村建立鸡血石雕传承人培训基地，培养年轻一代鸡血石雕刻艺人。同时，完善传承制度，实施传承人签约考核机制和传承基地签约机制，凡国家级、省级、市级代表性传承人，须分别确定传承徒弟并签订传承协议书，明确双方的责任与义务。文化部门对传承保护基地、代表性传承人、专职学徒实行年度考核，并加大补助投入。

（五）深化与高校科研机构的交流与合作

充分发挥临安综合性大学——浙江农林大学的作用，发挥高校的科研和人才优势，为鸡血石雕的人才培养提供有力的专业支撑和技术支持。同时，加强与中国美院和青田、福建石雕艺术机构的交流与合作，通过"请进来、走出去"的办法，提高鸡血石雕队伍素质，探讨艺术创新，为鸡血石雕的发展拓展空间，加快发展步伐。

（六）加强市场培育，增强鸡血石雕产业经济活力

由政府对昌化国石城、锦城鸡血石文化街等特色商业平台进行政策扶持，降低商铺租金标准，或者由财政向市场建设方发放商铺租赁补助，用于弥补因商铺租金优惠而给商铺产权所有者造成的损失，从而鼓励所有鸡血石雕企业与作坊开设店铺，以形成规模集聚效应，吸引潜在客户。

国家级非遗项目（越窑青瓷烧制技艺）代表性传承人嵇锡贵调研报告

杭州市西湖区非遗保护中心　洪烨丹

越窑青瓷烧制技艺是我国重要的非物质文化遗产。由于众多环境、社会因素的影响，加上越窑青瓷断烧年代久远，恢复工作极为艰辛。此项目唯一的国家级代表性传承人嵇锡贵年事已高，技艺的保护传承现状堪忧，调查、研究、保护工作迫在眉睫。本文希望通过对嵇锡贵家族史、个人经历、传承实践和现状的调查研究，为越窑青瓷烧制技艺的抢救性保护提供意见，从而促进我省非物质文化遗产的保护与传承。

一、项目综述

（一）越窑青瓷概述

青瓷因其烧造年代较早，素有"母亲瓷"之称，而在青瓷的几大窑口中，以越窑烧造年代最早，历史最为悠久，也最为著名。越窑青瓷兴起于东汉，成熟于魏晋，兴盛于唐，衰落于南宋，延续一千余年，影响范围极广，对韩国青瓷乃至日本陶艺都产生了深远的影响。

越窑青瓷制造工艺于晚唐时期达到巅峰，诗人陆龟蒙赞以"九秋风露越窑开，夺得千峰翠色来"。茶圣陆羽更是对越窑青瓷推崇备至，连素有"南青北白"之称的邢窑白瓷都难以与其平分秋色，陆羽认为："若邢瓷类银，越瓷类玉，邢不如越一也；若邢瓷类雪，则越瓷类冰，邢不如越二也；邢瓷白而茶色丹，越瓷青而茶色绿，邢不如越三也。"可见，越窑青瓷在审美情趣与文化内涵上都达到了极高的水平。

"越窑"一词出现于唐代，因其鼎盛时期的瓷窑主要分布在浙江东北部宁绍平原一带，大致属于唐代越州七县的范围，故而得名。

考古发现，古窑址多在今慈溪、余姚、上虞、萧山、余杭一带，其中以上虞曹娥江中游、慈溪上林湖区域为最盛。近年来，浙江省致力于对越窑青瓷的保护、研究、开发工作，成立了不少越窑青瓷的生产、管理机构和陶瓷艺术工作室。同时，为了更好地保护传承越窑青瓷造型、装饰、烧制技艺，越窑青瓷烧制技艺已被列入国家级非物质文化遗产名录。恢复发展越窑青瓷烧制工艺，促进越窑青瓷的生产，已成为文化建设的重要内容之一。

（二）项目基本情况

自 2005 年加强非物质文化遗产保护工作以来，浙江省政府高度重视越窑青瓷烧制技艺的申报、保护、传承与开发。2011 年，由浙江省上虞市（现改为绍兴市上虞区）、杭州市、慈溪市共同申报的越窑青瓷烧制技艺入选第三批国家级非物质文化遗产名录（表一）。2012 年，由杭州市西湖区推荐的嵇锡贵被认定为越窑青瓷烧制技艺国家级代表性传承人（表二）。

此外，浙江省各地还涌现出一批极具代表性的传承人，如杭州市西湖区郭琳山[①]（已故），萧山区郦越宁，宁波市慈溪市孙迈华，绍兴市上虞区俞支援、陈鹏飞等，他们都致力于越窑青瓷的恢复与发展。

（三）保护传承现状

为了更有效、更全面地传承与发展越窑青瓷，让传统工艺融入现代生活之中，浙江省正在加快推动越窑青瓷宣传、展示、传习工

八、传统技艺（共计26项）

序号	项目编号	项目名称	申报地区或单位
1167	Ⅷ-187	越窑青瓷烧制技艺	浙江省上虞市、杭州市、慈溪市

表一：第三批国家级非物质文化遗产名录截图

八、传统技艺（112人）

类别号	流水号	姓名	性别	民族	出生年月	项目编码	项目名称	申报地区或单位
8	04-1917	嵇锡贵	女	汉族	1941.12	Ⅷ-187	越窑青瓷烧制技艺	浙江省杭州市

表二：第四批国家级非物质文化遗产项目代表性传承人名单截图

---

① "郭琳山"入选第三批浙江省非物质文化遗产项目代表性传承人，公布文件见《浙江省文化厅关于公布第三批浙江省非物质文化遗产项目代表性传承人的通知》（浙文非遗〔2009〕65号）。

杭州市西湖区西溪贵山窑陶瓷艺术馆

第一批杭州市非物质文化遗产宣传展示基地证书

作的推进以及生产基地的建设。2010 年，上虞市（现改为绍兴市上虞区）上浦镇中学被认定为浙江省非物质文化遗产传承教学基地[②]。2011 年，慈溪市上林瓷苑被认定为浙江省非物质文化遗产宣传展示

[②]　《浙江省文化厅、浙江省教育厅关于公布浙江省非物质文化遗产传承教学基地的通知》（浙文非遗〔2010〕31 号）。

嵇大师制作越窑青瓷

基地③。杭州市西湖区西溪贵山窑陶瓷艺术馆于 2013 年和 2014 年先后被列入第一批杭州市非物质文化遗产生产性保护示范基地④和第一批杭州市非物质文化遗产宣传展示基地⑤。2017 年，贵山窑陶瓷艺术研究室还被认定为第二批浙江省非物质文化遗产（越窑青瓷烧制技艺）生产性保护基地⑥。以杭州市西湖区、慈溪市、绍兴市上虞区为代表的各地政府正将越窑青瓷纳入地方文化产业、旅游产业和教育事业之中，进一步加大传习力度，对接生产性保护，挖掘文化旅游市场，扩大越窑青瓷的影响力。

二、项目代表性传承人概况

嵇锡贵，女，浙江湖州人，1941 年生。中国首批高级工艺美术师，中国工艺美术大师，亚太地区手工艺大师，中国陶瓷艺术大师。毕业于景德镇陶瓷学院美术系陶瓷设计专业，从事陶瓷制作六十余

③　《浙江省文化厅关于公布浙江省非物质文化遗产宣传展示基地的通知》（浙文非遗〔2011〕74 号）。
④　《杭州市文化广电新闻出版局关于公布第一批杭州市非物质文化遗产生产性保护示范基地名单的通知》（杭文广新社文〔2013〕8 号）。
⑤　《杭州市文化广电新闻出版局关于公布第一批杭州市非物质文化遗产宣传展示基地名单的通知》（杭文广新发〔2014〕23 号）。
⑥　《浙江省文化厅关于公布第二批浙江省非物质文化遗产生产性保护基地的通知》（浙文非遗〔2017〕1 号）。

年，擅长陶瓷装饰，作品以越窑青瓷、青花瓷见长。2012 年，被认定为第四批国家级非遗代表性传承人 [7]。2013 年，被中国陶瓷工业协会授予"中国陶瓷艺术、设计、教育终身成就奖"。

（一）家族史与求学经历

因越窑青瓷的断烧年代较早，如今我们已经很难清晰地考证出历代的传承谱系。与其他家族传承的技艺不同，嵇锡贵大师的祖辈们并未从事过陶瓷艺术相关的工作，她的深厚功底完全得益于在景德镇市陶瓷美术技艺学校、景德镇陶瓷学院的系统学习，以及向老一辈艺人学者们孜孜不倦的求教。

值得一提的是，嵇锡贵大师与先生郭琳山因陶艺而结缘，两人在陶瓷创作上均有很高的造诣，嵇大师擅长陶瓷彩绘，郭琳山大师主攻陶瓷雕塑，大女儿郭艺也从事陶瓷艺术创作。在其 1992 年与丈夫郭琳山、女儿郭艺共同举办的陶瓷艺术作品展上，著名陶瓷艺术家邓白先生曾手题"陶艺人家"相赠。一家三口有着共同的志趣与爱好，这给嵇锡贵大师在陶瓷技艺的提升和越窑青瓷的恢复上提供了不少助力。

嵇大师早年求学于景德镇市陶瓷美术技艺学校和景德镇陶瓷学院，先后受教于邹镇钦 [8]、聂杏生 [9]、王步 [10]、张志汤 [11]、余翰清 [12]、魏荣生 [13]、石宇初 [14]、段茂发 [15] 等老一辈艺人。在国画、素描、青花、青瓷刻花、粉彩、古彩等方面打下扎实的基础，这为她日后从事陶瓷艺术创作和越窑青瓷的恢复与创新都提供了不小的帮助。

在嵇锡贵大师的艺术成长之路中，还有一位恩师不得不提，那就是中国美术学院的陶瓷艺术家邓白先生。邓白先生认为，优秀的陶瓷作品不能为了形式过于注重工艺技法而失去个人感受，否则只能让作品多了匠气少了灵气。与邓白先生的交流和探讨使得嵇锡贵大师在陶瓷艺术的创作上有了更高的追求，也同样是邓白先生的指引与期望，开启了她的越窑青瓷传承之路。

---

[7] 《文化部关于公布第四批国家级非物质文化遗产项目代表性传承人的通知》（文非遗发〔2012〕51 号）

[8] 邹镇钦，民国时期绘瓷名家，以青花见长。

[9] 聂杏生（1909-1981），男，江西丰城人，中国陶瓷美术大师，著名陶瓷艺术家，擅长画青花和粉彩。

[10] 王步（1898-1968），男，江西丰城人，中国陶瓷美术大师，尤精于青花。

[11] 张志汤（1893-1971），男，江西婺源人，绘瓷名家，擅长粉彩。

[12] 余翰清，民国时期绘瓷名家，以粉彩花鸟见长。

[13] 魏荣生，生卒年不详，擅画粉彩人物。

[14] 石宇初，20 世纪 40 年代景德镇陶瓷名家，擅长花鸟。

[15] 段茂发（1900-1976），江西都昌人，在古彩艺术方面造诣颇深。

越窑青瓷粉彩盘《缠枝牡丹》（杭州西溪贵山窑提供）

（二）传承实践与作品创作

20世纪80年代，嵇锡贵大师从中国轻工业陶瓷研究所调回浙江工作，定居杭州。出于浙江人对传承越窑青瓷的一份责任与热忱，在邓白先生的帮助下，她和先生郭琳山开始了越窑青瓷的恢复工作。他们先后几次前往素有"露天青瓷博物馆"之称的上虞、慈溪两地考察，到上虞瓷厂指导越窑青瓷的恢复工作，搜集瓷片、瓷土、窑具等资料，绘制青瓷残片图样手稿，进行整理研究。1987年，法门寺唐塔地宫出土了十三件秘色瓷，终于揭开了历代相传的青瓷极品——秘色瓷的神秘面纱，这也使他们在越窑青瓷的研究上有了更长足的进步。

越窑青瓷粉彩瓶《水仙花》（杭州西溪贵山窑提供）

稽大师不仅致力于越窑青瓷传统工艺的恢复与传承，同时也着力于发展创新。受工艺限制和审美情趣的影响，传统的越窑青瓷装饰手法主要为刻花、划花、印花和褐彩彩绘。为了更好地体现时代精神，符合当下的审美情趣，在传统手法的基础上，稽大师结合早期在景德镇陶瓷学院学习的青瓷刻划花技艺，创作出了一批新的青瓷作品，让越窑青瓷焕发出了新的光彩。

三、传承人现状及存在问题

2011年，稽锡贵大师与丈夫郭琳山大师在杭州市西湖区设立西溪贵山窑陶瓷艺术研究室、西溪贵山窑陶瓷艺术馆，进行创作教学，同时开展两人的陶瓷作品公益展。同年，稽大师被浙江省慈溪市人民政府聘请为青瓷文化顾问，指导慈溪市越窑青瓷研究所工作，现担任浙江大学客座教授，景德镇陶瓷大学客座教授，中国艺术研究院硕士研究生导师。

在不断提高自身造诣的同时，稽大师从不曾忘记传承与延续越窑青瓷的责任与使命。2012年在杭州市文创办的政策支持下，由政府出资收徒，通过全国报名、严格筛选，甄景虎、周明明等五人成为其入室弟子。2016年6月，收杭州余杭仓前洪文陶瓷厂陶瓷工艺师罗洪文为徒，于江南水乡文化博物馆举行收徒仪式。在稽大师的谆谆教导与悉心栽培下，目前这几位弟子都能够独立创作出较为优秀的青瓷作品。2016年11月，在贵山窑最新烧制出的作品中，有部分就是其弟子的佳作，例如甄景虎的越窑青瓷《听荷》《石语》文房系列，陈兴圆的越窑青瓷刻花盘《方圆之间》、越窑青瓷褐彩瓶《海浪》，张爱青的越窑青瓷捏塑《八仙过海》，周明明的越窑青瓷褐彩瓶《叶》，等等。2016年12月，稽大师带领贵山窑团队参加中国工业设计协会主办的中国设计原创奖"传统与再造"陶瓷设计大赛，她与弟子甄景虎、罗洪文、陈兴圆、张爱青、周明明、李红伟等共同创作的"历史长河"系列作品获得铜奖，获奖作品赠予联合国教科文组织永久收藏。

虽然稽大师在保护与传承越窑青瓷方面做出了不懈的努力，但同其他许多非物质文化遗产一样，越窑青瓷烧制技艺也面临着传承的难题。

（一）市场严重萎缩，无法产生经济效益，让有志于学习的人望而却步

从早期的生活日常用品一路走到巅峰时期的皇家贡品，再到而今被现代的生活用品所替代，越窑青瓷正在逐渐失去其生存土壤和消费市场。不断萎缩的消费需求就是不断萎缩的传承空间，这不仅让越窑青瓷只能成为陈列室里的艺术品，还将大大打击传承人与学徒的积极性。

据嵇大师介绍，制瓷技艺学习时间久，陶瓷创作耗费时间长，每一件作品从泥巴到成品都要经过七十二道工序，期间任何一点瑕疵都可能毁了一件作品，因此每一件成功作品的背后往往有许多件废品，精力之费与其所产生的经济效益不成正比。在互联网＋的热潮中，嵇大师也曾尝试着通过网上销售打开市场，让生产性保护促进技艺的传承，杭州日报网站曾专门开辟线上销售专栏，但因陶瓷艺术品运输困难、乏人问津等原因，最终没能取得预期的效果。创作如此艰辛而作品的价值却得不到认可，这往往成为年轻人不愿意学习的主要原因。

（二）传承人年老体衰，新学后生能否传承技艺仍是未知之数

生于 1941 年的嵇锡贵大师现年七十六岁，如此高龄还要创作精品、带徒传艺实属不易。贵山窑的另一位大师、嵇锡贵大师的先生，浙江省越窑青瓷代表性传承人郭琳山大师已于 2011 年去世，他与嵇大师共同创作的"婴戏"系列也成为绝响。虽然目前嵇大师身体依然康健，但随着年龄的增长，其身体条件终将大不如前，而越窑青瓷技艺的传承需要长期的探索与实践，如今的几位学徒虽然学有所成，但能否真正继承嵇大师的衣钵还是一个未知数。

（三）政策保护力度有限，不能有效解决传承困难

虽然目前各级政府在加大力度进行传承人保护，中央每年提供给国家级代表性传承人不少于一万元的补贴，但对于解决非物质文化遗产的传承经费困难仍是杯水车薪。以越窑青瓷为例，在面临制瓷原料的采购、机器设备的更新、参展评奖的费用等种种支出的情况下，如果不能和生产性保护相衔接，只靠传承人一力承担是断然难以为继的。

四、保护对策

（一）细化法律法规，制定保护与振兴越窑青瓷的制度办法

从保护现状来看，国家立法层面仅出台一部《中华人民共和国非物质文化遗产法》是远远不够的。以日本为例，通过国家立法来保护文化遗产的法律就达七部之多，而且进行了细分。若要有针对性地保护与振兴越窑青瓷烧制技艺及其他传统手工艺，则须细化法律法规，出台专项制度办法，做到有的放矢。

（二）录制传承人纪录片，制作传承人口述史，作为档案资料永久保存

以台湾地区为例，台湾文化建设委员会曾制定《民间艺术保存传习计划》，由台湾艺术学院等以承办艺术大师传习的形式开展为期三年的传习计划，在实施过程中用文字和录像将艺人的传授过程以及制作技艺进行全方位的记录，使后人对民间文化有一个更为直观形象的认知。

以越窑青瓷传承人嵇锡贵大师为例，2015 年由她的女儿郭艺编著的口述史《中国工艺美术大师全集——嵇锡贵卷》已完成出版。相关的纪录片也曾录制过不少，如中央台拍摄的"东方之子"专题片《中国工艺美术大师——嵇锡贵》、浙江电视台拍摄的《陶艺人家》等。如果能在此基础上加以完善充实，作为档案资料加以保存，将是今后越窑青瓷烧制技艺传承保护的重要文献和影像资料。

（三）加强艺术熏陶，营造艺术氛围，促进越窑青瓷消费市场的大发展

传统越窑青瓷烧制技艺流失的重要原因之一是消费市场的萎缩，严重打击传承人和学徒的积极性。想要改变这一现状，需要从全民开始加强艺术熏陶，在全社会营造浓厚的艺术氛围。从长远来讲，鼓励传承人进校园、办展览，广泛开展传统文化教育普及活动，宣传非遗知识，传授非遗技艺，十分有利于越窑青瓷消费市场的恢复，最终促进其传承与保护。

附：嵇锡贵学习与实践经历年表

时　间	内　容
1955 年	拜民间艺人为师学习陶瓷技艺。
1957 年	进入景德镇陶瓷美术技艺学校学习。
1965 年	景德镇陶瓷学院美术设计专业（本科）毕业，同年，分配进入中国轻工业陶瓷研究所。
1986 年	调入浙江省工艺美术研究所从事浙江陶瓷的创作与研究。

1987 年	师从邓白先生研究制作越窑青瓷，研制了一批新产品，此后一直从事越窑青瓷恢复工作。
2001 年	实施"越窑青瓷陶瓷彩绘艺术研究"项目。
2002 年	实施"越窑青瓷艺术的传承与开发"项目。
2005 年	实施"浙江越窑青瓷褐彩装饰艺术的研究"项目。
2007 年	实施"浙江越窑青瓷捏塑创作艺术的研究"项目。
2011 年	设立西溪贵山窑陶瓷艺术工作室、西溪贵山窑陶瓷艺术馆，致力于越窑青瓷的保护与传承。
2015 年—2016 年	受邀设计 G20 杭州峰会的国宴用瓷，负责《西湖韵》《繁华盛世》《国色天香》三套国宴用瓷的花面总设计。

参考文献

1. 王文章主编，郭艺编著，《中国工艺美术大师全集——嵇锡贵卷》，安徽美术出版社，2015 年 1 月第 1 版。

2. 嵇锡贵、陈趣联、柯妮赛主编，林天仁编著，《越窑青瓷烧制技艺》，浙江摄影出版社，2015 年 12 月第 1 版。

3. "我们圆桌会"第 20151031 期，《传统工艺 如何薪火相传？》，杭州电视台综合频道。

国家级非遗项目（张小泉剪刀锻制技艺）代表性传承人施金水调研报告

杭州张小泉集团有限公司　　王艳

一、项目综述

1628 年，张小泉品牌的创始人张小泉首创镶钢锻制技艺，一改当时用全铁锻打、刃口容易磨损变钝的制剪工艺。他在刀口镶上一层钢，使其锋利耐用，而剪体仍用全铁，易于弯曲造型。产品剪刃锋利，剪体柔美，达到了名副其实的"刚柔相济"的效果。

张小泉剪刀锻制技艺，需经过七十二道工序：1.试钢→2.试铁→3.拔坯→4.开槽敲断→5.打钢→6.嵌钢→7.出头→8.搁弯→9.蹬里口尾部→10.圆壶瓶→11.装壶瓶→12.理头→13.挖里口尾部→14.改里口→15.锉里口尾部→16.刻记号→17.锻剪股→18.敲克膝→19.凿眼→20.拷剪刀→21.复眼→22.配剪刀→23.冲剪刀→24.锉外口→25.锉核桃肉→26.锉头→27.刻记认→28.粗磨外口→29.粗磨里口→30.淬火→31.细磨外口→32.细磨里口→33.光泥砖→34.烫干上油→35.检验→36.上油捆扎→37.拷下脚→38.锉毛坯头爿→39.锉下脚→40.绕壶瓶→41.锉下脚→42.挨头爿→43.挨下脚→44.挨壶瓶→45.合脚→46.直缝→47.抢头爿→48.串剪刀→49.除油→50.浓盐酸除锈→51.镀三元合金铜→52.软布抛光→53.镀紫铜→54.镀镍→55.软布抛光→56.镀铬→57.检验整理→58.宕磨→59.拖锋→60.烫干上油→61.检验→62.凿销钉→63.冲眼钱→64.相配→65.钉眼→66.拷油→67.凿花→68.检验→69.擦干净→70.上油→71.扎藤、扎丝→72.包装入库。

以这一技艺锻制的产品，其锋利度可剪切断开一百二十八层白布，现代科技生产的产品无法与其比肩，新的制剪技术尚不能将其完全替代。

这种数百年前的创新变革对我国工业、手工业的发展曾经产生过十分积极的影响。用现代科技的眼光分析，它科学地解决了一项材料应用学方面的重大课题。由于镶钢锻制，"张小泉"渐成著名品牌；也由于镶钢锻制，"张小泉"得以长足发展，历数百年而不衰。直到今天，"张小泉"仍具备良好的可持续发展条件和乐观的拓展前景。

2006年，张小泉剪刀锻制技艺被列为第一批国家级非物质文化遗产代表性项目。

二、项目代表性传承人概况

施金水口述：

施金水

我今年八十三岁，小时候家里穷，为了糊口，我十三岁就开始给人家打短工。为了让家里少一张吃饭的嘴，十四岁的时候，我父亲托了关系，把我送去学制剪。那是在清河坊的扇子巷1号，做的都是张小泉剪刀，式样、规格都是按张小泉剪刀的要求，工序也是按张小泉的步骤来的。我当时跟着郭立金师傅，郭立金师傅那时候在制剪行业是有名的。郭师傅的炉灶隶属于"张小泉"，他们只做半成品，半成品搞好了，就送到"张小泉"。"张小泉"经后道加工成成品销售。这些炉灶都是为"张小泉"加工半成品的作坊。我的师傅在"张小泉"的众多师傅里是实力比较硬的。他的师傅，也就是我的太师傅王小柏，在"张小泉"的师傅里名气也是很硬的。老一辈的技术那么好，那我更得好好学习，不能马马虎虎、随随便便的，要把师傅的手艺和名气传下去，因此我就刻苦地学习、锻炼。学徒生活很是辛苦，就跟把自己卖给师傅家里一样，每天凌晨两三点就要起床干活，一直到深夜才可以休息。虽然学徒生涯异常清苦，但是我一直记得母亲对我说的话：男伢儿要学好技术才有饭吃。当时，铺子里有五个学徒，师傅不允许徒弟轻易自学技艺，规定只能学其中的一个环节。我一心只想着要学手艺，就抽出睡觉的时间去别的铺子偷学。当时扇子巷共有四家剪刀作坊，空闲之余，我便会跑到施阿伟师傅的作坊里学钳手。那时剪刀作坊大都是雇三四个人，自己掌钳锻制剪刀，自己联系出售剪刀坯子。一段时间后，师傅看我做得不错，便让我正式做了钳手。

施金水和他的徒弟

　　1953年，我参加了"张小泉"的合作社，当全面手，从钢铁拿进到打造出整把剪刀我都会，圆头、长头、西式剪刀等十几个品种都会做。1957年，杭州张小泉剪刀厂成立，我成了厂里的第一批工人。领导们很重视我，我在技术科、质检科都做过，后来是全厂的技术总管。

　　1965年到1988年的二十三年间，国家共组织了五次全国剪刀质量评比大赛，"张小泉"每次都名列第一，荣膺五连冠殊荣。在评比大赛中，有一个项目是剪切棉布，即将布叠成一叠，看一次能剪下多少层。如果剪刀锋利度、强度不过关，就无法夺魁。当时，"张小泉"钢口、锋利度、式样都比较好，二十层布都剪得下；而北京"王麻子"名气是有的，锋利度却比不过我们，剪不下去，就评不上。2011年，韩国KBS电视台慕名到"张小泉"拍摄老字号专题片，要求复原当年"张小泉"参赛时剪切白布的场景。别说二十层布我们轻松剪下，我们最后把一百二十层棉布层层叠起，连剪三次，次次成功。

　　现在虽然机器大生产取代了传统手艺，但不可否认的是，传统工艺制作的剪刀削铁如泥，耐用性更强。传统手艺才是张小泉剪刀这一中华老字号的根。锻剪过程中有三个工艺最重要——镶钢、缝道、热处理，如果我们要传承的话，这些就是重点，而剪刀式样什么的都是次要的。什么样的剪刀才是好剪刀？一定要铁软钢硬。在铁打的剪刀刃口覆上一层钢，剪体造型柔美，又确保刃口锋利，可谓"刚柔相济"。这是一项考验悟性的技艺——那么小一块钢要恰到好处地覆在刃口，却要钢铁分明，什么时候下锤是个问题，常需碰运气——早下一秒，钢要碎；晚下一秒，钢铁又无法融合。有人说，钢和铁冒火花时一榔头下去时机最佳；也有人说，钢和铁加热到"杨梅红"时方可动手。其实这个没有太多讲究，全靠自己琢磨。

我们这套活计，光动嘴巴不行，要手把手去教。为了让制剪技术流传下去，让更多的年轻人认识、了解这门传统工艺，原本应该在家享清福的我受邀演示技艺，传经授徒。我每周都要去手工艺活态展示馆转转，与徒弟们一起锻铁制剪，为人们展示张小泉剪刀最原汁原味的制作工艺。传统工序原来有七十二道，现在简化了一些，

施金水锻制剪刀现场

还有四十道。我们三个人配合，一般半天可以完成一把。但不是每把剪刀都合格，合格率在80%左右，不合格的都要扔掉，不能流出去，否则会坏了名声。传统工艺制作的剪刀看起来不精美，年轻人用得不多，对这个感兴趣的人就更少了。但这是老祖宗留下来的绝技，还是要代代相传下去才好。

作为第一批国家级非物质文化遗产代表性项目张小泉剪刀锻制技艺国家级代表性传承人，施金水全面掌握锻制剪刀的七十二道工序，擅长锻打1—5号民用剪，款式有圆头1—5号、长头1—5号等，产品规格统一，头样笋状式，壶瓶酒坛式。1959年，1—5号锻制民用剪被中国革命博物馆收藏；1965年以后的二十三年间，锻制民用剪连续五次获全国剪刀质量评比第一名；1979年，锻制民用剪荣获国家优质产品银质奖。退休后，施金水经常回厂传授锻制技艺，对该项目的传承和发展起到了积极作用。

三、传承人现状及存在问题

（一）传承人年龄偏大，身体机能下降，出行存在安全隐患

传承人施金水现独居在家，前几年妻子在世时，两人还相互有个依靠，妻子过世后只剩他一个人。虽有儿女时常回家探望，但并不能时时陪伴在侧。有一天清晨，施金水独自出门，一不小心摔了一跤，伤了手指，为此还住院了一段时间。

（二）传承人业余生活匮乏

平时，施金水的生活很规律，也很简单。早睡早起，白天独自乘坐公交车到西湖边逛逛，定期去手工艺活态展示馆张小泉剪刀锻制区看看徒弟们的活计，手痒的时候也会抢起锤子亲自打几把剪刀。除此之外，几乎没有其他业余生活。

（三）传承人收徒难，技艺传承面临断层考验

据公司调查，当年能够纯手工从头到尾制成一把完整剪刀的师傅2006年尚有四十八人，到2009年仅存四十二人，年龄基本都在八十岁左右，到2016年已经所剩无几，且大多年老体弱，力不从心，而锻制剪刀无疑是一项技术性很强又非常繁重的体力活。原来被认定为张小泉剪刀锻制技艺国家级代表性传承人之一的徐祖兴已于2011年去世，掌握凿花工艺的技师邱宝安也已去世。由于锻制剪刀非常辛苦，施金水带的徒弟退休后都不愿再从事这项工作，而现在的年轻人也几乎不愿意学这门手艺。

（四）有关张小泉剪刀锻制技艺的研究资料稀缺

长期以来，张小泉剪刀锻制技艺的传承都是通过父子或师徒言

施金水在锻制剪刀

传身教，没有文字、影像资料的记录。一旦人才出现断层，技艺难免失传。再加上"张小泉"发展史上很多宝贵的资料都在"文化大革命"中损毁了，研究工作困难重重。

（五）手工剪市场化程度低，影响传承人收入

锻打剪刀需要两个人合作，平均一天只能打一把，效率不高，产量不高，售价也不高。有一段时间，施金水和徒弟制作了二百三十七把剪刀，销售额只有六千四百元，均价才二十七元，最贵的特1号民用剪也就卖了六十元钱。虽然手工剪刀剪切强度更大，但因功能单一、其貌不扬，并不为消费者特别是年轻人所接受。销售额上不去，自然影响了传承人的收入。

四、保护对策

作为中国极少数能够历经四百年而不衰的民族自主品牌，"张小泉"应义不容辞地承担起保护和传承的职责。为此，企业推出了以下几大举措。

（一）组织支持，资金保障

调整充实非遗保护委员会，聘请有关专家对保护工作做出宏观决策，成立专项工作组具体实施保护措施。保护传承张小泉剪刀锻制技艺是一项大工程，除政府对非遗传承的专项资金扶持外，企业须每年拨出一定资金推进传承保护工作。

（二）尽可能关心传承人的生活

传承人除了每年能够获得各级政府的补助资金外，每逢春节、中秋节、重阳节到来之际，企业都会向传承人送上慰问信、慰问金

张小泉剪刀锻制技艺传承人

和慰问品。传承人生病住院时，企业会派人前往探望，让传承人感受到企业对其的关心，不至于产生失落感。非遗传承中的师徒关系是现代企业中很难找到的，师与徒之间往往接触更多，更加亲密，甚至在一定程度上更像是亲人。所以徒弟要时常关心传承人的身体状况，关怀和帮助传承人的生活起居。

（三）后继人才的培养

启动拜师授艺，从企业内部员工中招募具有丰富制剪经验且有志于技艺传承者，择优录用，给予较好的待遇，由国家级和省级代表性传承人授艺，进行传承活动。目前，张小泉剪刀锻制技艺共有五位传承人，分别是国家级代表性传承人施金水，浙江省级代表性传承人张忠尧，杭州市级代表性传承人陈标、丁纪灿、陈伟明，但年龄还是普遍偏大。国家级、省级代表性传承人年龄均过八十岁，三位市级代表性传承人都在五十岁以上。培养传承人的工作任重而道远。

（四）做好文字、影像记录，完善非遗档案

充分运用数字多媒体技术，邀请身体尚健的钳手师傅分解操作锻制技艺，拍成录像，每一道工序的操作全过程拍好后，再对这道工序所完成的实样拍一个特写镜头，全面、系统地记载张小泉剪刀锻制技艺的七十二道工序。同时，为每个传承人单独拍摄照片和视频，建立传承人个人档案库，完善资料。

（五）讲好非遗故事，打造文化品牌

"张小泉"作为一家有着四百年历史和深厚文化底蕴的企业，将品牌故事与非遗产品相结合、提高手工剪刀产品的附加值，是其未来的发展方向。同时，通过恢复并开发不同功能的手工剪刀、设

采访现场

调研现场

计时尚且具有历史厚重感的包装、开发传承人与消费者的互动体验项目、开辟私人定制产品等一系列举措，挖掘非遗产品的价值，走一条保护和传承与产业相结合的可持续发展之路。

（六）加大宣传力度

结合非遗传承基地建设，计划在东洲厂区重新规划一条完整的手工锻制生产线，作为工业旅游项目对外开放，使其成为杭州一个新的工业旅游景点。同时，努力将产品打造成为文化、旅游纪念品，创新传承方式，谋求非遗传承的可持续发展。

非遗人生：半个多世纪的滚灯情缘

——国家级非遗项目（余杭滚灯）代表性传承人汪妙林调研报告

余杭区非遗保护中心　王祖龙　唐希婧

余杭滚灯源于浙江余杭翁梅一带，流传至今已有八百余年历史，是节庆和灯会期间表演的具有明显竞技特点的民间舞蹈。南宋诗人范成大在诗作《上元纪吴中节物俳谐体三十二韵》中曾对滚灯作如下描绘："掷烛腾空稳，推球滚地轻。"可见南宋时滚灯就已流行。

余杭地处杭州近郊，南宋时为京畿之地，各种庙会活动频繁，滚灯作为旧时俗节迎会仪仗队伍中必有的特色节目，十分盛行。余杭翁梅位于钱塘江北岸，古代盐业兴旺，海盗频频入侵，当地民众遂以滚灯竞技比武，以示实力强大，使海盗不敢侵犯。此后数百年，余杭民间一直把滚灯作为一种吉祥之物、强体之宝、娱乐之器，每逢元宵或庙会（主要是元帅庙会）必参与表演，因而世代相传。

余杭滚灯集舞蹈、技巧、体育于一体，具有多样性、综合性、竞技性的鲜明特征。其九套二十七个表演动作具有独特的艺术构思和典型的地域特色，目前仍然活跃于民间庙会之中。2006年，余杭滚灯被列入第一批国家级非物质文化遗产名录。2012年，汪妙林被认定为该项目国家级代表性传承人。

一、与滚灯的长情相伴

（一）滚灯世家走出来的舞灯好手

汪妙林于1945年6月出生在余杭翁梅，祖祖辈辈以务农为生。汪妙林的祖父汪阿长是耍滚灯的一把好手，在翁梅一带颇为出名。到父亲汪生洪、伯伯汪阿江、叔叔汪阿龙这一辈，耍滚灯变成了一种传统，每人都练就一身非凡技艺，尤其是叔叔江阿龙，长得魁梧颀长，力气也最大，耍起滚灯来虎虎生风，气势不凡。他对汪妙林也特别喜爱，凡有滚灯演出都要把他带上。汪妙林自小耳濡目染，

汪妙林

汪妙林参加上海国际艺术节

对滚灯有别样情愫。

　　"那时候庙会盛行,我们这边主要就是元帅庙会,我的爷爷、爸爸和叔伯都很积极地参加庙会表演。那时候我还小,但是心里就很向往。"每每谈起自己与滚灯的结缘经过,汪妙林都心生感慨。20世纪60年代,庙会取消了,滚灯日趋式微,十几岁的汪妙林和同村四五个也喜爱耍滚灯的年轻伙伴找来了一只一人多高、五十多斤重的大滚灯,聚集在一起,几乎天天晚上以耍滚灯、争抢滚灯为乐。有一次,汪妙林和几位伙伴在新丰村郭墓庙练习耍滚灯,他两手翻飞,足下生风,引得围观群众连连拍手叫好,几位年长的耍灯者对他赞不绝口,认为他以后一定是滚灯高手。从那之后,汪妙林对待滚灯更是多了一份自信和虔诚,他对滚灯的感情也更深厚了。汪妙林成年后,身高一米八余,体形魁梧,渐渐在舞滚灯上崭露头角,成为当地滚灯表演的代表性人物。1963年,余杭文艺工作者挖掘民间艺术时意外发现了舞滚灯的汪妙林和他的滚灯世家,他因此参与了滚灯被发掘后的首次大规模表演,使久违了的余杭滚灯重新出现在余杭群众面前,这在当时形成了不小的轰动。20世纪70年代,他与年轻伙伴一起表演余杭滚灯,为视察西安村青年民兵俱乐部的浙江省军区司令员作汇报演出。20世纪八九十年代,更是参加了大量的踩街、庙会活动,进行滚灯表演。1996年,还参加了在杭州举行的中日传统文化节暨民间艺术大串演,把滚灯舞得出神入化,美不胜收。

　　（二）滚灯套路的全能之王

　　"舞灯者以八字步站立于灯后,双手抓住灯的顶部,轻轻提起,

1963年，十八岁的汪妙林在家门前进行滚灯表演

1972年，作为为数不多的掌握凳上舞滚灯技艺的艺人，汪妙林进城表演

左手往右猛推，右手顺势将滚灯抢至身后，如此反复进行四五次，在滚灯缠身时用手上的旋转动作使滚灯不停旋转，这样的动作就叫'金蛇缠身'。"汪妙林是鲜有的掌握滚灯表演全部套路动作的舞灯者，特别是"霸王举鼎""旭日东升""白鹤生蛋""鹧鸪冲天""蜘蛛吐丝"等传统的高难度表演动作，几乎只有他一人可以完全胜任。百余斤重的大滚灯一般人连举都举不起来，在他手里却能上下翻滚，左右旋转，神气活现。传统滚灯套路中，"金蛇缠身"的动作技巧性强，表演时两手抓住滚灯不停地围绕身体左右旋转。换手时，表演者须用一只手把滚灯旋起来，在旋转中进行交接。表演技巧不熟练的人往往会使滚灯脱手飞走，可汪妙林表演时从没脱过手，人人服他。汪妙林还能站在高凳上进行滚灯表演，围绕滚灯做"虎跳""雁旋翻滚"等一些杂技和武术动作，极具观赏性。

（三）黑心滚灯竞技场上的常胜将军

滚灯有黑红之分，中间的小球包红绸的称"红心灯"，又称"文灯"；中间的小球包黑绸的称"黑心灯"，又称"武灯"。武灯除了滚灯本身外，还要加上缠灯铁链等物的重量，每只重百余斤。黑心滚灯表演时，流行竞技比试，可增加铁链缠绕以增加重量，舞灯者相互争抢，互较高下。年轻时的汪妙林在这种竞技中所向披靡，不仅能将百十斤重的滚灯耍得密不透风，还能穿插各种套路表演，大气磅礴，在当地无人能出其右。

二、传承现状，存在问题及保护对策

2005年，汪妙林因为在余杭滚灯传承发展上做出的贡献被评为余杭区首批民间艺术家。2008年，他被认定为浙江省非物质文化遗产（余杭滚灯）代表性传承人。2009年，他被评为首批浙江省优秀民间文艺人才。2012年，他被认定为国家级非物质文化遗产（余杭滚灯）代表性传承人。随着余杭区非物质文化遗产保护工作的不断推进，汪妙林和政府的联系也日益紧密，在共同保护余杭滚灯这一非遗瑰宝的艰难道路上，汪妙林坚定地行走着。

汪妙林的第一个亲传弟子就是他的儿子汪永华。汪永华从小表现出对滚灯的喜爱，汪妙林也很希望孩子能继承自己的滚灯衣钵，把滚灯世世代代地耍下去。汪妙林说，汪永华和自己一样在少年时就已经掌握了简单的基本功，自己对他的指导是从那一招"金蛇缠身"开始的。九套二十七个动作中最难的要数"蜘蛛吐丝"，这个动作需要耍灯者用嘴咬住滚灯顶部的一个麻绳头，仅凭咬合的力量提起滚灯，在颈部和腰部力量配合下甩动滚灯使之随身体转动。这个身法由汪妙林的爷爷一辈一直传承下来，到了汪妙林这一辈已经几乎没有第二个人能完成了，为了使这一动作不失传，汪妙林对几个徒弟倾囊相授，却只有汪永华一人学成。在汪妙林的指导下，汪永华的滚灯耍得刚劲有力，变化多端，速度更是超过了父亲，也与父亲一起致力于滚灯艺术的传承与发展。

汪妙林和儿子汪永华一起组建起了西安村滚灯队，带出了西安村民赵金伟、陈永辉等十余名徒弟，保留了原汁原味的滚灯艺术。这支滚灯队以社区为依托，利用空闲时间练习滚灯套路，在汪妙林的带领下活跃于各类庙会、节庆活动中，受到当地百姓的欢迎。

三、古稀老人的滚灯憧憬

"滚灯现在发展得越来越好了，但是困难也越来越大。我已经七十岁了，虽然能力有限，但还是想多为滚灯做点事。"汪妙林说，现在传统庙会不再盛行，滚灯失去庙会的依托，活动机会大大减少了。过去，年轻人热爱耍滚灯，把滚灯当作是强身健体、交流切磋的媒介，而现在青年人对民间艺术缺乏了解和兴趣，传承、发展传统滚灯套路较为困难，传承现状堪忧。尤其是自己最为看重的大滚灯，因为技巧性强，套路复杂，目前能胜任的学徒少之又少。

作为滚灯传人，汪妙林没有停下传承的脚步，他开始找寻适合余杭滚灯发展的更多可能。他加强了和政府部门的沟通联系，在政府部门的支持下，余杭滚灯产生了巨大的社会影响，不仅走进鸟巢，走出国门，还走进了群众的心中，广场上、空地边，随处可见滚灯舞动的身影，自2015年起开展的百村千场滚灯操大赛更是荣膺浙江省体坛十佳——"最具特色群众体育健身活动"。

"政府的力量是强大的，余杭滚灯的发展离不开政府的支持和培育。"汪妙林如是说。现在，穿梭在城区的马路上，能看到巨大的滚灯做成的城标；走在社区的小道上，边上就是余杭区的首个专题非遗馆——余杭滚灯文化西安社区展示馆。汪妙林的余杭滚灯传承计划一是以村落为基地，一代代地传承；二是以家庭为基础，手把手地传承。目前在政府的支持鼓励下，在以汪妙林为代表的传承人群的多方努力下，传承范围逐渐扩大，传承模式也逐渐被打破：一支余杭滚灯青少年阶梯队伍正在快速建设。梯队一是以南苑社区和钱塘社区为核心，立足于当地业余文体团队，以掌握男子大滚灯的技术要领为重点，定期集训骨干队伍；梯队二是开通青少年体验通道，利用社区假日学校等平台，通过观看滚灯文化宣传片和滚灯操练等途径，给青少年提供了解滚灯、接触滚灯的机会；梯队三是继续借助文化馆、中泰武校等较为成熟的滚灯团队，开展滚灯的专业舞台创作与表演，提升滚灯的文艺品质。

此外，汪妙林通过各种非遗展演、非遗座谈等机会，与余杭区乡土文化名人、其他项目的代表性传承人群以及热心非遗事业的志愿者们紧密联系，在非遗保护工作上交换意见，互相学习。他还通过拍摄公益宣传片推广滚灯，让非遗民间保护走向深入，走向专业。

阮世池鼓词艺术研究

温州大学 陈芳

温州鼓词是浙南大地上绵延了数百年的民间曲种，有"浙北弹词浙南鼓词"的美誉。它之所以深受畦农、市女、野老、村氓所爱，离不开历代艺人的艺术创造。阮世池是温州鼓词艺人的杰出代表，温州鼓词阮派唱腔的创始人，唱腔委婉柔和，表演生动，尤其擅长塑造女性角色。作为温州曲艺界的元老、泰斗，其演唱艺术可用十六字来概括："艺龄最长，曲艺最精，大家风范，受人尊重。"因其对温州鼓词的贡献，2008 年 2 月，阮世池被文化部认定为国家级非物质文化遗产项目温州鼓词代表性传承人。

阮世池

一、阮世池的艺术生涯

（一）少年时期

1929 年 10 月，阮世池出生在浙江瑞安的一个贫苦家庭，家中兄弟姐妹七人，他排行老二，一家九口靠父亲帮人做雨伞骨和母亲摆小水果摊勉强维持生计。因生活所迫，阮世池仅读了四年小学就辍学给父亲做了帮手。阮世池从小聪明好动，六岁那年学人家倒立，不慎摔伤左腿髋骨。因年少不知伤势的严重性，又怕家人责骂，不敢说出真相，以至于错过了最佳医治时间，造成终身残疾。

1940 年，阮世池师从瑞安陶山的词师王启凡先生学唱鼓词，自此便和温州鼓词结下一生不解之缘。阮世池第一次登台是在十三岁那年，当时唱鼓词的地方都用八仙桌当舞台，他的个子很小，由大

阮世池在瑞安湖滨公园为大家演唱（阮立忠摄）

人扶上桌面演唱，演唱的曲目是《蟠龙镯》。刚唱完四句，这不起眼的小孩子就引起了观众的关注，观众赞扬他咬字准、吐字清、声音亮，都说这个"细儿"（"孩子"）将来一定有出息。那次演出后，阮世池得到了一块银元，这对一个穷孩子来说是笔不小的财富，那种兴奋也无形之中化作了学习的动力。

为了使阮世池能学到更多的好词目，母亲遍访名师，此后三年，阮世池分别跟了三位先生，学会了不少词目，十六岁时已经能唱多本鼓词，如《十二红》《五凤图》《七星剑》《黄金镯》等。最为难能可贵的是阮世池能够吸取众师之长，结合自身嗓音特点加以变化，逐渐形成自己的演唱风格，十六岁时在瑞安就已小有名气了。

在阮世池的少年时期，中国正处于水深火热的战争中，抗日烽火燃遍全国，作为血性男儿，阮世池对日本侵略者也有刻骨仇恨。为响应抗日声浪，十四岁的他自编自唱了鼓词《苏有才做寿》，讲一位不甘日寇蹂躏的中国妇女拿起菜刀反抗却被日寇所杀的故事，演出异常轰动，后来还被编成曲艺戏在温州各地演出，阮先生还扮演了戏中的女主角。他幼时读书不多，却能自编鼓词，还能演戏，也算是这行里的佼佼者了。

（二）青年、中年时期

1949 年，瑞安解放，曲艺艺人翻了身。"卖艺生涯身价低，受尽地痞流氓欺。一次出门一次怕，夜夜归来泪湿衣。千钧霹雳开新宇，万里东风扫残云。"[1] 为了表达对党的感激，响应国家政策，阮世池连夜赶排节目《踊跃抢购胜利公债券》，第二天就单独背着琴

---

[1] 选自《阮世池鼓词选·回忆录》，瑞安市文化馆温州鼓词研究办公室编，2008 年。

鼓到瑞安城关街头演唱宣传，接连唱了二十多场，听众人山人海，反响强烈，一时间形成抢购胜利公债的热潮。演唱鼓词带来的轰动效应引起了政府的重视，1950 年初，瑞安县文化馆组织了瑞安县民间鼓词艺人协会，阮世池当选为委员。1952 年，阮世池被推选为该协会主席。抗美援朝期间，阮世池相继编写了《朝鲜母亲》《上甘岭》《黄继光》《捉拿麦克阿瑟》等词目进行宣传。1951 年，为宣传《婚姻法》，他创作了《婚姻法唱本》，唱遍瑞安县各区乡。词本控诉了旧社会的婚姻买卖，很多妇女听了泣不成声，手帕浸透泪水，打扫剧场的工作人员说很多座位前是涕泪成"塘"，场面感人程度可想而知。

1958 年 8 月 14 日，对阮世池来说是一个终生难忘的日子，至今仍让他倍感荣耀。是年 8 月，全国曲艺会议在京召开，由杭州人谭伟创作、阮世池演唱的鼓词《别靠天》被选中进京演出，对于一个从瑞安小县城里出来的民间艺人，这样的机会何等难得。更让他难忘的是，演出时周恩来总理也到场观看，第二天在怀仁堂操场，总理还和大伙一起照相。8 月 16 日，全国曲艺代表大会开幕，阮世池作为青年代表坐上主席台，同台的还有老舍和赵树理这样的名家，会后居然还能参与《曲艺大跃进》电影的拍摄，这一切对他来说真是难以置信。接着，阮世池入选文化部组织的全国巡回演出队，一起演出的有高元钧、骆玉笙、蒋月泉等全国曲艺名家。巡演从沈阳开始，经天津、山东、江苏、广东等十一个省市，历时四个多月。

巡回演出结束后，演出队改名为"前线慰问团"，到福建前沿阵地慰问演出。为了让军人们听得懂鼓词，阮世池就用普通话来演唱自己创作的词目《李大娘智捉特务》，虽然普通话不太标准，但是他的演唱生动形象，获得阵阵掌声。就这样，前线慰问团连续演出五十多天。这次近半年的外出演出经历对于阮世池来说非同寻常，不同地区的优秀节目同台演出，相互学习交流，从不同曲种中汲取营养来充实自己，把南腔北调融合成自己的东西，这也是他之所以比别的艺人思路更开阔、唱腔更丰富的原因。更重要的是，这段时间的经历让他更自信，坚定了他为鼓词做贡献的决心。

此后几年，阮世池迎来了个人鼓词事业的高峰，他的演唱更加成熟，每到一处演唱，台下都座无虚席。在那个文艺缺乏的特殊时代，温州鼓词是温州地区主要的曲种，拥有大批的观众，在当时的温州地区，"阮世池"三字无人不晓。三年困难时期，瑞安县有三个政府特殊照顾的人物，当时农科所研究水稻的专家管仲远、著名中医金慎之，还有一个就是阮世池，可见当时在瑞安人心目中阮世池是多么重要的人物。随着录音机的问世，他的鼓词录成磁带被奔赴海外的华侨们带到多个国家传唱，形成"有温州人的地方就有鼓词"这一文化奇观。

1960年，浙江省文化厅下达命令要对传统鼓词进行搜集、整理和"消毒"工作，这是一个艰巨的任务。瑞安县曲艺协会五十多个会员能唱的就有七百多本鼓词，每一本约三千句，这些鼓词大部分没有词本，都是按照口传心授代代相传的，大多数词本都在艺人们脑子里保存着。当时阮世池是协会主席，在他的带领下，会员们把记忆中的鼓词一一进行记录分类，第一类是有益无害的，第二类是有益也有害的，第三类是有害无益的。此后便着手整理改编，主要是针对第二类词本，把其中不健康的思想内容进行删改，这类词本有《粉妆楼》《十粒金丹》《玉蜻蜓》等。而第三类词本在内容上基本是宣扬通奸谋杀、因果报应、割股治病等封建迷信的，当即被禁演，这类词本大概有十多本，如《庄子开棺》《杀子报》《大香山》等。这一工作进行了整整五年。

1966年，"文化大革命"开始，鼓词被批成"叫花子艺术"，因为内容大都是帝王将相、才子佳人的故事，所以还顶着一顶"宣传封建四旧"的大帽子，所有鼓词都被勒令停唱，阮世池被批为"反动艺术权威"，家也被抄，一些传统的词本被洗劫一空，他还被拉出去戴高帽挂黑牌游街示众，身心受到极大的伤害。所幸有群众挺身而出为他说话，使他免受一部分体罚。后来，他和其他十四个艺人退出文艺界，放弃了鼓词，集资办起生产广播器材的小工厂来养家糊口。

（三）老年时期

"昨天白雪压冬梅，不争出头待时来。万丈阳光扫残雪，今日盛发二度梅。""文化大革命"结束后，阮世池又被邀请参加宣传队搞曲艺改革工作，在"文化大革命"期间曾经暗暗发誓今生再不唱鼓词的他禁不住领导的再三邀请，重操旧业，被借调到瑞安越剧团的文宣队，成立鼓词改革小组。劫后创作的第一个节目《送粮》赞扬了瑞安三八粮店职工的好人好事。在这个节目里，他一改传统鼓词一人演多个角色自唱自伴奏的形式，第一次尝试双档对唱，并用了琵琶、二胡、三弦和月琴来伴奏，这种形式让观众感觉很新鲜，受到了好评，于是一批双档演唱的鼓词就问世了。1978年，阮世池被调到瑞安县文化馆，与曲艺队的其他成员一起对演唱的形式加以革新。他改编鼓词《宝莲灯》为三档演唱，伴奏乐器除了牛筋琴、扁鼓、小抱月、三粒板外又加上大鼓、大堂鼓，高潮时采用大调唱法，气势恢宏。《宝莲灯》在瑞安城乡各个大剧院演出时，场场爆满，好评连连。

1980年6月，浙江省第二届文代会在杭州召开，这次大会与第一届文代会时隔二十六年，很多老会员都已白发苍苍，甚至有些人已经去世，五十一岁的阮世池也是两鬓斑白，在这次会议上被选为省文联会员、省曲艺协会副主席。

阮世池在艺术上取得了非常高的成就，是浙江省曲艺界的泰斗，这位唱红了瓯江南北的鼓词大师培养了一批批高水平的鼓词艺人。步入老年的阮世池不仅坚持自己演唱鼓词，在鼓词演唱上不断寻求新的突破点，更注意新人的培养。传统学唱鼓词都是由师傅口传心授，进度比较慢，记起来也不方便，为了方便学员学习，他把自己演唱的词本进行整编，供学员们学习。1978年，举行第一期培训，他与文化馆的工作人员们一起招收了十五名学员。第一次培训采用的方法比较传统，先让学员背诵词本，然后再教唱腔和表情。1982年7月，举办第二期培训班，这次培训由他和文化馆的胡平一起来教学，还请了温州地区著名的词师丁凌生和陈志雄来一起授课。这次授课内容丰富，伴奏方面有鼓板训练、牛筋琴演奏方法以及定调；演唱方面有鼓词演唱的九种板式、常用的五种曲调和舞台演唱风格；还有词本编写方面的内容。这次全方位的培训让学员们收获很大，使得鼓词教学从口传心授转变为系统化的训练，同时也使得温州鼓词第一次有了比较系统的理论，意义非凡。

早在1952年任瑞安曲协主席时，阮世池就带了十几个学生，一心想将瑞安这份独特的文化传承下去。至今，分布在瑞安、鹿城、乐清、玉环等地的学生有三十多位，徒孙上百人。许多学徒都获得了很高的荣誉，在鼓词艺术的研究和创作上也都取得了成就，鼓词艺术正在代代相传。阮世池今年六十多岁的学生陈光波说，阮先生一生在艺术上兢兢业业、精益求精，为人刚正不阿，对学生总是关心照顾有加，跟他学艺是不收费的，阮先生总是真心、用心、细心地教好每一位学生。在阮老八十大寿的庆典上，来自温州各地的徒子徒孙纷纷亮相，阮世池说起当天的场面还颇为激动。如今，阮派后人徐玉燕、张世贤、阮爱兰（阮世池的女儿）成为了温州曲艺舞台上的当红明星。

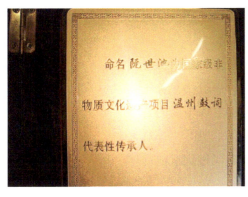
代表性传承人证书

阮世池长子阮立忠致力于鼓词资料的收集与整理。自瑞安成立鼓词研究会以来，他已整理了《瑞安曲艺》《鼓词集》等专门文献。说起鼓词的收集与整理，阮立忠功不可没。从小看着父亲四处演出，在叮叮咚咚的牛筋琴声中长大，鼓词就是他儿时最深刻的记忆。他说："我对鼓词有比别人更难以言语的感情，这是我童年的记忆、如今的事业。我希望现在所做的工作可以为鼓词日后的发展做一点铺垫，期待瑞安鼓词可以重焕光彩。"

1993年，阮世池被浙江省文化厅授予"民间艺术家"称号，2000年，被中国曲艺家协会授予"新中国曲艺五十年特别贡献艺术家"称号。他的传略被编入《中华人物辞海》《中国当代艺术界名人录》《中国文艺家传集》等书。他有一本装裱华美的证书，上面写着："五十年来，您为发展和繁荣新中国曲艺事业做出贡献，特颁发荣誉证书，以资纪念。"现在，他已退休二十多年，平时除整理、编写词稿外，还常常到电视台、电台演出，有时还被邀请到一些院校、幼儿园上曲艺课。他见证了时代的变迁，也见证了温州鼓词发展的历史。

二、阮世池鼓词的音乐特征

温州鼓词因演唱风格不同而流派众多，公认的三大派为阮派、郑派、丁派。阮派抒情，郑派古朴，丁派豪放。阮世池的鼓词演唱道白流利、通俗，多市井俚语，叙述清楚、流畅，感情真切，唱腔委婉抒情。他的演唱音域在降e到a1之间，刚好处于自然声区的范围，演唱平稳流畅，旋律中出现的最低音基本是方言中的去声，最高音一般都是在方言的平声或上声中，与方言音调一致，当地老百姓听了容易记住，也容易上口，加上他表演逼真生动，每次演唱后都有很多观众哼唱他的曲调。

阮世池的鼓词演唱长于抒情，这种抒情性的特征与其大量使用语气词也是分不开的。鼓词的词文韵散结合，韵文部分七字句最多，讲求押韵，平仄有序，听上去很文雅，阮世池在这些七字句的中间或者结尾加上语气词，让整个唱腔既不失文雅又亲切自然。

（一）唱腔板式的运用

板式是戏曲音乐中的节拍和节奏形式。温州鼓词的板式丰富多样，阮世池和胡平一起把温州鼓词的板式归纳为九种：原板、慢板、快板、紧板、泛板、倒板、清板、散板及数板。阮世池在板式运用上有独到之处。

首先是原板的使用。原板唱腔一般为2/4拍子，每分钟八十到一百拍，速度稳定。原板是温州鼓词的基本板式，一般用在首句或者首段，像开场四句头一般就是原板唱腔。和别的艺人不同的是，阮世池使用原板时经常速度偏慢，接近慢板，如他在演唱《宝莲灯》的开场四句头时速度就大约是一分钟七十拍，笔者问过阮世池这样处理的原因，他说是为了使唱腔更加抒情。

其次，阮世池的清板唱腔很多，且不用牛筋琴伴奏，只用三粒板或者小抱月敲击节奏，间奏也没有，基本是清唱为主，落调时牛筋琴进入伴奏。清板能考验一个艺人的唱功，一大段唱腔下来，如果最后落调对不上音准，就会跑调，而清板如果唱得好则能更清楚地表达内容，韵味更浓。阮世池唱功好，所以大量使用清板，且特别强调表演，经常边唱边做动作，生动逼真，受到观众的"烘场"（即演唱中观众为之鼓掌）。

再次，阮世池用得最少的是紧板。紧板为1/4拍子，也就是有板无眼，速度快，一般一分钟有一百八十到二百拍。紧板的特点是说多唱少，其"说"也不能和"说白"一样，它有节奏限制，是一种半说半唱。紧板中唱腔虽少但也有一定的旋律性，一般都用鼓板来衬托其说和唱。紧板都用在故事情节突变、矛盾冲突最尖锐的地方，描述打斗场景时一般都用紧板。阮世池喜欢抒情风格，在他的鼓词中打斗的场景不多，他的唱功和演功在温州鼓词的艺人中首屈一指，鼓词在他看来已经不是谋生的技能，而是神圣的艺术，所以他总是想把自己最好的一面呈现给观众。他感觉到自己表演的抒情鼓词最受观众喜欢，也最能体现自己的优势，慢慢就形成了演抒情鼓词的独有风格。演多了抒情性的鼓词，鼓板的敲击技术在艺人中就不尽突出，但这并不影响他在温州鼓词中的地位，也不影响观众对他的认可。他懂得如何扬长避短、彰显自己的特色，每次演唱都力求尽善尽美，这和普通的拿鼓词作谋生技能的艺人已经有了本质区别。

（二）主要唱腔的曲式结构

阮世池的唱腔形式丰富，他把自己的腔调归为三类：太平调、吟调和大调。在他演唱的鼓词中用得最多的是太平调和吟调，大调只在唱"大词"中使用，而阮世池最擅长唱"平词"，所以太平调和吟调就成了他最主要的腔调。太平调包括很多腔，如太平原板唱腔、太平哭皇天腔、太平游春腔、太平追雷公腔、太平母子腔、太平天女散花腔等。吟调也包括多个腔调，如相思腔、诗赋腔、赞叹腔等，以上腔调中，太平原板唱腔使用最多。太平原板唱腔节奏平稳，速度均衡，上下句对应，适合鼓词基本为上下句构成一韵的文体，所以其太平原板唱腔多为上下句结构，两个上下句结构构成一个两段（四句）式的结构。如《蝴蝶杯》中的《献杯》一段。

谱例1

这段唱腔前两句押一韵，属于方言中的青部韵 [②]，上句落 re，下句落 do，构成 do、re、mi、sol、la 的音列，前两句成一乐段。后两

---

② 瑞安方言音韵分为先、冬、江、支、歌、渔、阳、更、青、灰、真、山、寒、由、知十五部。

句中第三句不押韵，第四句呼应前面的青部韵，上句落 re 下句落 sol，构成 sol、la、do、re、mi 的音列。节奏中出现切分节奏、十六分音符、附点节奏，这些节奏的使用都是按照方言的韵律节奏而来的。旋律进行以级进和小跳为主，旋律线的进行方向和方言的音韵也是相符的，所以听起来叙述性很强，给人亦唱亦念的感觉，充分体现了说唱艺术的特点。

阮世池的吟调唱腔也以二句式为基本结构，和太平腔原板不同的是吟调的节奏比较自由，每一句的落调经常在 sol 音上，如下面的吟调相思腔。

谱例2

跟别的艺人相比，阮世池运用吟调特别频繁，而吟调的曲调亲切自然，接近说话的音调，节奏自由，大都来自民间的田歌、小曲，观众听了很有共鸣，所以特别喜欢。

（三）唱腔的多元性吸纳

阮世池在鼓词的唱腔方面是下了很大功夫的，虽然中华人民共和国成立之前他在温州地区已经小有名气，但是他为唱腔下功夫改革主要还是在中华人民共和国成立之后。因为政府对鼓词的重视，阮世池作为曲艺界代表多次参加省里的曲艺研讨会和演出，接触了各个曲种的音乐，加上他积极好学、勤于思考，所以能够对唱腔做出很大改进。他的唱腔吸收了民间小调、歌谣以及苏州评弹、温州乱弹、越剧等的音乐元素，唱腔多变，板式变化丰富，渲染出不同的艺术效果。

1.民间小调的运用

在阮世池的唱腔中，民间小调的运用很普遍，如他的吟调相思腔就来源于民间田歌，也称"耘田调"，很多温州百姓都会哼唱，音乐节奏自由，旋律平稳，像念又像唱。

谱例 3

耘田调经常被阮世池用在表达闺女思念情郎的唱腔中，所以取名为"相思腔"。如《严兰贞寻夫》中的一段（谱例2）：严兰贞想念丈夫曾荣，在梦中和丈夫相会，正好丫鬟送茶来，打破了梦境，严兰贞既伤心又无奈，就唱了这一段相思腔。

耘田调在鼓词中的运用能引起观众的共鸣，特别受欢迎。

2. 曲种唱腔的借鉴

阮世池在谈到他对南腔北调的运用时，特别强调苏州评弹对他的影响。苏州评弹发展较早，唱腔风格发展成熟，拥有很多词本，温州鼓词很多词本都是按照苏州评弹的词本改编的。阮世池在唱腔中也经常融入苏州评弹的曲调，比如他在现代词《海英》中唱到海英入狱后，狱友问她为什么年纪轻轻就入狱时海英唱的一段悲壮调。

谱例 4

阮世池说这段唱腔的旋律来自苏州评弹，谱例5是苏州弹词开篇《蝶恋花·答李淑一》的第一句，和阮世池的悲壮调音调非常像，

只是在节奏上按照瑞安方言的韵律进行改编。悲壮调的前奏四小节就来自弹词的伴奏，这种腔调和温州鼓词的传统唱腔有很大区别，偶尔在鼓词中引用评弹的唱腔使观众听了很有新鲜感，演出的效果更好。

谱例5

阮世池对笔者说，他在演唱这段唱腔时特别强调了咬字，使得瑞安方言和评弹的曲调结合得更好，尤其是在唱到"人"这个字的时候。"人"在瑞安话里读法类似去声的"nang"，嘴巴开得很大，他觉得这样唱出来不好听，于是舌头轻抵门牙，嘴张得很小，唱得像是带点前鼻音。他还把"ng"这个鼻音拖得长一点，使这一句听起来更具风格，突出海英在狱中的悲壮心情。阮世池对鼓词的处理可谓别具匠心，连一个简单的字都处理得如此细致入微。

3.戏剧唱腔的运用

瓯剧是温州的剧种之一，也称"温州乱弹"，在温州影响比较大，所以在阮世池的唱腔中也有瓯剧的音乐素材，如他的太平游春调，也叫"游山玩水调"，一般用在书生出门或者踏春游玩时演唱，曲调轻快、跳跃。在鼓词《合同记》中，小生王清明出门时就用上了这个腔调。

谱例6

以下谱例 7 是瓯剧里一段叠板转原板煞板的音乐，与谱例 6 的音乐风格相似。第一句的开始音和结尾音是一样的，中间旋律方向有所改变是因为语言的原因："看看"二字在方言中属于去声，"山"是平声，声调要比"看"高，所以旋律就改为下行。第二句是呼应第一句进行的一个对句，第一句落 re，第二句落 do，这是鼓词常用的结构形式。第三句的词是两个三字句，"桃花落"中"桃"字是去声，"花"是平声，所以旋律进行就变成先低后高，"杏花红"中的"杏"是上声，上声在方言中声调比较高，这句就用了谱例 7 中第四小节的旋律。从这一段音乐的特点来看，阮世池的借鉴不是全盘套用，而是结合语言特点和鼓词的唱腔风格进行吸收利用的。

谱例 7

越剧虽起源于绍兴嵊州，但温州地区老百姓对越剧的熟悉程度超过本土剧种瓯剧。20 世纪七八十年代，瑞安的城乡几乎到处都能见到越剧团的演出。越剧对阮世池鼓词的影响也很大，但他也不是整句搬用，而是吸收越剧委婉柔和的风格特征，在其唱腔中，句尾常常能听到越剧风格的音乐，如《秋江赶船》中的两句拖腔。

谱例 8

谱例 9

上面两句拖腔是阮世池唱腔中比较典型的拖腔，谱例 10 和 11

是越剧四工调中常见的拖腔，谱例12③是越剧尺调中常用的拖腔，把它们进行比较，可以看出阮世池唱腔中的拖腔和越剧拖腔非常相似。在笔者采访阮世池时，他也提到越剧对他的影响很大，他的唱腔主要是借鉴越剧的柔美。他说他曾经整句套用过越剧的唱腔，但是瑞安方言和绍兴嵊州的方言相差很大，整句套用使鼓词不仅失去特有的韵味，还变得不伦不类。经过反复琢磨，他把越剧的腔调融合在自己的唱腔中，在句尾拖腔中接种了越剧的音乐元素，越剧式的拖腔使得阮世池的唱腔抒情风格更突出。

谱例 10

谱例 11

谱例 12

三、阮世池鼓词的文学特征

阮世池在不同时期创作了大量的词本，内容丰富多样，既有时代感又有文学性，加上他擅用民间俚语，使得词本内容更具乡土性，具有雅俗共赏的特点。

（一）词本内容的文学性

阮世池鼓词词本内容具有很高的文学性。下面从其鼓词的语言和编写手法两个方面来分析词本内容的文学性。

---

③ 谱例10、11、12分别选自《中国戏曲音乐集成·浙江卷》下册第1422、1423、1442页。

1. 词本语言的文学性

精彩的语言是众多文学艺术作品征服受众的重要砝码，阮世池鼓词作品流传在民间，与广大人民群众的关系颇为密切，再加上温州方言有完整的语音系统、丰富的基本词汇和灵活多样的表达方式，民众的集体智慧和温州的语言特色成就了阮世池鼓词出色的语言。可通过以下三个角度对阮世池鼓词的语言风采进行分析。

（1）比喻，化平淡抽象为生动具体

比喻是阮世池鼓词作品中使用频率最高的修辞手法。喻就是打比方，即两种不同性质的事物彼此有相似点，便用一事物来比方另一事物。比喻手法的运用使阮世池鼓词作品中本来平淡抽象的语言变得生动具体。例如《黄继光》中的"一瞬时快步如火箭，一瞬时静静埋伏在草丛。每人有手雷挂身上，爬山时躲躲闪闪似游龙"。还有阮世池编写的《婆媳和》中的一段对话："乙白：种娘（为什么）演戏嘛？甲白：你真是麦里的鹧鸪、稻里的灯鸟，消息只奈一点也不灵通，让我讲来与你听……"

（2）夸张，引发联想，增强感染力

夸张是为了实现某种表达的需要，对事物的形象、特征、作用、程度等方面着意扩大或缩小的修辞手法。阮世池在鼓词作品中采用了许多夸张的手法，在引发观众无限联想的同时也大大增强了作品的感染力。例如《黄继光》中的"只听得，山崩地裂一声响，碉堡里红光黑烟满天蒙"。

（3）排比，叙事透辟，增强气势

排比是由三个或三个以上结构相同或相似、内容相关、语气一致的短语或句子排列在一起，用来加强语势、强调内容、加重感情的修辞手法。排比的使用在阮世池鼓词作品中也屡见不鲜，使作品的语言表达效果锦上添花，充分显示出了条分缕析、说理透辟，内容集中、节奏紧凑的特点。如其在 1994 年创作的《救难出英雄》中的 段："扒开残堆搬瓦砾，拨开一个大窟窿。拔出一个阿斌婶，救出一个小冬冬。挖出一个杨娇妹，背出一个阿五公。"排比的运用将救人现场的景象表现得十分突出，与文学作品中对文学形象的树立手法异曲同工。

2. 词本编写手法的文学性

（1）词本编写句式的文学性

我们接触的诗词歌赋大部分是七言四句、七言八句或五言四句、五言八句的句式，如在中国文学史上地位显赫的唐诗就以七言句和五言句居多。于是在人们的传统观念里，似乎规范的作品在句式上就应采用七言四句、七言八句或五言四句、五言八句，其实不然，实际生活中，一些优秀的民间创作在句式上都是别具一格的，阮世池鼓词就是其中之一。

阮世池鼓词的句数没有规律可循，亦不分章节，完全由作者或演唱者根据演唱内容的需要自由掌握，少的只有几十句，如《游街景（排街）》，多的可达成百上千句，如《须弥山调宝》。总的来说，句子数量完全由作者或演唱者根据演唱的内容控制，或停或唱，随意发挥，相当灵活，句子数量的多少并不影响演唱的生动性和作品的完整性。根据鼓词作品中句子长短的规律，可将其分成两大类，即整齐句和杂言句。

整齐句是阮世池鼓词作品中最常见的句式，指的是一首鼓词中无论有多少节、句，各句的字数是完全相同的。阮世池鼓词的整齐句一般是七言句，如《千秋赞颂毛主席》："霞光万道东方红，开天辟地毛泽东。胸怀神州凌云志，誓将冰河解了冻。力挽巨澜靠马列，扭转乾坤唤工农。无惧妖兵八百万，南征北战显威风。……"

杂言句是以某个整齐句为基础，偶尔夹杂其他的句式。如《黄继光》："出生在四川中江县，兴发乡里是他家。那年正是二十岁，身体魁梧体健壮。黑黑眼睛红红脸，人人喜欢叫小黄。七岁时父亲就亡故，十二岁替人当相帮。""抗美援朝号令响，小黄他，带头报名去参加……"再如《山歌唱十杯》："党政机关干部带头阵，为国为民多操心，奖给一个公仆杯，人民公仆人人敬。学校教师最辛勤，教导学生费精神，奖给一个园丁杯，培育新苗接班人。卫生人员有功劳，救死扶伤品德高，奖给一个白求恩杯，白求恩精神大发扬……"

（2）词本编写结构的文学性

阮世池鼓词的结构也不受某一固定模式的限制，展现出了多样化的特性。研究阮世池鼓词作品发现，其结构大致可以分为平摆、堆积、引进、对举、递进五种形式。

①**平摆式**。平摆如放置木石，平平摆放，给人以一种整齐、平稳的感觉，用美学的观点说就是营造一种对称美、整齐美，没有什么疙瘩和障碍，就像一块平整的地板上铺着一张四四方方的地毯。如《千秋赞颂毛主席》中的一段："霞光万道东方红，开天辟地毛泽东。胸怀神州凌云志，誓将冰河解了冻。"

②**堆积式**。按照民间文艺学家朱介凡的解释，堆积就是"堆垒

积拢，为高为大"。堆积式的结构是为了表达某种感情或是叙述某件事情，罗列诸多的事例去加以渲染和说明。如《继母贤》："儿媳年纪轻轻早亡过，抛下孙儿小秧秧。我儿子，常年工作在沈阳，留下我祖婆养孙实惨伤。"以堆积式结构列举了祖婆养孙生活上的辛酸，具有很强的艺术穿透力。

③**引进式**。引进式是以情境作引子，然后进入叹述的正题。如《山歌唱十杯》中的"金风吹，晚稻黄，丰收美景乐心窝，一支山歌唱出口，会会对面唱歌郎"。

④**对举式**。对举即所谓"两相举照，黑白分明"，创作者或是演唱者用相反的事物对举，以吸引观众的视听并引发他们的思考。假设两种截然不同的可能性，使其在作品中形成鲜明对比。在《继母贤》中，奶奶李大娘怕孙子到继母那里受委屈，将新任儿媳想得非常之坏，给孙子棉袄中塞百元大钞以防继母虐待，没成想新任儿媳出乎意料得贤惠，老太直夸媳妇好，唱着"越看下去心越甜"，前后叙述对比强烈，将一个幸福的小老太形象演绎得活灵活现。

⑤**递进式**。递进式即句句相连、层层推进的结构样式。如《婆媳和》："甲白：大伯娘（大婶）呀！乙白：只奈讲啊，碎婶！甲白：扮起快、走来紧、干道看正本。乙白：我拉的碎婶走啊，慢慢走，等一等，今日演的是什么戏呀？甲白：是《婆媳和》。乙白：格娘（什么）班（演出）呢？甲白：就是自拉（咱们）河东俱乐部。"唱词中的问答一层一层向前推进，把去听鼓词的场景表达得真切生动。

（二）词本内容的乡土性

鼓词来自民间，深深扎根于社会，本质上是以对现实世俗生活的描述为基础的民间文艺，被历代温州人民群众所喜闻乐见。阮世池鼓词的孕育、萌芽、形成、发展乃至艺术风格的最后定型，无不与乡土有着最直接的血缘关系。

1.本土观念

阮世池鼓词是从农村发展起来的，为适应这种自给自足、陈陈相因的生产、生活方式，稳固、完善、追求和谐观念的心理和"中美之声"的审美趣味产生了。它始终没有沾染太多都市的浮华气和学究气，总是朴朴素素地讲述着一个个人情故事。这种故事大抵带有传说性质，许多词目的思想和情节都不复杂，大多重情感少哲理，虽然有些词目剧情很长，但亦只是在绵绵地诉。阮世池鼓词少有征战场面，多是平凡生活里的恩恩怨怨，大多不追求奇险型、震撼型的惊人铺排，而是研磨一个简明故事中的情感波荡。再以阮世池的《继母贤》这个故事为例，从奶奶担心孙子去继母那里得不到好的对待而偷塞的一百元钱开始，其间心理活动的描写令人心酸疼惜。然后孙子给奶奶写信，寄还一百元，后又接奶奶去一起住，这一转折充分说明了继母的贤惠。最后，爸爸妈妈在吵架，使得听者心里"咯噔"一下，听下去才明白继母不想要孩子，在故事的最终进行了情感的升华。

2.本土语言

阮世池鼓词的语言以通俗而又富于文学性著称。词本细腻且具有概括性，唱词是以民间口头文学为基础而富有诗意的语言，力求雅俗共赏。句式以七字句为主，其次是长短句，但不论哪种句式，逢偶句押韵，基本要求是：唱词起句确定韵部，其后上句不韵下句押韵，可带动观众的吟咏。阮世池鼓词传统词目的语言充分发挥了民间文学的长处，语言文学色彩浓郁，通俗生动，擅用比喻，传唱时男女老少皆宜、文化高下不论，十分有利于流传与普及。尤其是有方言性质的瑞安话念白和基于瑞安话的唱腔，使阮世池鼓词清新而富有乡土气息。

鼓词本身的局限对于鼓词质量的提高已经构成潜在障碍。然而，危及鼓词发展的更重要原因还在于外部，即时代的变化和曲艺听众审美意识的变化。法国艺术评论家丹纳曾提出，艺术的性质和发展取决于种族、环境和时代三大因素。他说："时代的趋向始终占着统治地位……群众思想和社会风气的压力，给艺术家定下一条发展的路，不是压制艺术家，就是逼他改弦易辙。"（《艺术哲学》）这番话虽不一定全面，但对于分析鼓词的发展现状无疑很有启发。

进入文化产品多元化时代，青年人对鼓词的兴趣更显淡漠。但阮世池对瑞安民间俚语的应用契合了两大人群的审美情趣甚至是实用选择，一是中老年受众，二是年轻人和外来人口，让前者倍感亲切，对于后者则为学习方言、了解地方民俗文化的重要渠道。笔者通过调查得知，瑞安乃至温州有很多民间文艺工作者为本地新生代对母语的淡忘感到担忧，而很多外来人口进入温州学习方言就是从听温州鼓词开始的。如瑞安演艺界的外来歌手和主持人，为了拉近与瑞安本地观众的距离，就想方设法在台词中加入瑞安方言，其最简单的做法就是看鼓词表演，从中一字一句地学习瑞安话，因为鼓词里的瑞安话是最纯正的。

温州的民间俚语让温州鼓词变得通俗而不低俗，谐趣而不呆板。

阮世池演唱的鼓词巧用民间俚语，唱腔通俗易懂，受人欢迎。如阮世池编写的《眼睛挂回头》中的一段："眼睛挂唱：阿婆啊，政府早早有宣传，计划生育我道理懂，利国利己利子孙。我总觉得一个女儿不满足，有男有女才齐全。哪晓得，可比雨天挑稻秆，越挑越重弯了腰，到如今，到了黄河心才死，如薛平贵一心想回朝，怎奈是春花结扎没钞票，千里回乡没盘川。"

在阮世池创作的现代词中，这种民间俚语随处可见，他的古典词也多处引用方言俚语，使文绉绉的古典词目听起来特别通俗易懂，比如《火烧翠花宫》中的一段词：

老太太说罢眼泪双双落（"双双落"为方言，意为"泪水涟涟"），振方听得怒冲冲："反了，反了，又是这个老贼，老伯母，你不用怕，等这老贼来了我兄妹拿刀杀他，来一个杀一个，来两个杀一双！""皇天啊，贤侄，动也动不得啊（"动也动不得"在这里是方言，意为"不能这样做"），那老贼，张飞龙，身为领兵大元戎，手下士兵有几万，人说战略又精通，你兄妹虽好只两个，鸡蛋只奈和石头碰（"只奈"为方言，意为"怎么"）……"

来自乡间的俗语，听众觉得亲切，自然喜欢听。阮世池这种吸收民间俚语的唱词吸引了很多词迷，无论走到哪里都有一些人跟着，场场都听，百听不厌。

3. 本土民情

瑞安是富裕的，1987 年被国务院确定为首批十四个沿海经济开发区之一，为全国农村综合经济实力百强县（市）之一、浙江省小康县（市）、浙江省重要的现代工贸城市。瑞安是温州模式的起源地之一，瑞安人大都家境殷实，但殷实的瑞安人又有着低调的一面，不露富，不张扬。理论界认为，瑞安人是一手拿着《论语》、一手拿着算盘的，这源自温州经济模式的精神内髓永嘉学派的"事功"思想。瑞安人脚踏实地，不怕吃苦，靠着"白天当老板，晚上睡地板"的精神，在海内外建立了自己的尊严。这种吃苦的精神也被身为瑞安人的阮世池所继承。

特别要提出的是，随着城市化进程加快，瑞安市区城中村的存在使得鼓词在城镇的传播有了更好的土壤，这也让阮世池对鼓词的与时俱进提出了要求。当今社会，瑞安现代文娱、体育事业的多元发展导致了受众群的分化加剧，观众的分流使鼓词的生存和发展受到较大影响。鼓词与观众之间存在古今时空的距离，但朴实动人、真实自然，富于意味则是二者之间的桥梁。通观阮世池的从艺生涯和创作历程，可以看到他在鼓词内容、风格、形式上展示出的观众亲和力，积极探讨社会发展进程中的价值观、财富观、爱情观、事业观等的变化，涉及百姓普遍关心的社会生活中的问题，通过积极捕捉和表现，让观众感到亲切，调动他们的思考，拨动他们的心弦。尤其是拉近观众与演员的情感距离，加强鼓词之心与观众之心的交流，进而引起更多青少年的兴趣。

在传统与创新的碰撞中，在民风民俗的嬗变中，阮世池适时地以鼓词的语言记录着一切。

四、结论

阮世池出身贫苦家庭，因身体抱残而选择鼓词作为谋生手段，因中华人民共和国成立得以完成艺人到文艺家的华丽转身，因其本身的嗓音条件和独特的演唱风格而形成阮派，因得益于对越剧等其他表演手法的吸收使自身表演得到丰富提升，因对传统鼓词的传承革新而使传统鼓词焕发出新的活力，因温州当地特殊的地缘经济使得阮派艺术得以传播海内外。

在七十多年的演唱生涯中，他面向农村、宣传抗战、报党恩情、改革鼓词、整理传统词、提倡现代词，为鼓词创新和普及做出了努力和贡献。阮世池鼓词音乐的艺术特点主要表现为强烈的抒情性，其真声音域比一般艺人宽，使得他能更好地演绎词本中的各种人物角色。其音乐以二、三度级进为主，平稳、柔和，在情绪起落大的段落则大量使用大跳音程来反映人物内心的情绪变化。唱腔中大量的装饰音和语气词使得他的唱腔亲切自然。板式运用上，其原板偏慢，接近慢板，清板的大量使用增强了抒情表现力。阮世池唱腔所吸收的南腔北调都融合为鼓词的音乐语言，既丰富多彩又极具个性。除了唱腔改革，阮世池还参与了牛筋琴的改革以及器乐的创新。

阮世池的成长经历反映了新中国成立以来民间艺人获得的新生，也见证了温州鼓词在政府扶持下不断发扬光大的历程。

当然，我们也必须看到，其作品很多是紧跟政治的应时之作，虽然创作手法和表演都具有文学性与艺术性，但这一类作品大都只作为整本词的一个开篇或者加演而存在，虽然为政策的宣传作出了贡献，但是作为艺术作品，其长期流传却难免受到限制。

本文的结构和说理还存在浅尝辄止等的语焉不详之处，有的观点或可另作论文考察，关于阮世池鼓词艺术的社会特征、生活特征等还有待深入调查挖掘研究。

通过对阮世池鼓词艺术的分析，笔者发现，一种民间文艺要取得生存的话语权，不仅需要该文艺门类本身的与时俱进，更需要杰出的文艺家身体力行的带领，在创新中不失本性，固守本性而不失鲜活。

附：阮派传承谱系

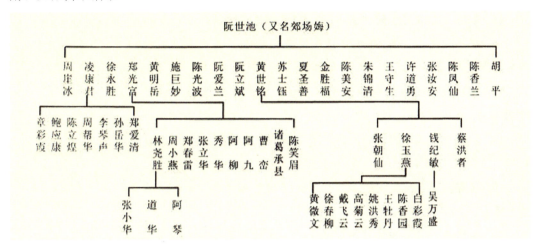

参考文献

1. 瑞安文化馆温州鼓词研究办公室，《温州鼓词资料汇编》，2008 年。

2. 瑞安文化馆温州鼓词研究办公室，《阮世池鼓词选》，2006 年。

3. 林顺道、周国东，《温州鼓词》，浙江摄影出版社，2016 年。

4. 吴文科，《中国曲艺通论》，山西教育出版社，2002 年。

5. 中国戏曲音乐集成浙江卷编辑委员会，《中国戏曲音乐集成·浙江卷》，中国 ISBN 中心出版社，2001 年。

6. 中国民间歌曲集成浙江卷编辑委员会，《中国民间歌曲集成·浙江卷》，中国 ISBN 中心出版社，1993 年。

7. 中国民族民间器乐曲集成浙江卷编辑委员会，《中国民族民间器乐曲集成·浙江卷》，中国 ISBN 中心出版社，1994 年。

8. 伍国栋，《民族音乐学概论》，人民音乐出版社，1997 年。

9. 俞人豪，《音乐学概论》，人民音乐出版社，1997 年。

10. 中国曲艺家协会研究部，《曲艺特征论》，中国曲艺出版社，1989 年。

　　11. 吴礼权，《现代汉语修辞学》，复旦大学出版社，2006 年。

　　12. 蓝雪霏，《论"游移"——中国民间音乐结构原则研究之一》，《音乐研究》，2004 年第 4 期。

　　13. 郑育友，《词师阮世池》，《瑞安日报》。

　　14. 赵雷，《瑞安鼓词探源》，《中国音乐》，2006 年第 1 期。

　　15. 李芙，《温州鼓词"老牛腔"演唱风格及其特色》。

　　16. 胡平，《温州鼓词语言艺术特色浅谈》，《曲艺》，1999 年第 7 期。

　　17. 庄颖昶，《鼓词唱响六十八年》，《温州日报》，2008 年 11 月 9 日。

　　18. 李葳，《温州鼓词的渊源、音乐特征及其他》，《中国校外教育》，2007 年第 8 期。

　　19. 赵雷，《温州鼓词的乐器、句式、唱腔与伴奏音乐》，《中国音乐》，2005 年第 1 期。

　　20. 章伟丹，《龙船鼓与牛筋琴》，《民族艺术》，2008 年第 8 期。

　　21. 施王伟，《温州鼓词音乐及结构特点分析》，《温州职业技术学院学报》，2007 年第 4 期。

困境中的坚守与突破

——国家级非遗项目（乐清龙档）代表性传承人黄德清调研报告

乐清市非遗保护中心　钱程程

"山海之城"乐清市，历史悠久，人文荟萃，传统工艺美术业发达，民俗活动多彩多姿，非物质文化遗产资源十分丰富。目前，乐清市共有国家级非遗项目五项，其中乐清龙档于 2008 年 6 月列入第二批国家级非遗名录。

乐清龙档是流传于乐清柳市、北白象等西乡一带的传统工艺美术项目，主要用于当地百姓正月期间出游祈福的传统民俗活动中。乐清龙档历史悠久，据传始于明代，至今已有五百多年历史。乐清龙档全长 20—40 米，整条龙身由档头、档尾、档背、档板及档镶组成，制作一条完整的龙档需九百多个工作日。它的形成与发展以当地的地理环境为基础，以海洋文化为依托，经过历代手工艺人不懈的创作加工，具有较高的历史文化价值和艺术价值。乐清龙档以家族传承为主，现有国家级代表性传承人一名，省级代表性传承人一名，温州市级代表性传承人一名。目前，传承最好、作品最具代表性的是乐清黄家龙档，主创黄德清为国家级代表性传承人，其子黄北为省级代表性传承人。

黄德清，1942 年出生于柳市镇后垟村的木雕世家，是黄家龙档的第三代传人。黄德清熟练掌握龙档制作技艺并始终保持旺盛的创作激情。在其五十余年的从艺生涯中，共制作了三十余条龙档，还创作出微型龙档、迷你龙档等新型龙档，为乐清龙档的传承和发展做出了不可磨灭的贡献。为充分了解黄德清传承与坚守的现状与困难，特进行调研，现报告如下。

一、项目综述

乐清黄家龙档历经黄福昌、黄尚枢两代人的沉淀，由黄德清在继承祖辈衣钵的同时不断发展，形成了鲜明的艺术特色。黄德清木雕技艺扎实，布局巧妙，制作的龙头须目分明，亭台精巧细致；廊柱上装饰雕花，流光溢彩；整条龙档上布置戏曲人物、花鸟走兽，形态各异、栩栩如生；龙档亭角配置可转动的机关。以黄德清为代表的黄家龙档精妙绝伦，富丽堂皇，古朴大气，具有浓郁的乡土风情；同时不拘泥于传统，大胆创新，既保留了经典造型，又迎合了现代审美。

（一）黄家龙档整体布局巧妙和谐，错落有致，恢宏大气，体现出"中庸"的设计理念

据黄德清介绍，龙档制作中最难也最关键的步骤就是前期的构思和设计，需要把握好所有档背和档板的大小、档镶人物的排列以

乐清黄家龙档木雕艺术研究所的作品陈列室

及榫卯结构等。黄德清对传统档板、档背规格进行了改良和统一，加大加宽，增加了档节、档镶，分节布局，分档制作，成二十四节、十三档。龙档上雕刻的戏曲曲目、民间传说、神话故事等内容也比以往增加了一倍，骑异兽人物、花瓶人物、旗杆夹人物以及六角亭、灯笼等错落分布，高低起伏，层次分明，使龙档比以往更规范、整齐而辉煌，也更具观赏性和细节美。

（二）黄家龙档精雕细刻，全档采用圆雕、透雕、镂雕、浮雕等雕刻技法，是乐清木雕艺术的综合展示

整条龙档上有一百多个群雕组合的民间传说和戏曲故事，七百多个立体人物造型以圆雕为主，综合运用透雕、浮雕等技法，形象各不相同，栩栩如生，衣褶虚实有致，视线与神态合理准确，符合故事情节。档头的龙头雕刻最见功力，一般长 120 厘米、高 98 厘米。龙头雄武生威，龙眼神光炯炯，龙须翘然伸展，气势宏大。龙口所含龙珠直径 13 厘米，层层镂空雕刻，最多可分五层，每层都可转动。档背三面采用浮雕雕刻虎头、宝剑、花鸟等图案。

（三）黄家龙档装饰华丽，极尽繁复，涵盖了各种各样的传统民间工艺造型，不愧为"艺术之龙"

首先，在档背上，有戏台、灵棚、亭台、楼阁、宅院、匾牌、舞具、人物、戏文、传说、花鸟、铃铛及刺绣彩旗等，好似民俗风情画卷。其次，油漆一般以朱红漆为底色，金箔为主，辅以其他各色彩漆，用色大胆，鲜艳明快，从而使龙档全身的雕像作品形态更加明朗，气韵更加生动。最后，安装传统的竹编纸糊灯笼，夜幕降临时点上蜡烛，使整条龙档不仅充满古韵，更与彩漆人物交相辉映，绚丽多姿，美不胜收。

二、项目代表性传承人概况

（一）四代传承的龙档情

黄德清出身于木雕世家，从他的祖父黄福昌开始到他的儿子黄北，一直以恭敬严谨的态度在乐清龙档这片艺术领域里不懈耕耘，守望传承。可以说，黄氏家族传承的不仅是高超的技艺，更是淳朴的艺术家风骨。

第一代：黄福昌（1869—1964），字海眉，乐清市柳市镇沙岙村人。在清朝同治、光绪年间（1862—1875），柳市一带乡村游龙档活动颇为盛行，涌现出一大批龙档制作艺人，黄福昌就是当时著名的龙档制作艺人之一。他精通各种雕刻技艺，在雕刻龙档的亭台楼阁方面更有独创之技。他还在戏曲人物造型上保留了十分厚重的传统艺术成分，传递出独具魅力的民间艺术神韵。

第二代：黄尚枢（1916—1998），黄福昌第三子，黄德清的父亲。黄尚枢尤其擅长龙档的构图和人物的布局，总能把人们熟悉、感兴趣的人物放在龙档最显眼的位置，所制龙档造型生动传神、简约易懂，容易引起共鸣，得到广泛关注。黄尚枢一生成果累累，2008 年，浙江省博物馆高价收藏了他创作于 20 世纪 60 年代的一条龙档，足见他的高超技艺和其作品的艺术魅力。

第三代：黄德清（1942—　　），童年时期就开始跟随父亲黄尚枢学习木雕技艺，十六岁进入乐清黄杨木雕厂工作，1965 年，到浙江省工艺美术研究所进行系统的艺术培训。他既有民间艺人的娴熟技艺，又不失学院派的突破创新精神，作品更加大气，富有变化。更重要的是，黄德清十分热爱龙档艺术，他说自己的出发点很简单，就是想要把祖辈的优秀技艺保留下来，为此数十年如一日坚持不懈地制作龙档，无论热闹或冷清。

第四代：黄北（1969—　　），在完整掌握父亲黄德清龙档制作技艺的同时，更强调个性。黄北雕刻制作的龙档除继承了传统结构形式和传统木雕艺术精雕细刻、雅俗共赏的优点之外，又吸收了西方写实表现手法和学院派雕塑造型表现力强劲的长处，使人物造型更加立体生动。黄北还具有较强的创新精神。近年来，由黄北构思、黄德清把关制作的微型龙档、迷你龙档等，无疑为乐清龙档的发展打开了一个新局面。

（二）国家级代表性传承人黄德清个人传承经历

作为乐清黄家龙档的第三代传承人，黄德清从小耳濡目染，对龙档怀有深切的感情。总的来说，他的传承经历可以分为三个阶段：

第一阶段（20 世纪 60 年代—80 年代）：刻苦钻研，渐成大器。 黄德清从小就受到祖父与父亲的教诲和指导，十几岁就开始跟随父亲黄尚枢学习木雕制作技艺。1958 年进入乐清黄杨木雕厂工作。由于勤奋好学，他很快就掌握了乐清黄杨木雕的各种雕刻技法，尤其是传统的圆雕技法。1965 年—1966 年，他被木雕厂委派到浙江省工艺美术研究所接受系统的艺术培训。此后继续回到木雕厂工作，并于 1975—1981 年担任乐清木雕厂象牙车间副主任，1984—1988 年担任乐清县象牙雕刻厂副厂长。由于历史原因，20 世纪 60 年代后期至 80 年代前期，民间的游龙档活动停止，龙档制作也处于停滞状态。而在此期间，随着技艺的不断提高和创作热情的空前高涨，黄德清先后创作了大量的木雕、象牙雕和骨雕作品。这不仅使他在雕

传统龙档、微型龙档、迷你龙档的档镶人物对比图

黄德清制作的迷你龙档

刻界享有盛名，同时也为他龙档制作技艺的提高和完善积累了大量宝贵经验，从而为他在乐清龙档艺术领域中的成就和影响奠定了坚实基础。

第二阶段（20世纪80年代—21世纪初）：不懈创作，承前启后。随着乐清各乡镇在20世纪80年代恢复游龙档活动，龙档制作技艺开始复苏。从1982年开始，黄德清和父亲黄尚枢一起为北白象、柳市等多个乡镇制作龙档。90年代后，随着人民生活条件的不断改善，游龙档活动更加盛行，作为乐清市唯一有祖传技艺和四代传承的龙档制作艺人，黄德清的黄氏龙档创作进入了高峰期，先后为高阳门前村、山根村、盐盆田垟村、磐石新城村等地修缮和整理了十来条旧龙档，并为将军桥乌岩道院、上峰村、吞底村、象阳寺前村、长虹村、上来桥村、洞头小门山村、龙湾徐家桥、上海延艺堂等地设计、制作了二十几条新龙档。同时，他将这一技艺全部授予儿子黄北等人，还招收了两名学徒，为传承和弘扬乐清龙档起到承上启下的作用。

第三阶段（2002年至今）：不忘初心，坚守传承。2002年，

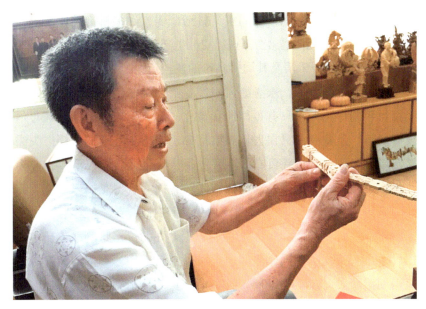

黄德清在展示如何搭建龙档

出于对父亲的怀念及对龙档的热爱，黄德清决定制作一条龙档留给自己保存。由于黄德清能够熟练地掌握圆雕、镂雕、浮雕以及建筑、油漆彩绘、竹丝编织、工艺刺绣等多门技艺，他制作的龙档显得格外玲珑剔透，精致古朴，颇有独到之处。此时恰逢全国非遗普查热的兴起，2005年7月，黄德清制作的龙档被推荐参加浙江省民族民间艺术资源普查保护成果展暨首届浙江省民族民间工艺美术博览会，荣获收藏保护奖。2006年2月，应邀参加在国家博物馆举行的首届中国非物质文化遗产保护展，所制龙档被中国艺术研究院收藏，并举行隆重的捐赠仪式。同年成立乐清市黄家龙档木雕艺术研究所。2007年4月，应邀参加由联合国教科文组织举办的中国非物质文化遗产艺术节，这条扎根民间的艺术之龙终于飞向了世界。此后，黄氏龙档不断参加国内各种大型展览，一次又一次获得了赞誉和轰动，并被中央电视台等数十家媒体做了专题报道。黄德清的孜孜以求使得乐清龙档这一珍贵的非物质文化遗产真正名扬四海，获得了全新的艺术生命。

三、传承现状及存在问题

近几年，与"非遗热潮"形成鲜明对比的，是传统手工艺行业的急剧萎缩，乐清龙档也不能幸免。主要原因有两个方面：一是工业现代化的迅猛发展和乐清当地电器制造业的兴起，费时费力的传统手工艺失去了竞争力，艺人们在利益的驱使下选择改行谋生；二是随着防腐技术的改良，一条龙档在妥善保管下至少能保存上百年，且游龙档活动作为民间信仰的意义日渐薄弱，许多村都会在游满头三年之后就将龙档闲置在宗祠里。20世纪80年代的大需求有着历史的特殊性，如今乐清及其周边县市的龙档市场已趋于饱和。

在这重重困境下，乐清绝大多数龙档艺人都已改行，目前唯一坚持每年制作龙档的只有黄德清和黄北。据黄德清介绍，这两年他没有卖出一条龙档，只在去年和前年分别修缮了一条旧龙档。失去了传统市场，黄德清并没有放弃，他很快将目光转向收藏界，并为此创作了微型龙档、黄杨木龙档和迷你龙档。微型龙档以金漆为主色，富丽堂皇，全长14—15米，十二档二十二节，有六七百个档镶人物，2012年被上海一家公司以五十万元的价格收购。黄杨木龙档尺寸与微型龙档相同，全部采用黄杨木制成，艺术价值和收藏价值得到了极大提升。2016年，黄德清、黄北父子俩开始制作迷你黄杨木龙档，仅2米长，大档背（虎托）长16厘米，小档背（花托）长15厘米，档板长18厘米，档镶人物近二百个，增加了《红灯记》等现代戏曲中的人物，平均身高5厘米。黄德清坚持纯手工制作，采用传统技法，所有的戏曲人物、档板纹样等都由自己设计。人物直接在木头上画稿、打坯，龙头、龙尾上都有七个亭台，灯笼也由黄杨木雕刻而成。整条龙档精雕细刻，完整保留了传统龙档的元素，充满古韵。虽然目前迷你龙档还无人购买，但是黄德清认为值得一试。

对于乐清龙档的未来，黄德清持比较乐观的态度。他认为，作为一门综合艺术，乐清龙档制作技艺并不会失传，但重要的是必须要坚持自己的风格，要保留传统技艺和古风古韵，不能半古半今，要努力提高龙档的艺术价值和收藏价值。

四、保护对策

要对非物质文化遗产实现有效的保护，就必须保护或者培养好其赖以生存的"土壤"。要对乐清龙档实现有效保护，就必须让民间的游龙档活动保持长久的兴盛，这样才会有需求，有需求才会有市场，有市场才有艺人愿意去创作。如果把龙档束之高阁，仅靠少数几个大师去传承，其技艺也将最终失去生命力。综合黄德清在传承中遇到的困难及问题，我提出以下三点建议。

（一）建立技艺传承体系，切实解决青黄不接的传承断代问题

乐清龙档雕刻技艺难度大，涉及多种工艺，初学者除需具有一定的文化知识和吃苦耐劳的精神外，更需要三五年的潜心苦学。艺难学、报酬低、工作条件差、市场小、收入不稳定等，都是导致年

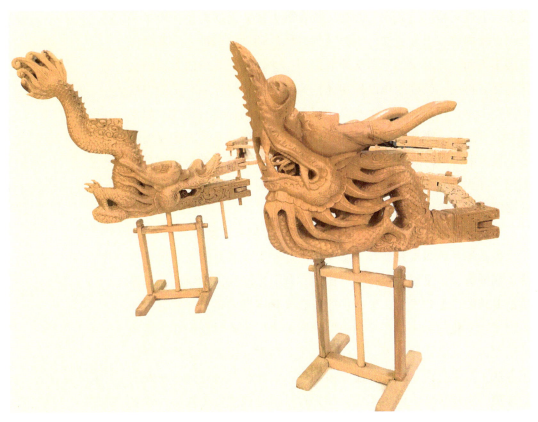

黄德清迷你龙档局部图

轻一代不愿涉足这门工艺的重要原因。为吸引木雕艺人或学徒来学习龙档制作技艺，应降低学艺难度，节省培养成本。目前，在乐清市职业中等专业学校已开设乐清黄杨木雕专业培训班，采用"3+2"教学模式，即前三年由该校聘请乐清黄杨木雕大师进行授课，后两年在浙江广厦技术学院学习，获得大专文凭。该专业班2014年9月正式开课，现已有学生三届、共一百八十三名。各大师可在优秀毕业生中挑选学徒，从而一定程度上解决学徒匮乏等问题。此外，还要创新人才激励机制，完善名师带徒及带薪授徒机制；开展黄德清口述记录工作，完整记录技艺流程，编写《乐清龙档制作流程规范》；开展非遗进校园活动，举办相关讲座、展览等，培养青少年对龙档的热爱。

（二）加大宣传力度，创新发展模式

黄德清虽然有较强的创作能力，但他宣传意识薄弱，除了参加每年的几场展览，研究所从来没有任何宣传活动。对此，首先应改变"酒香不怕巷子深"的旧观念，要利用互联网、电视、广播、报纸等多种媒体进行宣传；开设乐清龙档公众微信号，挂靠在知名社交平台上进行推广。其次，改变传统参展方式，增加游龙档表演和互动体验内容，引起关注。举办系列专题活动和全国性的专题展，开展多方面、高层次的艺术交流和研讨，整合和提高乐清龙档的文化内涵。再次，鼓励创作以乐清龙档为主题的影视作品、文学作品和研究书籍，积极开发衍生产品，引入私人定制等新兴模式，如将龙档元素运用于现代家具设计和玩具设计等。最后，政府还要提供一个展示平台，以乐清市非物质文化遗产馆作为主要收藏展览平台，鼓励开办大师博物馆、个人陈列室等，同时通过非遗馆、文化馆免费展厅和非遗传承基地等场地进行展示。

（三）政府应加大扶持力度，引导乐清龙档有效发展

鼓励各乡镇积极开展春节游龙档活动，提供必要的安全保障和活动场地等，鼓励举办"斗档"比赛，营造浓厚的保护氛围。引导乐清龙档的产业化发展，走特色旅游和文化旅游之路，并使它成为乐清城市文化的标志。在雁荡山风景区等热门旅游景点设立乐清龙档展览区、互动体验区等。建议出台《非物质文化遗产扶持资金使用办法》，实行产业税收返还专项制度，以此营造适宜该产业发展的环境。实现投资主体多元化。加大对乐清龙档的资金扶持，建立乐清市非物质文化遗产产业保护发展专项资金，支持工艺改良的关键性技术的开发，制定与产业导向相匹配的基金使用办法。引导、吸纳民间资本和外来资本投入非遗产业，鼓励有实力、有条件的各类企业实体进入非遗产业领域，使民间力量在非遗产业发展中释放能量。

总之，乐清龙档的传承和发展都应坚持"双管齐下"，即"普及教育"与"精英教育"相结合的传承方式、"传统生产"与"创新研发"齐开展的发展模式。尽管乐清龙档正处于困境之中，但只要有黄德清、黄北等一批坚守匠心的艺人在，技艺就不会失传，必将再次迎来腾飞之日。

传统技艺的生产保护与生活传承

——国家级非遗项目（双林绫绢织造技艺）代表性传承人周康明调研报告

湖州市文化馆　沈月华

传统技艺是经过祖祖辈辈的积淀流传至今的。在漫长的生产实践中形成的生产技术饱含着民众的思想感情和审美观念，更代表着技艺的精华，是当前非物质文化遗产生产性保护的核心。传统技艺的载体涵盖人们衣、食、住、行的方方面面，而在有"丝绸之府"之称的湖州，绫绢的织造更以其精湛的技艺享誉海内外。尤其是双林镇，所产绫绢薄如蝉翼、轻如晨雾、质地柔软、色泽光亮，被誉为"东方丝织工艺之花"。本文从双林绫绢织造技艺国家级代表性传承人周康明的传承实践出发，分析其在生产性保护与传承中如何延续这一古老的技艺，并提出在当下传承中遇到的问题及对策。

一、双林绫绢织造技艺的生活属性与传承价值

绫绢是真丝织物的两个品种，是绫与绢的合称，"花者为绫，素者为绢"。据湖州钱山漾遗址考古发掘发现，在距今四千七百多年前的新石器时代晚期，湖州就有了世界上最早、最精美的丝织绢片，而双林是湖州所产丝绸中的绫绢及其丝织品的重要产区。绫绢的织造也逐渐融入双林人的日常生活，甚至在很长一段时间内占据主导地位。

早在宋代，双林绫绢的织造与印染、生产与销售就已实行专业分工。元代，在普光、响铃二桥前后均设有绢市，"每晨入市，肩相摩也"。到清代，绫绢的生产遍及区境内各乡村。产品名目繁多，有花有素，轻重兼备，满足了人们日常生活的各种需要。绫有包头绫、帽顶绫、乌绫、裱绫、倪绫、安乐绫、板绫等。绢有包头绢、杜生绢、冬生绢、夏生绢、官绢、灯绢、裱绢、矾绢等。民国八年至十年（1919—1921），双林绫绢生产达到鼎盛时期。当时镇上有

绫绢专业户和半耕半织者一千多户，从业者达五六千人，几乎家家养蚕自缫，户户织绫绢，仅绫绢年产就达240多万米。

此后，双林绫绢几经兴衰。直到中华人民共和国成立后，这一传统产业才逐步得以恢复，私人作坊不断涌现。1956年，国家出台政策，双林镇原有的六家家庭小作坊合并，改称为"双林镇绫绢加工胶坊生产合作社"。1958年，在此基础上建立吴兴县双林绫绢厂（湖州市双林绫绢厂前身）。由于盲目扩大生产，管理不善，1999年双林绫绢厂破产。双林绫绢的生产在艰难中以个体经营的方式延续着。

但不管是何种形式，双林绫绢的织造始终保留着传统核心工艺，整套流程严密复杂，主要包括浸泡、翻丝、整经、络丝、并丝、放纤、织造、练染、批床、研光、检验、整理等工序。在仿古产品中批床和研光这两道工序尤为重要。批床一般需要两个人密切配合，先批绫头，再批绫身。其中一人一手拿刮子整理绫的经纬丝，一手拿绫绢，脚、膝盖顶着滚筒，劳动强度极大。因桑蚕丝粗细不匀，织好的绫绢成品还需要通过石元宝研光这一工艺反复磨压，使桑蚕丝的形状由圆形变成扁形，增加绫绢的密度、柔韧性和光滑度。

绫绢织造技艺是人类伟大的发明创造，蕴含着丰富的文化内涵与艺术价值，具有鲜明的民族与地域特色，对文明的传承与传播起了极大的作用。保护与传承这一独特织造技艺是当前时代赋予我们的重任。

二、传承经历及生产性保护实践

周康明，1948年出生于双林。祖父、父亲、母亲均从事与绫绢相关的工作，或练染，或织绢。祖父周德财于1951年开了一家家庭作坊——红白绢坊（后与其他5家作坊合并为双林镇绫绢加工胶坊生产合作社）。绢坊承担的主要是绫绢的后期加工，即练染并用圆棒滚压之类的后处理工作。从小，周康明伴着石元宝操作的震动声、闻着蚕丝煮练时散发的臭味长大。绫绢对于他来说，并不陌生。

周康明的父亲周志壮在他很小的时候便去世了，周康明一直跟随着祖父生活。1964年，周康明初中毕业于双林中学。当时双林镇上的私人绫绢作坊已经合并，成立了集体所有制的绫绢厂，织绢、织绫、后处理加工等工序不再是各做各家。时值国家号召知识青年"上山下乡"，但由于祖父年事已高，周康明便接过了爷爷的工作，进入绫绢厂当学徒，拜陆志荣为师，学习传统绫绢练染处理技术。

周康明在工作中兢兢业业，得到了领导的赏识。1969年，他被分配负责整理绫绢织造工艺流程，充分认识了绫绢，从织造到练染，一点一滴地了解了每一道工序。"文化大革命"期间，周康明多次到浙江丝绸工学院向纺织专业的老师求教，并购买丝织工艺学大学教材自学，打下了良好的丝织理论基础。

在往后的日子里，周康明围绕着绫绢，在传承这一技艺的同时开展各项生产性保护实践。"生产性保护"是一个新兴词，其实质是立足于非遗的活态流变性、为实现非遗的活态传承而开展的一种有益探索，最终目的是通过生产实践实现非遗的传承与振兴[①]。但非物质文化遗产本身不是一个新生事物，它一直作为一种活态的传承伴随着人们。

改革开放之后，绫绢产业伴随经济的发展逐渐兴盛起来，但产品的品种、花色等已经明显跟不上市场的需求，绫绢的发展面临着巨大挑战。周康明不断在传统技艺基础上开拓创新，同时以新产品的生产带动市场，传承绫绢织造技艺。毕竟，传统技艺不是一项脱离民众的艺术，需要走进社会生活。"如果将传统技艺仅仅放在表演台上进行比画，不去面对社会生活的实际目标进行生产，这种技艺是保存不了的。手工技艺这样一种以人为中心的非物质文化遗产，必须在生产实践中进行保护。"[②]

周康明花了大量时间与精力翻阅书籍、查找资料，一次又一次地尝试，而后，在武汉国画院的帮助与配合下，1980年，锦绫终于问世。以桑蚕丝作经线、丝光棉纱作纬线，突出色泽与立体感；组织与花绫相同，亦是花地组织互为正反四枚斜纹（三分之一斜纹与三分之一斜纹）或花地组织互为正反五枚缎纹（五枚经面缎纹与五枚纬面缎纹）。他所运用的湿织技术（即将白厂丝逐浸，用金纱、棉纱染好色以后再织）在全国各地开始普及，尤其受到日本人的喜欢。锦绫的研发开拓了绫绢的装裱工艺，取代了原来的绫绢，周康明也因此获得了全国工艺美术创作百花奖。

1983年，故宫博物院、上海博物馆带着几片修复古画用的绫绢找到了周康明，要求仿制。当时绫绢厂根本找不到现存的丝，一切开发均需要不断在实践中摸索。镇委书记高度重视，联系了镇上的几家绫绢厂，协助周康明。周康明白天来来回回地穿梭在各个绫绢

---

① 张志勇，《众多专家学者呼吁——非物质文化遗产应注重生产性方式保护》，《中国艺术报》，2009年2月13日。
② 徐琏、吕品田，《非物质文化遗产"生产性方式保护"的意义与前景》，《中国文化报》，2009年2月27日。

厂，晚上继续挑灯研究分析。生产过程中，所有大大小小的步骤，从手工缫丝到丝规格的选择等，全部由周康明亲自负责。两年后，十几个品种全部完成，故宫博物院的负责人非常高兴，绫绢织造在传统技艺基础上又迈进了一大步。之后，全国五大博物馆纷纷发来仿古绢订单。

双林绫绢织造技艺属实用性的生产技术，在保护核心技艺与核心价值前提下，只有在生产中不断创新与发展才能使之具有持久的生命力，才能实现有效传承。不管是锦绫的开发还是仿古绫绢的研制，周康明通过生产实践努力诠释着这一理念，也使双林绫绢织造这一古老技艺焕发出新的活力。

三、在生产与生活互动中延续传统技艺

现存的很多技艺尽管在历史上都符合当时人们的生产生活需要，但有些因时代的变迁而失去了生存的土壤，有些却能根据社会变迁而变化。两者之间最大的区别应是该技艺是否与民众日常生活相结合，是否在生产实践中创新与发展。尽管周康明可能在理论层面并不是很专业，但他在实践中有意无意地将绫绢与生产、生活结合，在生产与生活的互动中传承着绫绢织造技艺，使得绫绢产业的发展呈现良好态势，绫绢织造技艺依然在传统基础上稳步发展。

众所周知，用于书画的绫绢主要是矾绢。矾绢类似于熟宣，吸水能力弱，使用时墨和色不会洇散。原先矾绢的上浆都是纯手工操作，采用绷架矾绢，用排笔蘸上胶矾水，均匀有序地往绢上刷，而胶矾的配置非常讲究，任何一步都不得含糊。由于手工制作矾绢劳动强度大，不确定因素多（包括天气、空气干湿度等），矾绢一度供不应求。1985 年，周康明研制出矾绢连续上浆新工艺，自己设计组装了矾绢上浆专用机，机械化的生产大大提高了矾绢产量。

手工矾绢的生产者、机械上浆的开创者、业余书法爱好者，周康明的三重身份让他对绫绢最后一道工序上矾情有独钟，也让他在这三者交融中不断创新与改进。2000 年，周康明又专门办起了矾绢加工企业。如今，他的矾绢加工业务连同绫绢织造技艺依然在儿子周树盛手中延续。

虽然传统绫绢花色、品种也算比较丰富，仅品种就有轻花绫、重花绫、阔花绫等十多种，而花形、色泽达七十多个，但绝大部分绫绢不是终端产品，只是依附在其他产品上的半成品。这一局限极大地限制了绫绢本身的发展。"源于生活，满足人们不断变化的物

周康明在矾绢上试笔

质和精神生活追求是传统技艺不竭的动力。"③扬长避短，让绫绢更为广泛地进入人们的生活生产中，满足人们的物质精神生活需要，这是当下像周康明一样的大批绫绢人的追求。

笔者在调研中了解到，各绫绢厂在继续开发新品种的同时，也将陆续推出绫绢明信片、绫绢报纸、绫绢请帖、绫绢邮票等各类绫绢终端产品。周康明甚至介绍起下一步将绫用于服饰上的思考，采用纯植物染料，做成婴幼儿服饰面料。而绢则可尝试突破传统装裱工艺，做成简单装裱成品，书法家只要根据作品大小简单裁剪即可使用，诸如此类。紧密围绕生产与生活，在两者的互动中传承绫绢织造技艺。

四、基于传承现状的两点思考

（一）完善传承谱系

作为人类文化重要组成部分的非物质文化遗产，其创造与传承

---

③ 朱以青，《传统技艺的生产保护与生活传承》，《民俗研究》，2015年第1期。

矾绢上周康明写下的毛笔字

必然依赖于人的实践活动与思维运作，它的存在与否从某种程度上来说，实质上是其传承主体——人的存在与否。传承人对于项目的传承至关重要。

周康明，双林绫绢织造技艺唯一的国家级代表性传承人，目前带徒有周树盛（子）和谢许强（侄子）。尽管 20 世纪 80 年代在绫绢厂上班时，周康明作为厂里的机械带头人，曾带有徒弟范丽丽及赵建山，但这两人学的主要是机器维修与织机安装等纯机械化技术，目前也不再从事与绫绢相关的工作。

就绫绢织造技艺的各项工艺来说，传承谱系呈现的是单线状传承。周树盛传承的是绫绢上矾工艺，谢许强传承的则是绫绢织造的前半部分工艺。一旦这一古老技艺落在一个人肩上，那么，其传承延续就相当危险。双林绫绢织造技艺迫在眉睫的任务是必须完善传承谱系，吸引接收更多的人来学习，使大家在互相学习与切磋中提升自己，掌握技艺精髓。

（二）正确处理手工与机械两者的关系

绫绢最后一道上矾工序原先全是纯手工操作，在 1985 年周康明研制出矾绢连续上浆机后，目前几乎所有矾绢都使用机器生产。诚然，机器可以提高生产效率，创造更多的财富。虽然周康明还能纯手工操作上矾，但是这一技艺完全被机械化生产取代后，那么接下去的年轻一代只能对纯手工上矾望而却步。机器可以被复制，但手

周康明与笔者交谈

工技艺凭借更多的是经验。其实，手工与机械是相辅相成的，可以共存、互补，两者相结合是非物质文化遗产生产性保护比较可行的方式。实践证明，手工上矾的矾绢更受书画家青睐，这两种生产方式可以针对有不同需求的人。

经过一代代人的不懈努力，双林绫绢织造技艺传承至今。作为国家级代表性传承人，周康明在其自身的传承保护实践中取得了一定的成绩，也让绫绢织造在与百姓生产生活的不断交融中重新焕发出活力。我们也期待在周康明带领下，有更多的人来传承与保护这一技艺，使这朵"东方丝织工艺之花"更加绚烂地绽放。

扫蚕花地传承主体抢救与保护的思考

德清县文化馆（非遗保护中心）　余筱璐

对扫蚕花地的研究起于 20 世纪五六十年代，长期以来一直将其作为民间舞蹈进行挖掘抢救与保护。20 世纪 90 年代初出版的《中国民族民间舞蹈集成》将其列入"民间舞蹈"条目。2008 年，扫蚕花地被列入国家级非遗名录蚕桑习俗子名录并归为民俗类。由于对小歌舞形式的认识深入民心，人们很难从"编排节目"的思维圈子中走出来，而"节目"的传承多为一个演出版本和几个传承团队的重复表演，没有新意，扫蚕花地项目的传承与发展遇到了瓶颈。

一、项目综述

扫蚕花地一般是指一种在当地蚕桑生产和民俗活动中形成并发展而来的、以歌舞表演为主要特征、以蚕俗为主要表现内容的传统民俗，主要流传于德清一带，有广义与狭义两种理解。狭义上指艺人表演的各种形式的小歌舞；广义上指正月至清明养蚕前，蚕农们为了趋吉辟邪、祈求蚕桑丰收而进行"扫蚕花""念蚕花经"，艺人们上门"讨蚕花"的集体行为。

《中国民族民间舞蹈集成》中对扫蚕花地有这样的描述：扫蚕花地的表演形式多样，而以单人小歌舞为主，它由女性表演，另有一人敲小锣小鼓伴奏，后来发展到用二胡、笛子、三弦等多种民族乐器伴奏。它的唱词内容多为祝愿蚕茧丰收和叙述养蚕劳动的情景。表演者头戴"蚕花"，身穿红裙红袄，高举着铺有红绸的蚕匾登场亮相，象征着蚕花娘娘给人们送来了吉祥的蚕花。然后，表演者载歌载舞，做出"糊窗""采叶""喂蚕""缫丝"等各种动作，模拟养蚕劳动。全舞共三十八段歌词，在每段的锣鼓过门表演程式化的"扫地"舞蹈动作。最后，在庆贺蚕茧丰收、表演者高举蚕匾、

传承人与乐队完整录制扫蚕花地的表演（2015 年摄于上海）

东家娘子接过蚕匾的高潮中结束。

模拟养蚕劳动加上扫地这样的一套典型歌舞动作，是以扫蚕花地代表性人物杨筱天的表演为主要蓝本，经过整理完整保存下来并沿袭至今的。

杨筱天（1913—1984），女，扫蚕花地的集大成者，演唱风格独特，唱词内容完整，善胡琴，亦能表演各种小调歌舞。据杨筱天的女儿杨新娟回忆，杨筱天原名杨桂芝，父亲为安徽人，母亲为德清钟管干山人，后改嫁。十二岁那年，杨筱天到本村茅山当童养媳。十三岁，东庄桥民间艺人福囡来村中表演扫蚕花地，杨筱天偷偷学了艺。后杨筱天从茅山逃回家中，母亲带着幼小的女儿来到德清，靠租房卖粽子过活。那个时候，县桥脚旁有个伯伯卖开水拉胡琴，杨筱天很喜欢听，还学会了拉胡琴，并跟着伯伯在每年正月调龙灯之时去"开唱"（表演小歌舞），以维持生活。之后，因租不起房子，母女俩住在了船上，每年农历正月至三月，摇着船挨家挨户去表演扫蚕花地。1931 年，其丈夫当兵未归，杨筱天回干山拜沈阿广为师学习琴书，后以唱琴书为生。1937 年，慕民俗社杨筱楼，与其相爱成婚，易名筱天，并加入剧团，饰演花旦。1947 年起定居德清（现乾元镇），夫妻二人搭档表演，人称"双杨琴书"。

杨筱天的人生及学艺经历有着艺人们的普遍规律。清末民初的艺人们主要分布于德清中东部，大都家境贫困，以船为交通工具，

新一代传承人表演节目《蚕花蚕宝春来到》参加 2016 浙江省非遗春晚（2016 年摄于安吉）

多以乞讨为生，但极贴近民间，是不同于普通民众的职业或半职业者。同时，她的表演也有自身的艺术特点，吸纳了胡琴、小调歌舞、戏曲、琴书等多门艺术的养分，完整且具有艺术性和代表性。无论是对扫蚕花地的理解是狭义还是广义，艺人始终处于核心地位，在普及传播过程中发挥着重要作用。

二、项目代表性传承人概况

对扫蚕花地艺人的抢救保护经历了三个阶段。第一阶段是 20 世纪五六十年代，首次对散落民间的扫蚕花地曲调与歌词进行挖掘整理；第二阶段是 20 世纪 80 年代中期，对扫蚕花地进行照片和文字资料的记录保存，并绘制分解舞蹈动作，汇编列入《中国民族民间舞蹈集成》中；第三阶段则为 2005 年启动的民族民间文化艺术保护工程和 2007 年的非物质文化遗产普查，用影像形式将传承人的表演保存记录下来。

扫蚕花地现有省级代表性传承人娄金连和徐亚乐，以传承杨筱天的表演为主。她们均伴随着这三次保护与抢救的历程而成长。

娄金连（1942—　　），女，出生于德清县钟管镇东舍墩村，祖辈务农。1951 年，被招入村里的业余剧团，扮演放牛郎等角色。期

传承人娄金连和村民一起切叶喂第一眠的蚕（2011年5月6日摄于钟管镇东舍墩村）

间，拜访当地健在的民间艺人，学习扫蚕花地演唱曲调。1957年，杨筱天向农村业余文艺骨干传授完整的扫蚕花地歌舞，娄金连为其学员，同年还参加了嘉兴地区的文艺调演。"文化大革命"前，每年春季养蚕前夕，常被农民邀请至家中表演扫蚕花地。1985年，重新向徐亚乐学习扫蚕花地表演的舞蹈动作。2005年，又向同村的汤小娥学习剪纸蚕花、聚宝盆，在表演时赠予村民以示吉祥。一直以来，娄金连积极组织农村扫蚕花地队伍，活跃于农村各大舞台，多次参加"欢乐田野"下乡和各类庙会活动。

徐亚乐（1948—　　），女，出生于南浔区双林镇，自小便对民间艺人表演的扫蚕花地非常熟悉。1960年，就读于嘉兴戏曲学校，学习戏曲表演。1963年，加入德清县湖剧团。1966年湖剧团与越剧团合并后，加入德清县越剧团，担任演职员。1981年，调入德清县文化馆，1983年起，拜杨筱天、郁云福等多位民间艺人为师，学习整理各种扫蚕花地表演形式。2003年退休后，配合参与德清县民族民间文化艺术保护工程普查工作，进行动作演示。2003年起，积极培育传承队伍，任教于县老年大学，编排了《龙舞蚕花飞》等民俗舞蹈。2015年起，培育小传人，录制教学片，编排节目《龙蚕龙宝春来到》参加浙江省非遗春晚。

蚕农边收蚁边念蚕花经（2011 年 5 月 3 日摄于钟管镇东舍墩村）

三、传承现状及存在问题

可以看到，以娄金连和徐亚乐为主要代表的扫蚕花地传承人及其传承队伍，不再受时间和空间的限制，表演的场所从农户门口变成了各个乡村舞台。传承人主要传承杨筱天的经典表演，丰富了舞台表演方式，并融入一定的民俗意味，但曲调单一，固定的音乐结构与表演抹杀了即兴发挥的空间。

究其原因有二。第一，现有传承人较之上一代传承人生活境况有所改变，不再以乞讨为谋生手段，挨家挨户在农户家门前表演的职业或半职业扫蚕花地者不复存在。第二，过去家家户户养蚕，完整表演养蚕的过程具有知识普及的作用。现在蚕桑养殖区域缩小，现代养殖技术普及，人们对蚕的信俗正在急剧衰退和弱化，表演扫蚕花地的养蚕过程没有实际意义，尤其是对年轻人来说，原本就对传统养蚕知之甚少，更无法理解扫蚕花地的表演。

扫蚕花地传承主体随着时代的潮流发生着较大的改变，除了已不存在的职业半职业艺人，是否还有其他传承者？除了杨筱天的经典版本，是否还存在其他表演形式？

就传承主体而言。一方面，一百多年前，由于艺人们的广泛传播和表演的艺术感染力，老百姓们也会随着哼唱几句、表演一些，以至今日农村仍有上了年纪的农民把当年看到的和听到的说出来或唱出来。另一方面，虽然扫蚕花地职业艺人没有了，但在农村依旧可见老太太们坐在一起，手持麦草，口念"蚕花经忏"；在清明期间演蚕花戏时，活跃的民间戏班子在开场前必先表演"讨蚕花"，祝贺前来捧场的观众；又如每年清明前后在钟管蠡山村举办纪念蚕花娘娘（西施）的祭典，道场结尾谢神走佛时，拜忏师傅边带领信众祭拜，一边说唱带有地方曲调特点的吉利语，多以"保佑"开头。这一类民俗事项和说唱表演形式以祈福祝愿为主要内容，在清明的特定时间发生，同样可视为扫蚕花地民俗，掌握此类技艺者应当被列入传承主体行列。

就表演形式而言。虽然杨筱天的曲调独特，但当时亦有一些艺人运用孟姜女变体曲调或湖州滩簧的曲调进行说唱表演，表演方式有包括纯韵白、说唱无伴奏及伴奏小歌舞等在内的各种。内容有反映养蚕整个过程的（来源于民间盛传的养蚕农谚，经过提炼与加工演变为通俗的蚕歌蚕谣），也有"讨彩头"性质的（见不同的人说不同的话，具有即兴性，很受老百姓欢迎）。它们都是扫蚕花地的组成部分，不应被忽视。

德清县第三届村落文化节在上柏村举行，由传承人徐亚乐培养的传承队伍表演节目《龙舞蚕花飞》（张梁，2014 年摄于上柏村）

四、保护对策

作为民俗，扫蚕花地本身即具有丰富的内涵。它离不开蚕桑生产，又有着相对独立性，符合人们趋吉避邪的普遍心理，是至今不衰的讨蚕花习俗大体系中的一员。这才是扫蚕花地民俗恒久存在的关键。

所以，对扫蚕花地民俗和其传承主体的抢救保护仍有挖掘的空间，我们应将视野放大，抓住本质问题，切实采取保护措施。

第一，恢复其他表演形式。20世纪八九十年代记录保存了其他一些不特有的表演方式，应当恢复。第二，扩大抢救保护对象。继续普查，将口传的各种灵活多变的表演形式包括口述史——记录保存下来，同时，与扫蚕花地相关的其他民歌小调也应该列入抢救保护行列。第三，作为集体传承，普通老百姓、诸多信众和各路民间艺人均可视为传承主体，其中掌握技艺较全的可视为代表性传承人。第四，在合理开发应用上突出活态性，除传承原生状态外，也可进行深入提炼与挖掘，进行舞台化，提升为一种观念，供后人观赏和理解。

五、结语

综上所述，作为集体传承项目，扫蚕花地较之其他民俗有着自身的特点。在扫蚕花地的发展进程中，民间艺人始终处于核心地位。他们普遍掌握多种技艺，极广地吸纳民间流行的各种元素，灵活运用，为蚕农服务。杨筱天能够成为扫蚕花地的集大成者是基于她丰富的艺术经历，由于其表演成为典范，人们对扫蚕花地的认识长期停留在民间小歌舞上，娄金连和徐亚乐传承的也主要是她的风格。因此，扫蚕花地民俗传承日渐节目化，表演固化，显得单薄无力。

同时，扫蚕花地幸福、美满、财富的寓意为现代人所接受并传承，经久不衰，虽然以乞讨为生的扫蚕花地职业艺人消失，但此种观念已嫁接在戏曲艺人和民间拜忏队伍或念或唱的表演上，或散落在普通村民中。此类传承主体和民俗事项现为大多数人忽视，应予以重视和保护。

国家级非遗项目（平湖派琵琶）代表性传承人朱大祯调研报告

平湖市非遗保护中心　钟雅琳

一、项目综述

平湖派琵琶是我国琵琶艺术的主要流派之一，以浙江平湖人李芳园（名祖棻，约 1850—1901）为集大成者。李芳园在传统古曲的基础上广采民间小曲，融会贯通，编订指法，扩大曲目，形成极富个人特色的琵琶理论和演奏体系。在其父及艺友配合下，于光绪二十一年（1895）整理汇编成《南北派十三套大曲琵琶新谱》出版，世称《李氏谱》，这标志着平湖派琵琶艺术的形成。后由其弟子平湖人朱英（1889—1954）进行重新校订并用于教学实践，至此成为一大琵琶艺术流派。平湖派琵琶弹奏指法独特，采用上出轮或下出轮演奏，特色指法有"下出轮指""蝴蝶双飞""抹复扫""七操""马蹄轮""挂线轮"等，具有独特的艺术审美价值和相当高的历史价值。历经百年，平湖派琵琶成为我国民族音乐领域的璀璨明珠，2008 年被列入第二批浙江省非物质文化遗产名录，同年被列入第二批国家级非物质文化遗产名录。

然而，随着老一辈传人的相继离世，中华人民共和国成立后的第一代后学因年事渐高而演奏能力下降，再传后学也乏其人，平湖派琵琶艺术的传承面临薪火不继的困境。为此，笔者走访了平湖派琵琶国家级代表性传承人朱大祯，试图通过了解他的生活以及开展传承工作的情况来发现问题并寻求解决问题的对策。

二、项目代表性传承人概况

朱大祯，男，1939 年 7 月生于上海，浙江平湖人，是著名琵琶演奏家朱英之子。朱英 1927 年应聘于上海国立音乐院，教授琵琶，他的学生有谭筱麟、樊伯炎、杨少彝等，大部分在 20 世纪五六十年

朱大祯先生的手抄教学曲谱

代任教于各地音乐院校或艺术、师范院校音乐系。

朱大祯八岁时随父亲从上海来到平湖，1950年开始学二胡。1954年，父亲得了严重的气管炎，不能继续任教，只得留职停薪，一家人就靠朱大祯母亲刺绣做花挣钱糊口。不久朱英去世，当时朱大祯只有十五岁，他的母亲才三十多岁，母子俩相依为命，住在平湖圻塘滨的老屋里。从那时候起，少年朱大祯便下定决心开始学琵琶，十三套大谱中他选择了《平沙落雁》作为学琴的第一首曲子。由于从小对父亲的琵琶演奏耳濡目染，朱大祯很快掌握了平湖派琵琶演奏的技法。1958年至1962年，朱大祯到西安电机制造厂当工人，结识其父亲当年的学生、平湖派琵琶传人、西安音乐学院教授杨少彝先生，并向他系统学习平湖派琵琶的指法。1962年，朱大祯回到平湖，下乡到平湖市新仓镇务农。2006年，他被认定为嘉兴市民族民间艺术家。2009年6月，被认定为第三批国家级非物质文化遗产琵琶艺术（平湖派）项目代表性传承人。

朱大祯今年七十八岁，独居。

三、传承现状及存在问题

（一）传承人开展传承工作基本情况

1. 传承人传教的曲谱

朱英从小就读于李芳园私塾，因而得学琵琶。他学的曲谱是李芳园出版的那本木刻本，其中骨干音是固定的，加花音是教的时候增补上去的。后来朱英教学的时候把《李氏谱》用较大的字写上，把李氏教学时口授的用较小的字加上，并且画上竖线以表示时值，这就是李氏教学时的全谱。该谱经朱英详细校对后成为教学的课本，是较为科学规范的乐谱，后人也称其为"朱英谱"。

教学时，朱英又增加了部分加花音，这些音他的谱上是没有的，也是口授。朱大祯现在把这些音符也加上了，只是加个括号或特别注明以示区别。现在，朱大祯授课的曲谱基本都是自己手抄注音后的版本。

朱大祯作为平湖派琵琶的嫡系传人，熟稔《平沙落雁》《浔阳

朱大祯先生在非遗工作室开展教学工作

琵琶》《秋宫怨》《长恨曲》《枫桥夜泊》《小霓裳曲》《塞上曲》
等曲目，在日常教学中，在传教基本指法的基础上，也以教学、排
演这些曲目为主。

2. 传承人的传承培训情况

朱大祯再次拿起琵琶已是时隔二十多年后的 2004 年，是为平湖
某琴行执教琵琶课。那时起，朱大祯每日在家练习琵琶，研究琵琶
弹奏及教学。

2007 年 5 月至今，平湖市在百花小学、叔同实验小学、新仓中
心小学成立平湖派琵琶艺术传习基地，朱大祯被三个基地聘请为授
课教师，常年每周一次（两课时）在各基地开展平湖派琵琶传承教
学工作。2011 年 6 月，平湖市非遗中心成立非遗志愿者工作室，聘
请朱大祯为平湖派琵琶传承班教师，每周一晚为志愿者进行平湖派
琵琶演奏培训，经过九年多六百余课时的培训，先后有二百五十余

朱大祯先生教授徒弟黎庆慧平湖派琵琶技法

名学员顺利结业。

在热忱开展传承教学工作的同时，朱大祯于2009年6月正式将西安音乐学院毕业生、作为市文化人才引进的黎庆慧收为入室弟子。多年来，师徒两人一同开展平湖派琵琶的宣传、教学、展演工作，共同为基地与志愿者班学员排演平湖派琵琶演出节目，参加演出活动百余场，使平湖派琵琶得到良好的宣传与普及。

（二）传承人开展传承工作中遇到的问题

第一，朱大祯自幼受父亲熏陶学习琵琶，但未正式拜师，对平湖派琵琶演奏技艺掌握得不够全面，给平湖派琵琶的传承带来了一定的局限。

第二，目前平湖派琵琶传承基地均设在小学，且采取大班制教学，受年龄、学习任务等因素影响，学生学习有半途而废的现象，带徒授艺缺乏延续性。虽有传承工作室开班收中青年学徒授课，但因乐理知识基础差异及社会生活工作等影响，传承教学质量参差不齐，鲜有学成满师之人。朱大祯已为高龄，体力精力有限，仅靠他一人开展传承教学工作，成效有限。

第三，平湖派琵琶对外交流的机会不多，不了解其他派别和地区的琵琶传承工作，也缺少与相关专业院校的对接，影响了传承工作的有效性。

第四，与平湖派琵琶相关的曲谱资料、琵琶等实物资料还有很大一部分流传在外，而此部分资料的流传脉络仅朱大祯较为熟悉，随着他年龄的增大，收集整理此部分资料迫在眉睫。

第五，朱大祯教学多年，虽有手抄谱作为教学资料，但至今没有一册系统的平湖派琵琶教学材料。

四、保护对策

（一）传承人是非遗保护与传承的主体，政府部门应从生活及精神方面给予其充分保障

朱大祯没有退休金，只有少量的养老金，各级政府每年给予朱大祯传承补助费近三万元，勉强维持其生活。建议政府在此基础上适当增加补助，同时大力包装、宣传非遗代表性传承人，特别是国家级代表性传承人，使其成为平湖市文化形象的有机组成部分，提高传承人的社会地位和影响。

（二）增进对外交流，进一步提高传承人技艺水平，吸取别派琵琶艺术的保护传承经验，使平湖派琵琶得到更有效的传承

平湖市于2013年10月举办了首届中国平湖派琵琶文化论坛，邀请十五名琵琶专家、平湖派琵琶传人对平湖派琵琶的艺术特色、演奏技法及如何做好此项国遗项目的传承保护工作进行了深入的探讨研究，并整理出版了《平湖派琵琶论文集》。同时，近年来，朱大祯师徒数次赴西安音乐学院与那里的平湖派琵琶传人切磋交流，受益匪浅。这些请进来、走出去的艺术交流应成为今后的常态。

（三）建立激励机制，鼓励传承人带徒授艺

除了传承教学基地、传承工作室的教学之外，应鼓励传承人私下收徒，学徒凡经过考核学艺有成者，给予师徒一定的奖励，并认定学徒为新的传承人。如此，能在一定程度上激发教与学的积极性。

（四）录制传承人演奏曲目，编辑教学材料

建议逐步录制朱大祯演奏的平湖派琵琶曲目，作为抢救性记录的一项重要工作。同时，对他用于教学的手抄曲谱进行整理，并将其正式编印出版，作为平湖派琵琶教学材料发行。

（五）加强实物收集与保护

要充分利用朱大祯现有的社会资源开展调查，摸清平湖派琵琶曲谱及实物资料的流传现状，协助朱大祯尽可能完成收集工作，进一步丰满平湖派琵琶这一国遗项目的形象。

国家级非遗项目（嘉善田歌）
代表性传承人顾友珍调研报告

嘉善县非遗保护中心　浦阅旻

一、项目综述

　　嘉善田歌是流传于太湖流域杭嘉湖平原水乡的民间歌谣，至今已有一百多年的历史，历经农耕时代广大农民群众的口耳相传，至今仍活跃在舞台上。本文试图通过对日常工作中的广大田歌手的深入观察，特别是多年来对嘉善田歌国家级代表性传承人顾友珍的访谈与了解，结合当事人口述资料和笔者的现场感受，来对嘉善田歌传承人群体的生存、传承和发展现状进行一次较为全面的调查研究，并由此发现问题，提出保护建议，希望能够引起更多人对嘉善田歌传承主体的关注与重视，为嘉善田歌的保护与发展寻找出路。

　　每个地方都有其代表性的文化地标。嘉善田歌作为诞生于这片土地的最具代表性的传统文化，记载了嘉善这一方水土的民俗风情，见证了吴越历史文化的传承与发展，反映了这片土地上人民的生产与生活，歌颂了嘉善人民勤劳质朴的情感。

　　浙江著名民歌专家朱秋枫在《浙江民间歌谣》一书

顾友珍在自家楼前（周向阳摄）

中写道："田歌是一种独特的歌谣形式，在杭嘉湖平原地区最为丰富和流行，它过去是劳动人民在笨重的体力劳动下寻求慰藉、抒发思想感情的歌声，是农民世世代代用传诵的方法不断丰富和保留下来的。"学界一般认为，嘉善田歌作为农耕文化的"活化石"，其特有的田歌调以及叙事抒情的手法，使得嘉善田歌具有很高的民间音乐价值和民间文学价值。

在 20 世纪 80 年代左右，嘉善县文化馆开展了民间文学等三个集成普查。2008 年，又开展了嘉善县非物质文化遗产普查工作，对 20 世纪 50 年代以来出现的主要田歌手和主要田歌班进行了挖掘与整理。后金天麟在其所编著的《中国·嘉善田歌》一书里对嘉善田歌手和田歌班进行了较为详细和全面的梳理比较。这些以农民为主的田歌手群体，在嘉善这个他们土生土长的地方，传唱了近千首长短不一的田歌曲目。嘉善田歌从一开始就凝聚了浓厚的群众基础。

20 世纪 90 年代，嘉善田歌《送粮》、以嘉善田歌为主要元素的舞蹈《秧苗青青》、田歌风电影《蚕花姑娘》、越剧《五姑娘》等一批形式各异的作品被搬上舞台和大银幕，嘉善田歌被全国人民熟知，并吸引了国内外专业院校的关注和考察，在"草根文化"的基础之上创制了一套属于自己的"精英文化"。

2008 年，嘉善田歌被列入第二批国家级非物质文化遗产名录，正式以其民族的、乡土的特色获得新的认同，成为了嘉善最具地域特色的符号表征。

二、项目代表性传承人概况

顾友珍在 2009 年被认定为嘉善田歌国家级代表性传承人，1937 年出生的她与 1939 年出生的妹妹顾秀珍被称作嘉善田歌的"姐妹花"。她们出生在嘉善县姚庄镇丁栅村的一户贫苦农家，家里世代务农，靠父母种植的七亩水稻来维持一家五口的生计。由于父亲早逝，作为家中长女的顾友珍十三岁时便承担起了照顾家庭的重任，每天天没亮就起床放牛、捡拾牛粪，白天在田里劳动，晚上回家做家务。在繁重的压力之下，跟着母亲顾阿珍一起唱田歌成了她最开心的事情。

各地都有唱田歌的能手，但是每个地方的田歌却不一样，在顾友珍印象里，姚庄镇丁栅村的田歌听上去最舒服，曲调多，高音亮，一唱出来就能传得很远。除了跟母亲学唱之外，顾友珍和妹妹还向沈少泉等其他会唱田歌的老人学习，会唱的田歌和曲调越来越多。1954 年，因为会唱田歌，顾友珍被选进了村秧歌队，并在那里认识

嘉善田歌姐妹花顾友珍、顾秀珍早年参加田歌采录（周向阳摄）

了她的老伴。那段时间，一直在民间传唱的嘉善田歌逐渐获得了政府的认可。

在之后的十几年间，田歌姐妹花顾友珍、顾秀珍与沈少泉组成的田歌班先后到杭州、上海、安吉等地参加演出。除了《五姑娘》《大花名》等传统田歌之外，还演唱《牧牛呼声》《黄浦太湖结成亲》等新编田歌。1960年，顾友珍的田歌班演唱的《黄浦太湖结成亲》在全省民间音乐舞蹈大会演中获奖，并得到了省委领导的接见。后来，《黄浦太湖结成亲》凭借其充满乡土韵味的特点，被上海唱片厂录制了唱片，在全国发行。

20世纪80年代初，顾友珍和她的妹妹先后参加了浙江省民族民间演唱会、嘉善县田歌演唱会、嘉善县民歌手座谈会等各种活动。在这些活动中，姐妹俩与老田歌手沈少泉等人组成了田歌班，此后多次到全国各地演出，接受媒体采访。在1989年到1995年间，顾友珍姐妹俩分别参加在上海、苏州等地举办的江浙沪吴歌大奖赛，并获得优秀表演奖。2005年嘉善田歌被列入浙江省首批非遗名录之后，她们外出参加演出的机会更多了，还曾经和王昆、郭兰英等著名民歌歌唱家同台表演。在这之后，国内外研究民间音乐的学者纷至沓来，各级媒体争相报道，田歌姐妹花一时间成为了嘉善的名人。

1993年，顾友珍和妹妹一起被授予"浙江省民间艺术家"称号。在这之后，由于年事已高，顾友珍让三个女儿学唱田歌，并在2007年嘉兴市原生态民歌比赛中获金奖。顾友珍不但通过家族传承让嘉善田歌后继有人，还收高建中为徒，培养其成为嘉善田歌省级代表性传承人和新生代田歌手的标杆。此后，顾友珍与妹妹顾秀珍、徒弟高建中等田歌手在文化礼堂、丁栅中心学校、幼儿园等地点教唱田歌，为让嘉善田歌一代代地传承下去而努力。

顾友珍（中）、顾秀珍（右一）与顾志芳（左一）到丁栅中心学校传承嘉善田歌（葛峰摄）

顾友珍（中）、顾秀珍（左一）与沈少泉（右一）合影（周向阳摄）

田歌传承人顾秀珍、顾志芳、顾友珍、高建中（从左至右）（周向阳摄）

三、传承现状及存在问题

20 世纪 80 年代，嘉善县文化馆开展民间文学三项集成普查时候的调查数据显示，当时全县约有三百二十四名田歌手，占当时嘉善人口的 0.095%，并且，这些田歌手大部分分布在全县广大的农村。随着时代的推移和社会的发展，在几次民间艺术资源普查中发现，嘉善田歌手一次比一次少，而且绝大多数年事已高，田歌班也早已残缺不全。其中，沈少泉、袁小妹、吴福庭等 20 世纪出生的著名田歌手都已离世。2005 年，为了抢救嘉善田歌，顾友珍、顾秀珍和陆云飞三人组成田歌班进行表演传承。至 2016 年，全县尚有田歌手不足百人，占总人口的 0.02 %，且都年事已高，曾经钟爱的田歌已成为模糊的记忆，曾经令人动情的歌词早已记得残缺不全。作为嘉善田歌国家级代表性传承人的顾友珍今年也已近八十高龄，她所面临的困境也代表了当今嘉善田歌发展的困境。

（一）田歌手普遍生活困难，缺乏经济社会认同

嘉善田歌主要是农耕时代的产物，作为劳作时精神生活的调节剂，并不能给田歌手带去明显的经济效益。顾友珍幼年丧父，晚年丧子，老伴也先她而去，生活相当拮据，她无其他收入来源，也没有养老保险和医疗保障，一年的所有生活开支和近两千元的医疗药品费用等都来源于每年政府给予的生活补助。顾友珍至今住在 20 世纪 80 年代修建的两层老房子中，房子年久失修，破旧不堪。2014

顾友珍（左）与女儿顾志芳（右）合影（周向阳摄）

年，在政府的帮扶下，花费近三万元、历时两个月的老房修缮工作完成。近年来，政府对传承人加大补助，帮助她克服了许多困难，在嘉善众多田歌手中，她是唯一一个享受国家和省政府补贴的传承人，受到的照顾和帮助是最多的。目前，嘉善县共有嘉善田歌国家级代表性传承人一人，省级二人，市级三人，县级一人（已过世），其他没有被评定为代表性传承人的田歌手数量仍有很多。由于其中绝大部分都是农民，文化程度不高，收入较低，甚至没有社保医保，经济状况普遍不佳，大多数人的生活仍旧十分困难，在社会上缺乏认同。

（二）城镇化进程迅猛，破坏田歌手传承空间

嘉善田歌是在农业社会中通过劳动人民口耳相传的，其作品在不断传唱中被改编创作，是劳动人民的智慧结晶。顾友珍小时候就和妈妈学唱田歌，那时候夏天乘凉，她的母亲总在家门口唱，顾友珍和顾秀珍就围在妈妈身边听，一边听一边学。看两个女儿爱唱田歌，妈妈就教她们唱，学会了田歌的各个曲调，还学会了难度很高的《大花名》和《五姑娘》。直到2005年，顾友珍九十五岁的母亲去世前，顾氏姐妹还能经常与母亲唱上一段田歌。但在城镇化建设迅猛发展的今天，人民群众的生活经历了翻天覆地的变化，原先的一亩三分地变成了相对独立的住宅楼，原先的田歌，随着劳作环境的改变、传媒技术的革新和受众素质的提高，也正在悄悄地失去生存空间。传承人在传承过程中面对着田歌市场流失、观众老龄化的

现实问题，在年轻人传承热情不高的情况下，以顾友珍为代表的传承人走进学校、走进课堂开展传承活动。在此期间，出现了蔡书夏、江紫珊这样成功的小田歌手。但是随着升学压力和课程的加重，他们最终都不得不放弃了学唱田歌。面对过于功利的环境和田歌被破坏的文化空间，顾友珍等传承人的传承活动很难开花结果，田歌传承后继乏人，处境堪忧。

（三）流行音乐文化渗透，传统内涵缺失

在走访中，顾友珍表现出强烈的表演意愿，并反复强调自己仍愿意上台表演原生态的嘉善田歌，让更多人听到原汁原味的嘉善田歌，但是这样的机会越来越少。如今舞台上的嘉善田歌逐渐被新编田歌和田歌元素改编的歌曲所替代，顾友珍所擅长的"了卖""落秧歌调"逐渐被合唱、小组唱等新形式所替代。作为非物质文化遗产项目，嘉善田歌被官方所认定，传承至今，由国家级代表性传承人顾友珍等老一辈田歌手传唱的田歌代表作品充满本土气息，也基于此，嘉善田歌赢得了受众的认同，引发共鸣。而如今的年轻一代热衷追求潮流，专业音乐院校和普及音乐教育中，乡土音乐尚未被纳入教学体系，年轻人对家乡的这种音乐知之甚少。另外，目前出现的新编田歌，无论是老调填新词，还是改编再创作，若作者对田歌的艺术特征和社会价值研究不深，很容易造成田歌传统内涵的缺失。

四、保护对策

（一）建立机制，完善田歌手保障制度

在推进嘉善田歌的保护和传承过程中，依托嘉善县现有的嘉善田歌"八个一"保护方案、非遗传承人保护机制和补贴办法，主动对接全县各层级田歌手。由于多数田歌手生活艰苦，没有保障，应通过建立更完备的嘉善田歌传承和发展工作机制、经费投入机制、考核机制等，增加田歌手（特别是尚未列入四级传承人名单的田歌手）补助力度，解决田歌手的后顾之忧，使得他们能把更多的时间与精力用在嘉善田歌的传承工作上。

（二）摸清家底，开展田歌手现状调查

了解和掌握全县田歌手的分布状况、生存环境、传承现状及传承中遇到的问题。运用文字、录音、录像等数字化手段进行真实、系统和全面的记录，建立田歌手档案。对于调研中收集的新老田歌歌词、歌谱等内容进行及时的整理，在先前出版的嘉善田歌相关书籍、普查资料等成果的基础上，进行归档保存，丰富档案，有条件可建立数据库。

（三）打造空间，搭建田歌手展示平台

在《国家级非物质文化遗产代表作申报评定暂行办法》中，"文化空间"成为非物质文化遗产的一个基本类别，并被定义为"定期举行传统文化活动或集中展现传统文化表现形式的场所"。目前，乡镇文体中心、文化礼堂、文化庭院等活动空间纷纷建立，可以考虑在各式各样的展演中，让原生态的嘉善田歌也成为演出节目里的一员，并且在乡村文化礼堂展示馆（厅）建设中加入田歌元素。也可考虑在合适的时间地点恢复嘉善田歌节，让田歌手们在特有的文化空间中坚守民间音乐的文化阵地。

（四）挖掘人才，注重田歌手梯队建设

鉴于嘉善县田歌传承人老龄化严重，为打破传承断层，应当致力于培养、发现、鼓励广大年轻人，并建立相关的激励机制。依托传承教学基地，培养梯队式小田歌手；依托中青年田歌手，建立一支高素质的专业队伍；依托全县音乐干部和教师，组建一批具有奉献精神的非物质文化遗产保护工作者群体。如有条件，可以给予一定的升学加分、职称评定和经济补助，让其发挥传承民间文化的积极性。

当"望得见山，看得见水，记得住乡愁"成为国家城镇规划的方针，"保护乡愁"便成为各界有识之士的共同呼吁。非物质文化遗产传承人作为"乡愁"的一种身份认同，也是一种身份的记忆。传承人群作为非物质文化遗产的重要承载者和传递者，带动了非物质文化遗产项目的复兴与发展。此次笔者总结了对嘉善田歌唯一的国家级代表性传承人顾友珍多年的走访调研情况，分析了嘉善田歌手以及嘉善田歌项目的现状，希望为嘉善田歌的传承保护贡献一己之力。

参考文献

1. 朱秋枫，《浙江民间歌谣》，浙江人民出版社，1981年。

2. 金天麟，《中国·嘉善田歌》，黑龙江人民出版社，2009年。

3. 嘉善县文化馆，《民间文学集》，1980年。

4. 嘉兴市非遗中心，《我们的故事》，嘉兴吴越电子音像出版有限公司，2015年。

5. 金梅，《嘉善田歌》，浙江摄影出版社，2014年。

平湖钹子书的"自洽"传承研究

——以国家级非遗项目（平湖钹子书）代表性传承人徐文珠为例

嘉兴市非遗保护中心　俞理婷

钹子书演唱工具：钹子、竹筷、醒木、扇子、手帕

平湖钹子书是以吴方言演唱的传统曲艺，流传于平湖、嘉兴、嘉善以及上海金山、松江等地，又称"因果书""农民书"，2008年，被列入第二批国家级非物质文化遗产名录。平湖钹子书集说、唱、演于一体，以说表见长。其演唱形式简单，用一面钹子、一根竹筷、一块醒木，边敲边唱。演唱分单档和双档，曲调富有地方特色，节奏明快，有长调、慢调、急调、哭调等，有传统长篇曲目近百个。其表演场所主要是小镇书场、农村茶馆，听众主要是农民①。据《松江县志》记载，钹子书形成于清道光年间（1821—1850）。百余年来，平湖钹子书经历了兴起、繁盛、衰落、复兴四个阶段，鼎盛时期流传着"爿爿茶馆钹子响，个个青年喉咙

---

① 引自《平湖钹子书——国家级非物质文化遗产名录项目申报书》。

痒。日夜听书不算数，田里做做喊几声"的说法。据《平湖市文化志》②记载，1964年，仅平湖地区茶室书场的钹子书听众一年就达七十六万人次。而到了1991年，专职从事钹子书演唱的艺人仅剩两人，徐文珠便是其中之一。

徐文珠，1957年出生，平湖市广陈镇泗泾村人，平湖钹子书第九代传人，现为国家级非物质文化遗产项目平湖钹子书代表性传承人。徐文珠师从其父徐阿培，两人通过更新传统钹子书曲目、调整演唱形式、辗转于各个演出场所等方式，坚持专职从事钹子书演出。在徐文珠及其父亲的努力下，平湖钹子书历经"文化大革命"而不断，面对惨淡的演出环境而不停，使钹子书的"自洽"传承成为可能。

"自洽"一词源于逻辑学，指系统结构本身的自给自足状态和主观性的自我协商、自我认同、自我控制的功能③。在平湖钹子书的传承过程中，社会经济的发展、民众需求的转变和钹子书的传统性这三个要素在从艺者（传承人）的实践中逐渐趋于一致，使这项传统曲艺形式不间断地存续至今。

本文希望通过研究徐文珠及其父亲的从艺经历和传承实践，了解徐文珠为何能在平湖钹子书日渐式微甚至几近凋零的情况下坚守在传承实践第一线，并带领其他艺人和徒弟走出传承新路子，迎来钹子书的复兴。这些平湖钹子书艺人的生存智慧是否能为曲艺类的非遗项目融入现代生活和进行活态传承提供一些启示？

一、创新：老艺人开启新局面

徐文珠师从其父徐阿培（1915—1987），徐阿培十三岁拜师邻居朱桂和，两年后出师，靠"立白地"④度日。抗日战争胜利之后，徐阿培加入松江钹子书艺人组织的永裕社，担任平仓组组长。中华人民共和国成立后，徐阿培加入平湖县农民书艺人联合会。1956年，任平湖县曲艺协会主任。1958年，加入浙江省曲艺家协会，并于当年作为平湖县曲艺工作先进代表参加全国曲艺会演大会及第一届全国曲艺工作者代表大会。

（一）进京参会，曲艺团获批

徐阿培远赴京城参加全国曲艺工作者代表大会，留下弥足珍贵

---

② 陆松筠主编，1995年，转引自《平湖钹子书——国家级非物质文化遗产名录项目申报书》。
③ 吴欣，《宗族与乡村社会"自洽性"研究——以明清时期苦山村落为中心》，《民俗研究》，2010年第1期。
④ 卖艺性质的表演。艺人在乡村集市空地上唱钹子书，唱完一段把钹子翻过来向听众讨要钱财。

的与周恩来总理的合影，这不仅是他人生中最难忘的经历，也是平湖曲艺团得以成立的契机。据徐文珠回忆，徐阿培参加了晚上的宴席，席上周恩来、陈云和与会代表一一握手。陈云曾到平湖听过钹子书，见到徐阿培时很热情，说："你今天高不高兴啊？"徐阿培激动地说："我这一辈子这一天最高兴。"陈云又说："你能不能把桌上的菜用钹子书唱出来？"徐阿培想都没想，张口就来，把一桌菜说得活灵活现，还把在座的同志都夸奖了一番。两位领导人非常佩服，问徐阿培有什么要求。徐阿培想想说："我们这些钹子书、花鼓戏没有组织，想要拉一批人一起唱很难，最好有一个组织单位。""好呀，你回去组织一个曲艺团吧，满六个人就能成立了。"陈云说。徐阿培高兴极了："别说六个人，十二个人、十六个人都有。"会后，徐阿培顺利地带回了陈云盖章、周恩来签字的批准成立平湖县曲艺团的批条，平湖县曲艺团也由此建立。

（二）从"封建修毒草"到唱出"全团红"⑤

平湖县曲艺团在徐阿培的带领下办得有声有色，到 1962 年已连续四年被评为省文化系统先进集体。然而，自"四清"运动开始，演唱帝王将相、儿女情长的传统书目被视为"封资修毒草"全面禁演，许多书目的手抄本被付之一炬。

现代书目的创编、演出使平湖钹子书重焕生机。1964 年 5 月，传统历史书目被禁，钹子书艺人们为响应政府号召，到上海、杭州、宁波学习。1964 年 10 月，平湖县曲艺团全部改唱现代书目，被称为"全团红"。1972 年，平湖县成立曲艺改革学习班，借调钹子书艺人进行曲调和书目的革新，徐阿培等一批钹子书艺人通过创编、移植现代书，改编样板戏等方式创作了大量钹子书短篇、中篇和开篇。在"文化大革命"时期，宣传部门和文化部门组织业务骨干创作的紧跟时代节奏的"红色"钹子书曲目达百篇之多⑥，其中影响较大的有《四十条纲要无价宝》《我的名字叫拖拉机》《抽水机出嫁》《三换春联》《双轮双铧犁》《改造落后队》《敌后武工队》《小城春秋》等。

尽管 1969 年平湖县曲艺团被迫解散，但是徐阿培等老一辈钹子书艺人通过创作紧跟时代需求、贴合生活实际、为百姓喜闻乐见的

---

⑤ 张玉观、戎永鑫、陆爱斌，《平湖钹子书》，浙江摄影出版社，2014 年，第 51 页。

⑥ 张玉观、戎永鑫、陆爱斌，《平湖钹子书》，浙江摄影出版社，2014 年，第 57 页。

徐文珠唱传统钹子书《白玉燕》

作品，使钹子书在"文化大革命"时期依旧未曾中断，以创作班、宣讲队的形式活跃在民众生活之中，为1978年曲艺团恢复建制后的钹子书再次鼎盛留下了星星之火。

二、坚守：徐文珠逆境求生

徐文珠从父亲手中接过了钹子书传承的接力棒，并以其扎实的功底、精湛的表演迅速走红。然而改革开放后企业林立，大众传媒带来了更具视觉效果的娱乐方式。原来的听书人或忙于到企业里打工，或被电视、录像所吸引，很多都不再听书。受众的急剧缩减导致茶馆、书场相继倒闭，徐文珠的演出事业走到了比"文化大革命"时期更困难的境地。

（一）初登场，姐妹花惊艳亮相

"我学了三个月就上台了。"对于刚开始跟父亲正式学唱钹子书的经历，徐文珠记忆犹新，"1979年，我初中毕业。1月1日，跟爸爸学唱书。第一本书就是《狸猫换太子》，爸爸教一段我们就跟着写，写下来以后爸爸再唱一遍。然后就姐妹两个搭档，在房间里练习。要是想做鞋子、织毛衣的话，我爸爸很凶的，不让我们做的。他说你们要是累的话就休息一下，出去逛一圈，回来再继续练习。三个月后，爸爸说有事，要我们两个人替他唱，我们就去唱了。其实当时他就坐在下面听，他想考一考我们的胆量。那一次他很满意。"[7]

---

[7]　口述人：徐文珠；访谈人：俞理婷；访谈时间：2016年8月23日；访谈地点：平湖非遗传承工作室。

从那以后，徐文珠姐妹和父亲开始在不同的茶馆唱书，虽然票价便宜，但是生意很好。茶和门票一共一角钱，徐文珠姐妹和茶馆老板各分一半。当时一般一场就有两三百人，白天唱一场，晚上唱一场，一天下来能赚十几块。那时，除了农忙时期，徐文珠一年可唱三百多天。

（二）闯上海，唱红平湖双珠

说起闯上海的经历，徐文珠颇为自豪。1984 年到 1988 年，徐文珠与姐姐徐还珠唱红了上海，得到了"平湖双珠"的名号。然而，闯荡上海的这段经历也是她从艺以来最为艰辛的时期。20 世纪 80 年代中后期开始，茶馆和书社的生意越来越差，徐文珠靠唱书所得的收入仅能勉强维持一个人的生计。刚刚结婚生子的徐文珠不得不离开家庭，到上海讨生活。早两年，上海书场的情况比平湖好，听书的人还很多，徐文珠辗转在青浦、闵行、南汇、龙岩、松江等各个地方，大大小小的书场去过上百个。

刚到上海的时候徐文珠还在哺乳期，她带着不满周岁的儿子和姐姐唱书。书场大两个人一起唱，书场小两人各自在不同的书场唱。徐文珠唱书的时候就把儿子放在书场的休息间里。有一次，儿子好像知道妈妈不陪在自己身边而在外面唱书，徐文珠一边唱，她儿子一边哭，唱得越响哭得也越大声。初为人母的徐文珠听着儿子的哭声实在没法唱下去，只能停了这段书，找书场的阿姨帮忙哄孩子。

渐渐地，上海的书场也没落了，虽然徐文珠姐妹名气不小还接得到活，但是听书的人越来越少了。于是徐文珠又找了新的出路——到青浦乡村的老年活动室唱书，这时姐姐徐还珠为了帮丈夫的企业跑供销已经不再唱书。青浦的乡村比较富有，大队出钱给村民提供老年活动室，包场请先生唱钹子书，村里的老人不用花钱就可以在老年活动室里喝茶听书。在这里唱书，一般一唱就是半个月到一个月，徐文珠能够拿到二十元钱一天。这样的活计并不像在书场唱书那样频繁，徐文珠闲时在家忙农活，收到邀请便马上赶到上海工作。20 世纪 80 年代末，随着平湖各个村落做社的再次兴起，徐文珠终于不用两地奔波，可以在家乡唱书了。

（三）回平湖，做社再兴钹子书

如今，主持做社是徐文珠的主要收入来源。她辗转在平湖大大小小的村落为结社村民组织做社。在仪式过程中，徐文珠通常在上午用钹子书演唱《请神歌》《赞神歌》等请神；下午进行小型钹子书讲唱，内容多为传统书目，观众是前来参加仪式的村民；傍晚，演唱《送神歌》送神。

平湖做社古已有之，光绪年间的《平湖县志》记载："春分社，田家醵钱为会，牲醴祭神，以求祈丰稔；秋分社，田家又醵钱为会，牲醴祭神，以保丰稔。"[⑧]"文化大革命"期间一度被禁，改革开放后宗教政策日益宽松，平湖的许多村庙得以重建，村民也纷纷开始结社。结社多以生产队为单位，生产队中的村民自愿入社，多则六七十户，少则七八户。社员在春秋两季举行的祭祀活动即为做社。一般该生产队的队长为社头，每户成员轮流当社主。社头协调做社的各项事宜，负责经办祭祀活动，其他成员称为"社客"，参与祭祀。

笔者跟随徐文珠到平湖秀溪乡新生村考察其做社流程：

1. 折神码，整理供桌摆放供品。

2. 到新生村本庙鱼圻庙读社单，迎本庙菩萨施王千岁。

3. 请神仪式：用钹子书唱《请神歌》《接神歌》《赞神歌》。社主持香跪拜，社客持香鞠躬。这个过程持续约一小时，包括放高升（鞭炮）、升（焚烧）元宝、敬酒等活动。

4. 中午全社家庭成员一起在社主家聚餐，此次社主一共办了十桌酒席。

5. 下午唱社书，徐文珠唱新书《宠子不发》开篇和传统书《白玉燕》头两回，约两小时。

6. 晚饭过后，举行送神仪式。唱《送神歌》，升元宝。一共焚烧六麻袋元宝，火光冲天。唱毕，将神码与元宝一同烧化。送神仪式持续约四十分钟。

做社的费用基本由社员均摊，此次做社活动，二十八户社员每人支付一百五十元，共四千二百元。如果经费不够，则由社主支付。徐文珠在这里主持一天的活动能获得五百元报酬。据徐文珠说，她每年从年初一就开始做社，一般一年要主持二百多场做社仪式。

二、不忘初心：收徒传承后继有人

如今生活条件好了，钹子书作为国家级非物质文化遗产得到了各部门的重视,钹子书的传承成为徐文珠最为关心的大事。"我总有唱不动的那一天，不能让钹子书在我这儿断档了。"这是徐文珠常挂在嘴边的话。

徐文珠现在有十二个徒弟，四个已经出师。大徒弟徐全妹是徐

---

⑧ 张玉观、戎永鑫、陆爱斌，《平湖钹子书》，浙江摄影出版社，2014 年。

平湖新生村做社，徐文珠唱《请神歌》

文珠的堂妹，2010年就跟着堂姐学唱书，现在能唱多部长篇传统书目，并且已经能够靠唱书谋生了。二徒弟肖芳英（音）多次听徐文珠做社唱书，觉得很有兴趣，便自己找上门拜师。徐文珠并没有马上收徒，而是进行了一番考察。她抄了一篇二百多句的《舟船赋》手稿并且现场示范演唱，要求肖芳英一星期内能够脱稿唱出来。第一个星期肖芳英没有回复，第二个星期肖芳英对徐文珠说，背是能背得出了，就是有些生疏。徐文珠让她来唱，一听觉得不错，就让肖芳英跟着学了。现在肖芳英白天在钢铁厂管理人事，晚上学习唱书，也能够唱一部完整的长篇书目了。

之后的徒弟都是通过平湖市非遗保护中心组织的钹子书传承培训班收的。2013年收了第一批学员，有七八个人。有些学员嗓子不行不适合唱书，有些学员工作太忙没有时间背书，一年之后，坚持下来的只有三名学员。2014年招了第二批学员，有十二人，其中好几人是钹子书传承教学基地的老师，还有几名文化系统的工作人员。他们大多能敲钹子、唱开篇，能够进行五六分钟的钹子书表演，但是不会唱长篇的书目。第二批学员中，坚持学习的有两名。

徐文珠对于徒弟的培养有自己的考量，很注重因材施教。对于钹子书爱好者，徐文珠教一些钹子的敲击方法和几段简单的开篇，让他们能够登上舞台表演钹子书，并且把钹子书的基本技艺传授给更多有兴趣的人，特别是中小学生们。对于打算深入学习的徒弟，徐文珠一方面每人传授一本完整的传统长篇钹子书，让他们有拿得出手的真本事；另一方面为他们寻找以钹子书谋生的机会。徐文珠

平湖非遗传承工作室，徐文珠教学现场

把做社的主持方式和演唱内容抄给四名已经出师的徒弟，并常常带他们去做社现场学习，如今四人都能单独主持做社活动。给人做社要凭经验和口碑，这些都是徒弟们缺少的。只要社主同意，徐文珠经常把自己的客户让给徒弟们，让他们能有更多的实践机会。

最近，徐文珠打算和其他钹子书艺人以及徒弟们成立一个钹子书演出团体，承接农村文化礼堂或是乡镇的演出，让徒弟们拥有展示技艺的机会。她希望像她的父亲徐阿培组织平湖曲艺团一样，把分散在平湖各地的能唱书、爱唱书的人聚集到一起，用集体的力量共同发展、传承平湖钹子书。

四、何以"自治"：对一条自下而上的保护路径的思考

从平湖钹子书传承人徐文珠的传承实践中，我们发现她以高超的艺术水平和生存智慧度过了一个又一个传承瓶颈。她对于钹子书传承的思考，特别是在下一代传承人培养方面，是中肯并富有实效的。从她的实践经历中可以总结出非遗"自治"传承的特点与经验，为更好地保护非遗传承人提供思路和对策。

政府主导、学者主脑、民众主体是当前非遗项目及传承人保护的主要模式。传承人在政府政策的制定、实施以及保护活动中，充当了被动参与的角色。我们是否应该呼唤一种自下而上的，从传承人实际需求出发的，由传承人、政府、社会力量共同合作的传承人保护模式？

（一）徐文珠"自洽"传承的特点与经验

1.群众需求是传承基础

从徐文珠的钹子书从艺经历可以看到，真正使这项艺术走向衰弱的是改革开放以后大众传媒席卷而来导致的听书人群的急剧消失。短短几年时间，曾经布满各个村镇的茶馆接连倒闭，说书艺人不得不改行另谋他职。面对困境，徐文珠赶赴经济水平相对更高、仍保留一批听书群众的上海继续唱书。20世纪80年代末，当平湖重新兴起做社产生大量唱书需求时，徐文珠毅然回乡。伴随着平湖各村镇的做社活动越来越兴盛，不仅徐文珠能以做社唱书谋生，其大徒弟徐全妹如今也够专门从事钹子书的演唱。

非遗能否持续传承的根本在于民众，民众是非遗传承的主体。鲍曼在表演理论中认为，表演本身就是一种交流模式，表演者向观众展示自己的交流技巧，观众品评交流行为，并通过现场欣赏而得到经验的升华[9]。脱离了民众的表演也就失去了其生存的土壤。所以，非遗传承人的保护工作不能将传承人与民众割裂，更不能只注重技艺的传承而脱离其赖以生存的文化土壤。

2.以业谋生是传承关键

徐文珠为徒弟考虑最多的是能不能帮助他们靠钹子书吃饭。除了徐文珠和其大徒弟徐全妹，其他钹子书艺人和学徒都是从事其他工作，利用业余时间唱、学钹子书的。徐文珠认为仅凭几个人的爱好和抢救非遗的一腔热情，并不能让钹子书再现昔日辉煌。因此她把做社唱书的流程内容向几个徒弟倾囊相授，也愿意把这个本事传授给更多愿意学钹子书的人。徐文珠相信，如果能靠做社唱书维持生计，一定会有越来越多的人来学钹子书、唱钹子书。

国外传统技艺保护经验也验证了"以业谋生"的重要作用。泰国诗丽吉皇后设立皇后手工艺培训中心，四十年来包括泰丝在内的二十余种传统手工艺得到了有效保护和传承，而诗丽吉皇后的初衷并非复兴传统，而是帮助贫苦农民增加收入。因为能挣钱，不仅贫苦农民愿意加入，还吸引了更多的民间从业者[10]。

3.传统的发明是传承动力

在徐文珠讲唱的钹子书内容中可以发现，除了经典的传统书目，

---

⑨　[美]理查德·鲍曼著，杨利慧、安德明译，《作为表演的口头艺术》，广西师范大学出版社，2008年。
⑩　刘大山，《非遗传承不妨从"能挣钱"开始》，《南京日报》，2016年6月13日。

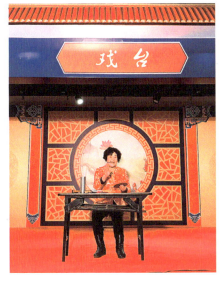

徐文珠钺子书演出

传承人和她的徒弟正不断结合时代特征、社会风气创编新的篇目。如开篇《宠子不发》，讲述王家庄王阿土一家随着农村物质水平提升，生活条件越来越好，教育却没跟上，纵容孙子王香长从逃学、捣蛋、偷鸡摸狗发展成犯罪坐牢，最终导致家庭破碎，以此警醒独生子女家长正确教育、引导孩子。这段开篇紧密结合当下农村生活水平提高、部分家庭教育水平还没跟上的问题，采用夸张、诙谐、幽默的表现手法，让听众在爆笑之后能够沉思与反省。

徐文珠经常在准备表演的长篇传统书目之前加上这些与时俱进、精致有趣又发人深省的开篇，一方面吸引听众迅速进入情景之中，另一方面还可以起到宣传教化作用。

钟敬文在《民俗学概论》中提到："民俗文化的稳定性是相对的，稳定中随时包含着可变因素，这就是变异性……变异实际是民俗文化机能的自身调适，也是民俗文化生命力的所在。没有变异性的民俗文化是不存在的。"[11] 应承认非物质文化遗产的变异性特征，正确认识非遗项目在各个历史时期的不同特征，引导传承人结合时代特征、根据社会需求从事传承实践，把传统的非遗项目与现代生活相融合。正如徐文珠和老一辈钺子书艺人们创作钺子书现代书目一样，结合当下生活进行创编、对传统书目做移植改编等等，让钺子书响应时代的号召，满足当下老百姓的实际需求，才能使这项传统艺术活在当下，活在百姓生活之中。

---

⑪　钟敬文主编，《民俗学概论》，上海文艺出版社，1998 年。

4.传承人群是传承保障

徐文珠对于平湖钹子书的传承有自己的想法。作为传统的说书艺人，她并不局限于收徒授艺这一种传承渠道。徐文珠采取分类别教学的方法，因材施教，鼓励更多的人参与到钹子书的传承中来。她定期到传承教学基地教学，在学校中培养下一代听书人和传承后备力量。对于钹子书爱好者，她从简单的开篇开始教起，让他们尽快掌握讲唱基本技能，能够独立进行简单的表演。爱好者中嗓音条件好、能够坚持学习的学员，徐文珠通过考察收为徒弟。对于这些徒弟，徐文珠不仅传授压箱底的技艺，还为徒弟创造表演机会，让他们也能靠钹子书谋生。她认为这样才能够真正把钹子书的技艺传承下去。

在徐文珠的传承活动中，钹子书从艺者、爱好者、传承教学基地教师、钹子书培训班学员等人，不论何种身份、何种工作，都是钹子书传承的实践者。扩大传承人群，提升传承人群综合素质，是非遗传承的重要保障和助力。文化部、教育部于 2016 年 1 月 13 日召开中国非物质文化遗产传承人群研修研习培训计划试点工作总结会，正式启动研修研习培训计划。文化部创新提出"传承人群"的概念，文化部非物质文化遗产司负责人强调："在传承队伍中，有尚未被认定为代表性传承人的传承人，还有非遗领域大量普通从业者。提出传承人群的概念，就是希望让传承成为人群的传承，而不仅是单个传承人的传承；希望更多的普通从业者能够逐渐成为优秀的传承人。"[12]

（二）非遗传承人保护的对策及思考

1.加大非遗宣传力度，培育非遗传承主体

非遗的传承主体是人民群众[13]，非遗项目要面向现代社会、融入当代生活，必须获得群众的认同。培育非遗传承主体应当是多元化、多维度的。从宣传角度来说，可以利用新媒体等群众接受程度高、获取信息便捷的方式对非遗进行宣传。从培育角度来说，应让更多的非遗项目走进校园，让更多的传承人与学校结对，切实发挥传承教学基地的作用，让孩子们认识非遗、体验非遗、学习非遗，成为非遗传承传播的小使者。

---

[12]　李韵，《文化部非遗司负责人就非遗传承人群研培计划答记者问》，《光明日报》，2016 年 2 月 26 日。

[13]　郝秦玉，《十年回顾：我国非物质文化遗产传承人保护情况简析》，《美术观察》，2016 年第 6 期。

2.鼓励引导社会力量参与，开拓非遗大众市场

支持、提倡社会团体组织、志愿者团队、企业、学者、传统文化爱好者等多元社会力量参与非遗保护。促进传承人之间、传承人与社会力量之间的交流合作，合力发掘大众非遗消费需求，引导非遗走进大众生活。政府可以通过奖励机制、优惠政策等方式为社会各界参与非遗保护提供支持和帮助。

3.允许实践基础上的创新，警惕非遗异化发展

非遗本身具有流变性，传承人在传承实践活动中的创新是非遗得以存续的动力，而利用"非遗搭台"来"经济唱戏"，利用非遗元素获取经济利益这种异化发展，不仅不利于非遗的常态传承，反而会把非遗引入歧途。因此，分清非遗创新实践和异化发展是非遗保护的重要课题。政府应当从传承人、传承主体、传承区域地方性特征等多角度进行考量，正确引导非遗发展创新，融入现代生活。

4.提升非遗传承人群综合素质，提供就业、创业服务

在培养传承人群职业技能的基础上，政府应该进一步关注传承人群的就业、创业问题，特别是未成为代表性传承人的普通从业者。如果把技艺非凡的代表性传承人比作塔尖上的明珠，那普通从业者就是塔的基石。要让非遗"活"着传承，就要留住这些默默无闻的从业者，并且吸引更多人来从事这项事业。在当下的非遗保护中，亟须政府对于这部分人群的培养、服务和政策支持。

5.根据传承人实际需求提供差别保护措施

不同类别的非遗项目、甚至同一项目的不同传承人都有着不同的需求。建议把对于传承人的保护从对项目逐渐转向对事、对人，把"以人为本"落实到传承人的保护之中。笼统的资金、政策支持难以帮助传承人应对瞬息万变的市场和大众消费群体，让传承人参与到政策制定的过程中来，为之提供相适应的保护措施，应是保护非遗活态传承的题中之义。

从徐文珠技艺传承的经验和特点中，我们可以看到，非遗传承要从民众和传承人最根本的需求出发，保护路径不能仅仅依靠政府主导，而是需要政府、传承主体、传承人群、学者以及其他社会力量共同参与，多方合力。平湖钹子书这样自下而上的非遗传承模式也许将成为非遗传承保护的新方向。

影偶演绎古今事
——国家级非遗项目（海宁皮影戏）代表性传承人张坤荣调研报告

海宁市文化馆（非遗保护中心）　孙力

　　张坤荣，1940 年出生在海宁市周王庙镇双建村，他的出生地是海宁皮影戏班子比较集中的地方，张坤荣就是看着皮影戏长大的。1957 年，在海宁中学上初中的张坤荣忽然发现腿上长出一个肉疙瘩，疼痛难忍。限于当时的家庭经济条件，他只好辍学回家。正当他对未来感到迷惘的时候，1958 年 4 月，浙江省皮影剧团到周王庙招收学生，张坤荣在一个亲属的推荐下前去报考，他在文化程度、嗓音等测试中均名列前茅，从四十多人中脱颖而出，考入浙江省皮影剧团，拜皮影戏老艺人魏柏荣为师，学习皮影戏操作和唱腔。

　　他刚进入皮影剧团时与中国著名京剧演员盖叫天之间的一段偶遇，对他日后的艺路影响颇深。这一年的农历七月，浙江省皮影剧

张坤荣参加海宁皮影戏传统剧目录音录像工作

团受邀到杭州中苏友谊馆表演，在表演经典剧目《快活林》时，张坤荣担任师傅魏柏荣的助手。演出结束后，现场有一位小个子男人不仅带头鼓掌，还来到后台和演员们握手，夸奖道："你们演的皮影戏非常好看，戏中的武松好威武，谢谢你们！"后来张坤荣才知道，原来这位小个子男人就是享誉国内外的京剧艺术大师盖叫天。

盖叫天短短的几句话却给了张坤荣很大启发，让他几乎瞬间明白了一个道理：艺术门类虽有不同，但艺术之路是不分京剧、越剧、皮影戏的，只要能把技术钻研到底，皮影戏也同样能独树一帜。从那之后，张坤荣开始苦练皮影戏演唱和表演技巧，每日闻鸡起舞，冬练数九，夏练三伏，日复一日。1959 年 12 月，皮影剧团赴北京参加全国十省市观摩演出，张坤荣参与演出的神话剧《仗义斩孽龙》和童话剧《鸡斗》获优秀节目，并在北京饭店做示范演出，受到了同行们的赞许。随后，他随皮影剧团辗转于上海、江苏等省市巡回演出。

学艺需有一定的悟性，也需具备吃苦耐劳的毅力。三年后，当时与张坤荣一起进入浙江省皮影剧团的十多名团员，只剩他和另一名同事。张坤荣的付出终获回报，仅学了两年零三个月就满师了，受到了老一辈皮影戏艺术家的肯定。1963 年，年纪轻轻的张坤荣不负众望，挑起了第一主演兼导演的大梁，先后将《半夜鸡叫》《小花猫钓鱼》《沙家浜》《椰林战歌》等剧目搬上银幕。短短几年间，张坤荣表现出了一个青年艺人蓬勃向上的精神面貌，被推荐出席1963 年 8 月召开的浙江省优秀青年演员会议。1965 年 8 月，张坤荣代表浙江参加福建省的观摩演出，再一次展示了皮影艺术的魅力。

一、在传统中不断创新

20 世纪五六十年代，皮影戏是浙江的一大特色，经常接到外事演出任务。1959 年至 1966 年间，张坤荣随浙江省皮影剧团为七十多个国家的党政代表团作专场演出，印象最深的是 1960 年 5 月和 1961 年 10 月，分别为缅甸国家领导人吴奈温、外交部长藻昆卓表演，得到陈毅的赞扬与肯定，极大地激励了张坤荣。

皮影戏中的童话剧生动可爱、动作语言丰富，无须翻译外宾也能看懂。这两次接待演出均在杭州饭店（现为香格里拉饭店）进行，张坤荣主演的童话剧《两朋友》《龟与鹤》《采蘑菇》等节目引起了外宾的共鸣。在一片鼓掌声以及"咔嚓咔嚓"的相机快门声中，陈毅和省领导陪同缅甸领导人上台和演员握手合影。陈毅对演员们说："你们是出色的文艺工作者，又是称职的外交工作者。感谢你们的精彩表演，皮影戏我爱看。"演出结束后，陈毅还兴致勃勃地邀张坤荣一起操作皮影影偶，影偶的滑稽动作引得在场中外嘉宾笑声阵阵。

用现代的心做传统的事，用现代手法诠释传统的文化。张坤荣在继承民间传统习惯的基础上，致力于皮影艺术的探索与创新。在演技上，改原来的"多人一武"为多种招式；在人物操纵上，改"上手、下手"的两人操纵为五到六人操纵；在配音唱腔上，改过去的真假嗓为男女分

海宁皮影戏国家级代表性传承人张坤荣（张庆中摄）

档演唱；在灯光、舞美方面，把银幕（舞台）平面变成有透视感的立体舞台，近景、远景、内景、外景交替推出，并配上火、水镜，风、雨、云镜，闪电、暴雨等，拓宽了表演空间；在乐器上，强化音响效果，烘托剧情，增强气氛。将现代元素渗入传统艺术，更符合观众的欣赏喜好。

二、难以割舍的皮影情结

张坤荣不仅是一位皮影艺术家，还是一名领导干部。1969 年 12 月，浙江省皮影剧团因故解散，张坤荣回到家乡工作。1978 年 9 月政策落实，他被分配到海宁文化系统工作。1988 年 1 月，成为信访办领导。2000 年 3 月，退休。

三十二年的从政经历依然割不断十八岁时拜师学艺的皮影情结，退休后的张坤荣决定重拾艺术梦想。刚开始张坤荣心里也有矛盾，担心让人笑话。确实，曾经的同事看到张坤荣拉着皮影道具的大箱子时，形容这位昔日的局长"很可怜"。尽管张坤荣有些拉不下面子，但他的人生是从皮影戏起步的，还真无法割舍。十多年来，他坚持参加演出。一些曾经的同事劝他在一旁作指导就行，用不着拖着一把老骨头亲自上阵。张坤荣却不这样想，他认为表演就得投入，一来是自己热爱这门艺术，希望为年轻人带个头；二来要保证每场演出的质量，对观众负责。

海宁皮影艺术团里的不少人是几十年前浙江省皮影剧团的老艺人，张坤荣就是其中一根"顶梁柱"。现在，张坤荣在盐官景区的

张坤荣表演的海宁皮影戏传统神话剧《闹龙宫》剧照（张庆中摄）

皮影戏馆和乌镇演出点演出。每演完一场戏，张坤荣就擦一擦额头的汗。回忆起皮影戏的辉煌，这位古稀老人笑得像花朵似的灿烂，仿佛回到了当时的青春年代。

华灯初上，银幕上影影绰绰，伴随急促的鼓点，孙悟空从银幕上跃过。午后的海宁盐官皮影戏馆里，点鼓声声，锣钹鸣响。七十多岁的皮影艺人张坤荣带着徒弟们演出，三尺舞台的背后，众手挥舞着小皮人，打得好不热闹。这一出《闹龙宫》，张坤荣演过上百回。四海龙王在他的手下腾挪翻动，龙身上那流淌着南宋意韵的彩绘平涂，精致细腻到龙鳞发丝的笔绘和镂刻，明艳不可方物。头发乌黑的张坤荣手脚利索，嗓门洪亮，他号令龙王退场，一个转身把龙王挂在了身后悬吊着的绳子上，抓起旁边的孙悟空，和着鼓点再次登场。徒弟们手中的虾兵蟹将嘶叫着朝大圣蜂拥而去。

三、让皮影技艺重焕光采

张坤荣与海宁皮影戏感情深厚，他所表演的《鸡斗》《两个朋友》《龟与鹤》《采蘑菇》《小花猫钓鱼》《闹龙宫》等节目，让海宁皮影戏的艺术生命一再得到绽放。

张坤荣创作、导演、表演皮影戏的全能型艺术功底得到了社会的褒奖，《鸡斗》一剧还被文化部列为皮影戏保留节目。2005 年 11 月 2 日，中央 2 台播放了《张坤荣与海宁皮影戏的故事》，省内外多家新闻媒体相继作了报道；2006 年 12 月 27 日，在浙江省曲艺杂技节（皮影）会演中，张坤荣主演的《鸡斗》《闹龙宫》分别获金、银奖，并获个人表演金奖；2008年5月14日，由张坤荣领队的海宁皮影艺术团赴台湾演出达半个月之久，轰动了宝岛；2012年6月，在成都举办的国际木偶艺术节上，由张坤荣改编、导演、主演的《火焰山》获最佳传承奖；同年12月，《小花猫钓鱼》获第四届全省魔术、曲艺、皮影、木偶艺术节个人表演金奖，《水漫金山》获全省会演最高奖项优秀节目奖；2013年，参加文化部等举办的全国优秀节目展演活动；2014年10月，赴伊朗展演并接受了该国三家电视台的专访。

半个多世纪过去了，皮影戏这项富有魅力的中国传统曲艺日渐衰落。如今，在海宁会表演皮影的仅有二十多人，掌握皮影影偶制作技艺的人更少，并且多数都上了年纪。海宁皮影戏传承人的青黄不接成为近年来张坤荣最为担心的事情。因此，张坤荣除了日常排演节目，也将工作重点逐渐转向培养新生代传承人。张坤荣先后收了赵润、郭志英、施森炎、赵力等七八名徒弟，在日常节目排演中将自己的皮影操作技艺、心得等毫无保留地传授给他们。如今，这些徒弟或成了传承人，或成了海宁皮影艺术团的骨干力量。

乐在其中，不言放弃。抢救、保护、传承皮影戏，是张坤荣晚年的最大愿望，他期待皮影戏这朵极富传统魅力的民间艺术之花永远绽放。

皮影戏与王钱松的艺术人生

——国家级非遗项目（海宁皮影戏）代表性传承人王钱松调研报告

海宁市文化馆（非遗保护中心）　　孙力

海宁皮影戏源于南宋，是江南皮影戏的典型代表。海宁皮影戏影偶造型有别于其他皮影戏，制作精美，少雕镂、重彩绘、单线平涂，呈现出江南水乡独有的细腻风格。

王钱松出生于海宁市斜桥镇，那时候农村文艺生活不丰富，皮影戏就成为了一个重要的文艺活动。当时，斜桥地区的皮影戏班子和演出很多，养蚕季节需要演蚕花戏，结婚的时候演暖房戏，小孩子满月也要演皮影戏。可以说，王钱松是看皮影戏长大的，而且因为个子矮小，每次看皮影戏都在幕布前面，看得最仔细。那时候，他看完皮影戏回家便能用纸剪出皮影人物，与当时的小伙伴一起在放学后打闹表演，自得其乐。这些经历在王钱松心里埋下了一颗文艺的种子，在今后发芽成长。

小时候，王钱松的母亲在家里做鞋子前都会剪鞋样，各种样式都有，很好看，那时候他也在一旁看着，偶尔也会动手剪。中华人民共和国成立后，他应村里要求绘制各种政策的宣传画，后来又参军入伍，在部队成为了一名文艺兵。这一系列的经历为王钱松打下了良好的美术功底，为他后来从事海宁皮影戏影偶制作提供了有利的条件。

一、艰难恢复，走向复兴

1979年后，各类文艺逐步恢复，斜桥文化站也重新组建起来，王钱松回到了老家斜桥镇，担任文化站站长。他找到以前郎家班的成员郎自立，商量恢复皮影戏的事宜。郎自立提出，皮影戏演出最大的困难是影偶基本已经在"文化大革命"时期全毁，而且恢复皮影戏也需要召集其他的皮影戏艺人。于是，王钱松设法联系并召集

海宁皮影戏国家级代表性传承人王钱松和徒弟徐芦燕（陈杰摄）

了皮影戏老艺人沈寿江、王祖年、李海金、陈炳高等开了一场座谈会，老艺人们一听皮影戏恢复都很高兴。经整理发现，皮影影偶缺失了很多，他们就把每个人还保留着的都收集起来，王钱松还从桐乡的皮影戏艺人那里用两担米换到了一个皮影戏箱子，里面保留了几套完整的皮影戏剧目演出影偶道具。后来，几人一商量，决定由王钱松负责把缺失的部分皮影做出来。王钱松就这样开始了皮影影偶制作，到他 2014 年过世，这一做就是三十多年。

王钱松虔心地向皮影戏老一辈艺人学习，一开始跟魏柏荣（魏家班传承人）学习皮影戏影偶的制作，后来又根据其他艺人的指导进行制作。根据不同角色的不同身份和地位，影偶的颜色、衣服、帽子等都会有所区别。王钱松凭借自己的绘画基础和剪纸技艺，掌握了皮影戏影偶的制作流程、造型特点、色彩变化等知识。

经过一段时间的准备，1979 年，一个半农半艺的皮影戏剧团初步成立，一开始叫"朝阳皮影剧团"。1984 年，皮影戏剧团改名为"斜桥皮影戏班"。那时候王钱松和他的同事们经常在海宁市工人文化宫演出，观潮节的时候便在盐官。

皮影班子刚成立的时候，他们专门排练了《闹龙宫》《九龙山》《聚宝盆》三个剧目，经过一个月时间的排练后，王钱松和皮影艺人们觉得差不多可以演出了，想着去外面试一试。他们来到原来斜桥乡（现为海宁市斜桥镇）洛隆大队的大礼堂演出，门票一角钱一张。那时候，人们一听有皮影戏演出，都来看了，把原来只能容纳五百人的大礼堂挤得水泄不通。到了演出开始，锣鼓一敲，卖门票

海宁皮影戏国家级代表性传承人王钱松正在录制口述史

的和收门票钱的都跑进来看演出，外面的老百姓一拥而入，把礼堂内的椅子都挤坏了。一直从黄昏演到深夜，竟然没有一个人离场。演完之后，皮影艺人们又累又开心，累的是好几个小时的演出后前台人员的嗓子都已唱哑、后台的乐手也是满身疲惫，开心的是海宁皮影戏在老百姓中很受欢迎。这场演出让王钱松把对于皮影戏的喜爱融入了他今后的人生中。

这一次演出后，王钱松组织的皮影戏班子开始到各个村去演出。皮影艺人们有戏就演，没戏或者农忙的时候又各自回家务农。20世纪80年代后，各村的平安戏、周岁戏等包场戏逐渐增多，每年都有五六十场。随着皮影戏班子的演出，皮影戏的影响力也逐步扩大，浙江日报、浙江电视台先后报道了海宁皮影戏。

1989年，皮影戏班子里的几个艺人岁数大了，戏班进行了重组，沈寿江和王祖年退出了剧团，原徐家班的徐二男（海宁皮影戏国家级代表性传承人）加入，郎自立（郎家班传承人）成为了戏班的顾问，有空也参加演出。

二、声名鹊起，扬名海外

海宁皮影戏真正为众人所知是在1993年后。那年，中国工艺美术协会在海盐召开十周年年会，张乐平建议请海宁皮影戏去演出，还特地让王钱松画了一个《养子得宝》的皮影影偶去会上展示。这次展示演出引起了全国对海宁皮影戏的关注，魏力群（皮影戏专家）也是在那年专门来海宁，到王钱松家进行探访，并把全部的皮影拍照。上海博物馆、上海美术馆都专门来海宁收藏王钱松制作的皮影影偶，一些民间收藏家也开始收藏。三名日本友人也前来考察海宁皮影戏，还向王钱松购买了几个皮影。

沈瑞康写的《我的朋友王钱松》一文在海宁日报上发表后，海宁有位记者专门就海宁皮影戏进行连续报道，介绍海宁皮影戏和艺人，引起了更多新闻媒体的关注，《人民日报》《浙江日报》《解放日报》《人民画报》等媒体的报道先后出现。到了1993年，杭州

2009年海宁市文化遗产日师徒签约仪式——皮影戏国家级代表性传承人王钱松（左）和徒弟张英（右）（张庆中摄）

宋城发出邀请，让海宁皮影戏常驻宋城演出，签了两年的合约。从宋城回来后，又去乌镇常驻演出。

2003年，海宁皮影戏首次走出国门，受邀参加在新西兰最大的城市奥克兰举行的中国新年灯会。当时任新西兰总理的海伦·克拉克认真看完了整场演出，还与演出人员合影留念。这次演出取得了轰动性的效果，《人民日报》海外版还作了专题报道。

从1979年皮影戏恢复到2003年期间，海宁皮影戏都是草台班子形式，这种半农半艺的模式也使皮影戏流传下来了。2004年，沈圣标（2009年过世，海宁皮影戏国家级代表性传承人）与其他七位老艺人一起创办了江南皮影艺术团（现更名为海宁皮影艺术团）。

三、坚持传统，保留特色

海宁皮影戏与其他地方皮影不同之处在于造型，海宁皮影造型古朴，可能与龙门石窟的佛像造型有关。海宁皮影影偶与石窟中佛像造型的鼻子都是通天鼻，影偶中的正面人物仿菩萨造型，而将军那种暴眼睛、狮子鼻的造型与石窟中天王的造型一致。在流传过程中，海宁皮影戏也吸取了年画、版画、彩塑等民间艺术的特点，色彩更加丰富。

王钱松总结出海宁皮影影偶的四个特点，一是造型上高度概括，人物影偶中没有塌鼻子，而且不同时期造型不同；二是大胆变形，现实中古代官帽的帽翅在两边，但影偶的帽翅放在后面；三是色彩鲜艳，对比强烈，海宁皮影的影偶色彩上一直都很鲜艳，主要用原色来上色；四是影偶画得细致入微，细微处根据不同时期的不同身份有所区别，如女子结婚前后的眉毛会有所不同，做官与否用有无腰带来区分。

四、薪火相传，厚积薄发

王钱松在继承和发展海宁皮影戏的同时，也不忘把培养新人、传承皮影艺术作为重中之重，将自己对于海宁皮影戏影偶制作的心得毫无保留地传授给弟子们。

海宁皮影戏国家级代表性传承人王钱松捐赠皮影戏道具箱——王钱松（右），王珏（左）（张庆中摄）

    2000年，在当地镇中心小学领导的重视、支持下，王钱松和原皮影剧团的演员郎自立、徐二男等一起在斜桥镇中心小学指导成立了斜桥中心小学皮影戏剧团。几年时间里，这支学生皮影剧团学会了表演《龟与鹤》《两个朋友》《采蘑菇》等童话剧，学校还自编自演了《最美黄鹂鸟》等新剧目。这支学生皮影剧团参加了浙江省和嘉兴市的文艺演出，得到了好评。

    王钱松对于前来学艺的学生从不拒绝，只要有人来，他总是毫无保留地传授、手把手地教。王钱松教过的学生不计其数，对其中四位青睐有加：一位是周赛颖，十一岁开始跟他学习制作皮影，后来考取了广东师范大学研究生，研究非物质文化遗产；一位是陈逸昕，也是自小跟他学习皮影戏，后来就读于吉林动画学院，学有所用；还有一位是张英，毕业后跟他学习制作皮影戏影偶，张英还是原来郎家班郎自立的孙媳，对于老友的孙媳王钱松喜爱有加，张英也很有天赋，短时间内就掌握了皮影戏影偶制作技艺；最后一位徐芦燕，是王钱松的关门弟子，王钱松把一身本领都传授给了她，而徐芦燕也是众多弟子中悟性最好、最勤奋、最能把王钱松皮影戏影偶制作风格传承下来的一位徒弟。

对于皮影戏今后的发展传承，王钱松觉得首先要有一个良好的环境，提高皮影戏和艺人的地位；其次要在传统民间艺术的基础上进行提升和改革，改革要基于传统，扎根现实生活，也要能体现皮影戏的特色；再次是大力培养新人，通过民间皮影戏培训、剧团招收学员、与学校加大合作等方式，招收年轻人来学习皮影戏。

2013 年 9 月 30 日，海宁皮影戏国家级代表性传承人王钱松逝世，享年七十九岁。

巧手调动千万兵　竹签演绎古今事

——国家级非遗项目（海宁皮影戏）代表性传承人徐二男调研报告

海宁市文化馆（非遗保护中心）王晓莉

徐二男，男，汉族，1932年10月生，海宁市周王庙镇石井村人，第二批国家级非物质文化遗产代表性传承人，浙江省民间艺术家。十二岁随父亲学习皮影戏，十五岁上台演出，1949至1951年自立皮影戏班，1995年参加斜桥皮影戏班，2003年在海宁盐官风情街坐台任上手（主演），演出至今。精通传统皮影戏剧目一百五十余出，擅长各种开台（折子武戏）、正本戏演出，代表作有《蜈蚣岭》《南天国》《聚宝盆》《白家双状元》《三请樊梨花》等。

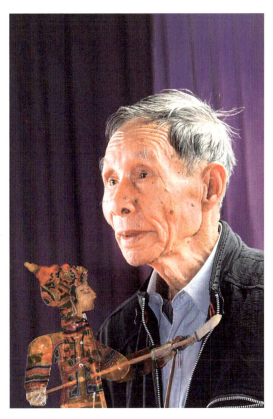

徐二男（孙伟士摄）

一、耳濡目染，痴迷海宁皮影戏

徐二男出生于周王庙镇的皮影戏世家，当地有许多草台皮影戏班子，徐二男家自祖父起就以皮影戏为生，祖辈和父辈们一生都在乡间地头表演独具南宋遗风的海宁皮影戏。由徐二男父亲徐玉林担任班主的木香徐家班，是海宁一带颇负盛名的皮影戏班。

徐二男在浓厚的皮影氛围中长大，自小就表现出了极高的皮影戏表演天赋。从小到大，只要是别人唱过的戏文，徐二男都能牢牢记住。小时候的徐二男，农忙时帮着家人在家务农，农闲时便跟随父亲走南闯北，走村串户搭台演戏。那个时候的皮影戏班人员不固定，人多时七八个，人少时五六个。徐玉林是徐家班的台柱，担任的是皮影戏上手，每当父亲在前台操纵演唱时，徐二男就在一旁轻声跟唱。1943年，刚满十二岁的徐二男正式跟随父亲出道唱戏，虽然父亲是班主，但徐二男依然得从学徒做起，没有工钱，除了学做皮影戏，还要做各种杂活。父亲对他非常严厉，每次和他一起出去演出，当天演的什么剧目、有哪些人物出场、情节和内容是什么，父亲晚上都要考他。刚开始的时候贪玩，他常趁着大人演戏的间隙和当地小伙伴玩，晚上回家答不出来，就会挨打。时间一久，徐二男慢慢进入状态，常常在一旁耐心观察和学习。凭借超人的记忆力，徐二男将父亲所唱的戏都记在了脑海中。很多次，父亲考完他后都一声不吭，当时年幼的徐二男并没有发现父亲眼中的震惊。对徐玉林来说，他的儿子是天生的皮影戏艺人，有着超凡的记忆力和非同寻常的随机应变能力。

三年学徒期满，徐二男上台演出，刚开始主要担任下手（助演），但他进步很快，没多久就完全掌握了下手的技巧。当他以为又会度过一段像学徒期那样漫长的下手生涯时，父亲很快就开始考验并提拔他了。某一次演出到一半，父亲突然借口有事走开了，慌了神的徐二男只得硬着头皮演下去。"当时压力非常大，但骑虎难下，只能继续演下去，因为如果演砸了，不仅拿不到钱，连徐家班的招牌都会被砸掉。"好在徐二男的基本功还是比较扎实的，有惊无险地度过了第一次"险情"，他的表现也获得了戏班里其他艺人的肯定。自此之后，徐二男的父亲便隔三差五中途离开，次数一多，徐二男也知道了父亲锻炼他的良苦用心，更加努力地向父亲学习，逐渐成长为一位年轻的皮影戏艺人。

由于家境贫寒，徐二男没有上学的机会，但皮影戏就是一部大百科全书，人物典故、传奇演义、诗词歌赋、民间小调……中华上下五千年的精华都浓缩在皮影戏中。徐二男说，是皮影戏让他了解这个世界，也是皮影戏，让他明理和懂事。

二、少年老成，独扛皮影戏大旗

1949 年 7 月 30 日，就在徐二男技艺初成、徐家班蓬勃向上之际，年仅四十四岁的徐玉林突然病故。噩耗传来，徐二男一家顿时陷入绝境：家中倒了顶梁柱，儿子才刚成年，皮影戏生意竞争激烈……彼时的徐二男还未做好接班的准备，但残酷的命运顷刻间就逼着他做出选择。在父亲过世前已经接好的一场演出，时间正好在徐玉林出殡后第四天，这是放在少年徐二男面前的一道难题，继续演出还是辞演，这个决定代表了徐家班是前行还是终止。年少气盛的徐二男思前想后，不顾家人的劝阻，咬牙应承了下来。

虽然答应了演出，但少了台柱子的徐家班要在皮影戏班林立的海宁站稳脚跟，靠还以下手演出为主的徐二男是难以支撑的。演戏水平是戏班的生命力，徐二男自知技艺和唱腔还难以和其他戏班竞争，多方打听之下，徐二男听说桐乡亭子桥有位皮影戏师傅赵岳春，技艺精、水平高。徐二男不顾连日来的疲倦和悲伤，连夜直奔赵家。赵岳春师傅看着满脸大汗的小伙子徐二男，心里十分感动，一口答应加入徐家班。

赵岳春的加盟给徐家皮影戏班带来了勃勃生机，他如同父亲一般吃住在徐二男家中，为徐家班出谋献策。演出时他做上手，徐二男做下手，演出收入大家一起分。空闲时，赵岳春还认真教徐二男学戏、做道具、做油盏头。

那是海宁皮影戏表演的顶峰时期，海宁农村中皮影戏演出风气很盛。一方面，庙会戏盛行，过去的海宁九个会十个庙，一个庙一年做一出皮影戏，一年就有二十几出；另一方面，海宁农家看蚕会邀请戏班演蚕花戏，结婚、做寿、小孩周岁、生日都要请戏班上门表演，许多地方还有禁罚戏，规定违反乡规民约的人家要罚做戏。1949 年是徐二男记忆中最热闹的一年，白天黑夜基本上都没停过，一年差不多唱了四百七八十本戏。回忆起当时的盛况，徐二男除了激动，也充满了感慨："唱戏这碗饭其实是'少年饭'，像我舅爷爷寿命五十岁不到，我父亲也只活到四十四岁，因为那个时候没有录音机，只能靠自己唱，白天唱、晚上唱，把人都唱坏了。"

在日复一日的表演和磨炼中，徐二男的皮影戏操作技巧变得娴熟、精湛，一个人手拿八个影偶表演都游刃有余。徐二男学会了赵岳春师傅的八十多部皮影戏，加上从父亲那里继承下来的剧目，他已经会演二百五十多部皮影戏了，其中包括《后乌袍》《滚龙袍》《饰金袍》《大红袍》《绿龙袍》《银鸾袍》《八福带》《龙凤带》

徐二男表演皮影戏（徐二男提供照片）

等八十八本文戏，《西汉》《东汉》《封神榜》《西游记》《隋唐演义》《五代十国》《元朝》《明朝》《清朝》等一百六十余本开台武打戏。其中，徐二男最为擅长各种开台（折子武戏）演出，武打场面中的短刀格斗和空拳对打表演动作节奏明快，出手干净利落，尤以"挑头"最为精彩：一枪出去，敌将头颅瞬即被挑下刺在枪尖上，急疾而干脆，令人惊叹。同时，文戏中旦角的揖拜动作表演也非常细腻，单拳顶礼（皮影偶人为单手侧面像）、颔首致礼配合相当协调，尤其是小旦跪拜起立时的身段轻盈柔和，体现悲伤情绪，十分感人。

三、排除万难，重振皮影戏旗鼓

皮影戏的繁荣并没有持续很久。1950年，皮影戏虽未被明确禁止，但因其大多在庙会、婚宴寿庆等场合演出，而且许多传统剧目中有涉及神话传说、因果报应、神仙鬼怪等的内容，按照当时的划分标准，属于封建迷信。当时的村干部们对皮影艺人也颇有微词："白天影响生产，晚上影响开会。"徐家班为了兼顾生产与演戏，只能将演出放在晚上没有会议的时候。受到当时反封建迷信宣传的影响，周边群众来叫戏的也变少了。

徐二男参加活动（张庆中摄）

和许多其他民间艺人一样，徐二男在那个时代开始"转型升级"，1952年，加入了共青团，1953年，递交了入党申请书，1956年，成为正式党员。在最初的一段日子里，徐二男还顶着压力悄悄地去演戏，在他看来，这毕竟是祖辈留下来的手艺活，不能轻易丢掉。就这样偷偷摸摸地到了1962年，形势愈来愈紧，有一天，村里的一位领导来到徐二男家找他谈话："你现在是党员，皮影戏是封建迷信，以后就不要演了，如果继续演就开除党籍。"当时皮影戏在农村已经没有多少市场了，收入也不高，继续演戏纯粹是割舍不下这份皮影情缘。再三考虑之后，徐二男只能解散皮影戏班。赵岳春师傅在徐家十三年，已经像徐二男的亲人一样，他临走之时，两人还互相约定，等政策松了，大家再一起演戏。徐二男曾经以为，最多三五年，皮影戏必定能重见光明。只是没想到这一等，就等了十七年。看着岁月蹉跎，看着皮影戏恢复演出遥遥无期，徐二男常常在夜深人静的时候独自叹息，也有很多次，在梦中回到了与父亲一起恢复演出皮影戏的时刻。不管多艰难、多遥远，徐二男一直坚信，皮影戏之花定会在海宁大地上重新盛开。

1979年，"文化大革命"结束没多久，许许多多热爱皮影戏的有识之士就开始着手恢复海宁皮影戏演出。时任斜桥镇文化站站长的王钱松四处召集皮影老艺人，准备组建斜桥皮影戏剧团，恢复皮影戏演出。徐二男受到邀请后没有半点犹豫，立刻参加了皮影队。徐二男和王钱松、郎自立、平柏荣、潘富康等七位老艺人组成了斜桥皮影戏剧团，在王钱松的牵头下到各个村巡回演出，受到热烈欢迎，老艺人们都顿感欣慰，收入也是相当可观。对当时的第一次演出，徐二男记忆犹新："第一次下村演出是在一个村的大礼堂里，场地里观众爆满，从黄昏到天亮没有一个人离场。"徐二男他们以为终于等来了皮影戏的春天，没想到，20世纪80年代末，电视机日渐普及，皮影戏观众流失严重。

在不温不火一段时间后，海宁皮影戏收到杭州宋城驻点演出的邀请。1996年，杭州宋城景区建成后，景区的负责人在报纸上看到海宁皮影戏的新闻，慕名前来商谈合作事宜，双方一拍即合，以徐二男为代表的海宁皮影戏艺人参加宋城传统文化表演，一演就是三年。这段时光是徐二男后半生最快乐的回忆，虽然工资不高，但他每日和这些相伴了半个世纪的老伙伴们在一起，一起演出、一起聊皮影、一起回忆曾经的趣事。宋城演出结束后，海宁皮影戏的名号已经打出去了，徐二男等人又受邀去乌镇景区为游客们表演。通过这两次的驻点演出，海宁皮影戏的舞台形象和道具特色均得到了很大的传播，影响区域和认知人群不断扩大。

徐二男参加颁奖活动

2004 年是海宁皮影戏非同寻常的一年，这一年，徐二男率领五位老艺人进驻海宁盐官观潮景区民俗风情馆，在那里定点演出皮影戏。同年 11 月，另一位海宁皮影戏艺人沈圣标注册成立江南皮影艺术团，聘请徐二男担任艺术指导。在沉沉浮浮几十年之后，海宁皮影戏终于重整旗鼓、重新出发。

四、带徒授艺，播撒皮影戏种子

徐二男的皮影之路虽充满坎坷，但也惊喜不断。2003 年，在完全意想不到中，徐二男迎来了皮影

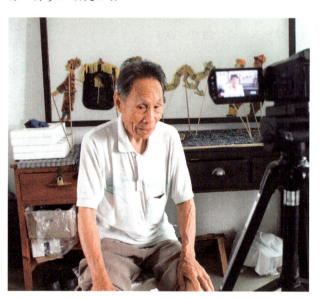

徐二男录制口述史

戏艺术生涯最辉煌的一刻：代表海宁皮影戏到新西兰参加中国新年灯会。当时，海宁对外文化交流协会以斜桥皮影戏班为基础组建了一个皮影戏表演队，参加表演的皮影艺人以民间草根艺人为主，徐二男是当时海宁技艺最佳、知名度最高的皮影艺人，毫无悬念地成为赴新西兰演出的成员。为了完成这次国际文化交流演出，他和沈圣标、平柏荣等人将《闹龙宫》等剧目反复排练，力求将最精彩的

徐二男（中）授艺（陈洁摄）

海宁皮影戏赴新西兰演出，徐二男（左二）等人与新西兰总理海伦·克拉克合影（徐二男提供照片）

演出呈现给新西兰观众。

在新西兰，徐二男他们的演出地点在一片绿色的草坪上，不需要买票，行人路过就可观看，新西兰总理海伦·克拉克也赶来观看。短短五分钟的演出使总理意犹未尽，于是又加演了五分钟，草坪上不时响起热烈的掌声。演出结束后，总理亲切地和演员们一一握手，并合影留念。徐二男作为海宁皮影戏的代表，将青、红、黑、白四

徐二男与皮影戏影偶（张庆中摄）

条影偶龙赠送给总理。龙是中华民族的象征，而他们是龙的子孙，皮影戏文化的传承人。更让徐二男激动的是，总理还专门为他颁发了一枚奖章。

这次新西兰之行给了徐二男非常大的触动。在当时的中国，政府也好，民众也好，所有的关注点都在发展经济，国内包括海宁皮影戏在内的民间艺术根本不受重视。但当他们来到新西兰，迎接他们的是热情的新西兰媒体和观众，在国内被遗忘了几十年的皮影戏居然在国外得到了这么高的推崇。这让徐二男坚信，等到中国经济水平赶上国外时，也会像他们一样重视民间艺术。看着周围这帮年逾古稀的同伴，徐二男萌发了强烈的要向年轻人传授皮影戏的想法。

正当他为没有年轻人愿意学皮影戏而苦恼的时候，海宁盐官景区的一位年轻导游陈沁岸喜欢上了皮影戏，她放弃了导游的工作，跟着徐二男全职学习皮影戏操作和演唱技巧。她进步很快，没多久师徒两个就能一起表演了，徐二男当上手，小徒弟当下手。当时的生活很清苦，收入也很低，徐二男怕小徒弟吃不起这个苦，还自己掏腰包，每月发给她三百元工资。虽然对皮影戏非常喜欢，也对这个像爷爷一样照顾教导自己的老人充满了不舍，但陈沁岸还是在学习了两年之后离开了。也正是在那段时间里，徐二男陆陆续续地送走了自己的几位老搭档。看着空旷幽深的皮影戏馆，徐二男迷茫又焦虑。

2006年，一位盐官的民间吹打师傅看到皮影戏后继乏人，便将自己有越剧基础的女儿张靓送到了徐二男那里正式拜师学艺。张靓的到来打破了盐官皮影戏馆长久的寂寥，活泼开朗、好学热情的她很快便融入到了海宁皮影戏中。这一次，徐二男的功夫没白花，张靓不仅学得了一身好本领，而且由于扎实的皮影戏表演基础被江南皮影艺术团招至麾下，成为了一名专业的皮影戏艺人，也成为了徐二男的骄傲。

2009年，海宁市启动了为期十年的传统皮影戏录音录像工程，一方面将徐二男毕生所学的皮影戏剧目记录下来，另一方面也想以此为契机，培养一批会唱传统皮影戏的年轻人。就是在这个时期，高娟琴、赵力、郎章铭等年轻皮影人纷纷加入这个浩大的录音录像工程，自第二年开始，年轻人们独立担当上下手，徐二男则退居幕后，潜心指导他们。

徐二男的教学方式很传统，他先表演一遍，然后让大家自己琢磨练习，第二天他再检查功课，一提起这一传统方法，徒弟们都叫苦不迭："大家根本没有这么好的记性，往往听完看完，就忘得差不多了。一开始大家没少挨骂，次数多了，大家摸到了里面的门道，才总算能交差。"这几个学徒现在都已经成为海宁皮影戏的中坚力量，其中张靓和高娟琴在2016年6月被正式公布为海宁皮影戏市级代表性传承人。看着这些徒弟一个个出山，徐二男欣慰极了。

除了在外面收徒传艺，徐二男还在自己家中挖掘"潜力股"。"我们家也算皮影世家了，可没有一个子女干这行，在那个年代错失了没办法，但孙子孙女辈一定要有人继承衣钵！"徐二男多番观察，发现孙辈们在音乐方面无甚天赋，失望之余，他发现最小的孙女徐紫薇特别爱画画。"会画画正好制作影偶，也算接了我们老徐家的班。"就这样，不到十岁的小孙女开始学习皮影戏影偶绘制，每个周末爷爷都会等她做完作业，再教她制作影偶。慢慢地，她的线条越来越细，所绘人物神态越来越生动，十多年过去了，徐紫薇制作的影偶装满了整整一个大木箱，这个箱子代表了木香徐家班的未来！

"新年影戏聚星钉，金鼓村村闹夜窗。艳说长安佳子弟，熏衣高唱弋阳腔。"这是当年海宁皮影戏盛况的真实写照。徐二男期盼着海宁皮影戏这一世界级非物质文化遗产能再一次大放异彩，成为源远流长的民族文化瑰宝。

一生倾情灯艺奇葩
——国家级非遗项目（硖石灯彩）代表性传承人陈伟炎调研报告

海宁市中小企业发展互助联合会 岑建平

　　陈伟炎（1922—2010），男，汉族，海宁市硖石镇人，第一批国家级非物质文化遗产代表性项目硖石灯彩国家级代表性传承人，浙江省优秀民间文艺人才，嘉兴市民间艺术家。十八岁开始在硖石灯彩全能艺人孙惟君指点下学习硖石灯彩制作技艺；1985年退休后，潜心研究制灯艺术；1997年，在继承传统工艺的基础上开拓创新，将茶壶和灯彩相结合，创作硖石灯彩新品种茶壶灯，将硖石灯彩工艺推到新高度，代表作有壶中壶、方钟壶、仿古十八式壶等。

　　陈伟炎爱好灯彩、绘画、书法，其中灯彩是他的最爱。自二十三岁起的六十五年里，他在工作之余将这门艺术当成人生境界的升华。自1945年制作了第一盏灯彩作品智标塔（仿海宁智标塔）之后，他锲而不舍地光大这项博大精深的传统技艺，用流光溢彩的灯中奇葩点亮了自己的传奇人生。

一、乱世中守护艺术净土

　　陈伟炎在灯彩艺术上的卓越成就跟他的不幸身世有很大关系。出身贫寒的陈伟炎，大部分青春时光都在颠沛流离中度过。他自幼父母双亡，姑母在他七岁时也撒手西去，此后他跟着姑母的公公生活。十三岁时，陈伟炎在硖石镇永和银楼当学徒。十六岁学艺期满，遂北上徐州寻找生计，无果后返回硖石，留在永和银匠铺供职。

陈伟炎介绍硖石灯彩（王超英摄）

1950年，参加工作。1952年，进入银行系统，先后在海宁、海盐等地农业银行工作。自1985年退休后，他几乎每天都是在制作灯彩中度过的。

陈伟炎早年在银楼从事银饰行业十余年的经验和其对硖石灯彩文化的喜爱，为他日后从事灯彩艺术打下了坚实基础。1940年，年轻气盛的陈伟炎与灯彩传人、现代最著名的硖石灯彩全能大师孙惟君结为知交。他们业余时间经常聚在一起切磋硖石文人派的制灯技艺，陈伟炎耳濡目染，深得硖石灯彩针刺工艺精髓。在孙惟君先生的指点和影响下，陈伟炎开始尝试制作硖石灯彩。然而，乱世的动荡，尤其是日本侵略者的铁蹄践踏乡里的惨象，不仅在他年轻的心灵中烙下深深的印痕，更是使他的灯彩爱好几度被迫中断。

1945年抗战胜利，陈伟炎以海宁东山智标塔为原型制作了智标塔灯，这也是他从事灯彩艺术以来最早成型的作品。中华人民共和国成立后，陈伟炎一边工作一边制灯，从未间断。由于灯彩是一门集绘画、书法、诗词和制灯技巧为一体的古老民间艺术，制作者不仅需要高超的制灯技巧，更需要有良好的艺术修养和丰富的想象力。只读过两年书的陈伟炎刻苦钻研，为了提高自己的绘画技巧，常利用空闲时间自学书法和绘画，平时碰上精美的书画作品就保留下来，仔细欣赏、临摹，不断提高自身的艺术修养。陈伟炎不止一次到山上观察花草，而且一去就是半天。天长日久，他的字画渐有起色，并有了几分神韵。

碛石灯彩工艺独特，其制作主要以拗、扎、结、裱、刻、画、针、糊八字技法见长，制作精巧，细腻秀丽，玲珑剔透，是融声、光、电、建筑、书、篆、画等多种艺术于一体的传统工艺。针刺是灯彩制作中一道重要的工艺，仅一盏巴掌大小的茶壶灯，它的画面平均就有一万四千个排列有序的针孔。艺人要运用不同的针法勾勒出图案的轮廓，体现出图案的背景空间，而且针针力道均匀，一针破漏就将前功尽弃。加上另外七道工序，一盏精雕细琢的茶壶灯往往需要花上几天的时间才能完工。制作过程中，除了要特别细致外，更需要耐心，有人用"万窗花眼密"来形容其针刺画面，亦曾有诗赞道："弱骨千丝结，轻球万锦装。彩云笼月魄，宝气绕星芒。檀点红娇小，梅妆粉细香。等闲三夕看，消费一年忙。"

在陈伟炎家的阳台上，西侧是他亲手堆砌的山石盆景，东侧放着一张工作台和一只工具箱。坐在自家阳台的桌子前，一瓶糯糊、一枚针、一把剪刀、一把尺、一把尖嘴钳、一张刻板、几张宣纸、各色的颜料，这些简陋的工具和窄小的半个阳台，便是他的灯彩制作室。

二、独创茶壶灯涓涓不绝

"海宁灯虽好，但只可看不可带。"作为精美的艺术品，碛石灯彩倾倒了无数来海宁游玩的旅客。但在赞叹之余，陈伟炎也心生遗憾，灯彩个头太大，要拿要拎都不方便。如果艺术只能孤芳自赏，不顺应时代潮流，那就终将黯然褪色，失去传播流布、教化熏陶的价值。回顾灯彩的漫长历史，如何在传统中融入现代新意，让灯彩在保持传统艺术精髓的基础上，通过改良和创新拓展其天地，成为海宁灯彩艺人需要突破的一大课题。

经过日夜思索，陈伟炎心想，最简单的方法就是把大花灯缩小。于是，他按照比例尝试着做出了一盏小花灯。小花灯虽小，下的功夫却更大了。然而，陈伟炎左看右看，停下手中活计揣摩良久：除了尺寸缩小，外形依旧是老样子，完全是大花灯的翻版，没有一点特色，更不用说创新了。不行！陈伟炎否定了自己，重新开始琢磨。这时，他瞟见了桌子上的一只花瓶。一念之间，顿时来了灵感，灯彩是不是可以做成花瓶形状呢？既灵巧又美观。新尝试虽然选对了路子，造型独特，富有新意，但花瓶不外乎扁的、圆的，样式不多，

陈伟炎在紫砂壶中汲取艺术营养（袁培德摄）

这样的路子无疑在为自己设下新的局限。考虑缜密的陈伟炎放弃了第二次尝试。

　　1997 年盛夏的一天，陈伟炎到老友章卓金家里做客，聊天喝茶之余，突然被朋友满满一屋的宜兴紫砂茶壶吸引住了。"这个高高的是明代执壶，那个方的是四方壶。"看着陈伟炎的目光，章卓金饶有兴趣地介绍起来。"茶文化源远流长，茶壶形状千姿百态，如果能和灯彩相结合做成茶壶灯，岂不乐哉？"两人一拍即合。自此，陈伟炎揣着这个绝妙的创意，踏上了制作茶壶灯的漫漫长路。

　　为了精确制作茶壶灯，陈伟炎从收藏名壶的朋友处借得《紫砂壶的造型与鉴赏》等书埋头苦读，研究茶道、茶经、茶壶的历史以及制作工艺；只要报刊上有茶壶图形，他就剪下来集在一个本子中；在巷尾集市、古玩货摊之间，常常能看见陈伟炎的身影。他就从这些珍贵的资料中汲取精华，传神地制作出样式各异的灯彩。陈伟炎的儿子陈新民曾多次讲过他父亲被骗买一百包烟的往事。当时有个卖香烟的，他出售的烟每包送一张介绍名壶的烟卡，一共有一百张。可陈伟炎烟酒不沾，便和烟贩讲好只买卡不买烟。卖烟的一看有机可乘，就说要卡就要买烟，陈伟炎爱壶心切，被迫既买了卡、又买了烟。他明白自己遭了讹诈，但为了心中的那盏茶壶灯，只能自认倒霉。

南瓜灯亦是陈伟炎颇为得意的作品，灯的式样就取自人们常吃的南瓜，颜色鹅黄，壶身圆润，最让人称奇的是壶盖上的蒂头，还果真是南瓜蒂呢。陈伟炎的孙女曾抱怨道，别看这个蒂头小，其貌不扬，可是百里挑一的，爷爷做南瓜灯那会儿，家里吃了不下两三百个南瓜，都吃厌了！如此执着的钻研探索，让陈伟炎做出来的茶壶灯个个精巧绝伦，足以以假乱真。

1997年，香港回归前夕，陈伟炎突发奇想，为香港回归制作了一对主题茶壶灯，想不到视觉效果特别好。于是一个大胆的念头又在他脑海中出现：制作九十九盏茶壶灯，庆祝两年后的澳门回归。但要找到九十九件真茶壶样本是何等的不容易。盛夏的一天，他得知市区有一家兼营紫砂壶的商店开业，便顶着炎炎烈日赶去，衣服全湿透，布满皱纹的脸上淌满了汗珠。当他在店堂发现一把从未见过的紫砂壶时，高兴地为该壶精致的造型和流畅的线条连声叫好。他将其形状和尺寸熟记于心后，立刻返家画出了图形。

从那一刻起，陈伟炎花了八百天时间制作完成九十九盏形态各异的茶壶灯，引起国内工艺美术界同行的瞩目。现在这九十九件作品全部被收藏于海宁市博物馆。九十九盏茶壶灯，九十九种造型，九十九种姿态，小可盈握，大如米斗，营造出不同的情趣和意境。茶壶灯的颜色有紫色、红色、黄色、蓝色等十多种；造型分为几何形体、自然形体、筋纹形体三大类；主题为乡间小曲、田园风情、古色古香、现代风情四大系列，形象逼真，惟妙惟肖。每一盏茶壶灯的壶身、壶盖都可以分离，通身布满细密的针孔，底为空心，通电时，光线透过针眼，呈现出一幅幅山水、花卉和书法图案，若隐若现，幽雅秀美，令人叫绝。

三、古老工艺绽放新光彩

对于茶壶灯的诞生，当时陈伟炎是这样剖析的：茶壶灯是从传统灯彩工艺提炼出来的工艺结晶，它最大的特征就在于创造性地把灯文化和茶文化融合在了一起，一方面继承了硖石灯彩手工艺制作的传统技法，以针刺花纹见长，精巧细致；另一方面创新"壶艺"，其款式造型新颖独特，是灯彩作品中的孤品、绝品。

作为民俗文化载体和活态民间艺术，既具普遍性又具独特性的硖石灯彩，在一千多年的发展演变中，蕴含着深厚而丰富的文化和艺术特色，经历了兴起、繁盛、衰落、复兴的曲折发展历程，

制作茶壶灯（陈新民摄）

方钟茶壶灯（袁培德摄）

更以清新脱俗、别具一格的风貌展现在世人面前。硖石灯彩营造了一种带有清新雅致的文人气质和纯朴热情的民间气息的美学风格，融合了诗、书、画等高雅文化，同时又夹杂着民间最朴实、最纯真的精神元素。在灯彩制作过程中，创作者张扬了自己的才智，发挥了巧妙的创意，使人在远离尘世喧嚣的境遇中，独享一份喜悦和宁静。它没有沾染太多的商业气息，依旧保留着古色古香的民间生活气息，传达着人们对生活的热情与喜爱。它不仅是一种民间艺术，更是一种融入社会生活层面的民俗活动，扮演着节日点缀和审美对象的角色，与此同时更承载了吉祥与祝福。所以在某种程度上，硖石灯彩反映了一种别样的文化风格，成就了一番非比寻常的文化气韵，而这种文化内涵远远超越了其本身制作工艺的价值。

少年辛苦终身事，莫向光阴惰寸功。由于父母早逝，陈伟炎从小就学会了独立自主。与陈伟炎交往过的人都说他为人谦恭，思维活跃，性格内向又不失热情，是一位执着又坚定的人。正是这种对茶壶灯的执着热情，使他的灯彩大放异彩，闪耀在人们的眼前。

浙江民间艺术研究会会长吴露生曾说："茶壶灯演绎了硖石灯彩民间艺术的功能，并且把大化小、把华贵变成朴实，使硖石灯彩在日常生活中散发出无可比拟的艺术光彩。"《东方文物》第27辑里，金雪对陈伟炎的茶壶灯进行了这样的评价："茶壶灯被称'灯中奇葩'，它既继承了传统又不为传统所囿；既师法前人又妙成一格，另辟大化为小、化繁复为简雅、化华丽为朴实的灯彩艺术新境地。小小的壶灯中不仅蕴含了硖石灯彩千百年来的文化积淀，还能从中感受到灯彩艺术别样的逸致与情趣，使传统的硖石灯彩如芍药海棠，秾华繁彩，令人叹为观止。"海宁硖石灯彩有限公司总经理胡金龙也对陈伟炎赞誉有加："他老人家对硖石灯彩的贡献是有目共睹的，他不仅对硖石灯彩在当今社会的发展做出了贡献，还新出了茶壶灯。"2007年，《嘉兴日报》在特刊中刊载了一篇名为"万窗花眼密，首创茶壶灯"的文章，高度赞扬陈伟炎是"把茶壶与灯彩联姻，把华贵变朴实的创新型手工艺人"。《青年时报》《华夏遗产》、新浪网等也对陈伟炎进行了相关报道和高度评价。浙江电视台、山东卫视、《中国文化报》、中央电视台等媒体曾将陈伟炎和他的茶壶灯编辑成专题，进行了立体式报道。2000年，中央电视台在现场直播天下奇观海宁潮的过程中，专门介绍了陈伟炎的制灯技艺和作品。

硖石灯彩影响的扩大使许多香港、台湾等地的艺术爱好者特地

茶壶灯（袁培德摄）

荣誉（陈新民摄）

上门参观并进行购买、收藏，将陈伟炎的作品视为中国灯彩一绝。2002年，时任文化部民族民间文艺发展中心副主任的刘嘉、浙江省文化厅副厅长沈敏专程来到陈伟炎家中访问，并参观了他的灯彩作品。海宁市政府也将他的作品作为礼物赠送给国际友人、文化名人和各地政要。

四、硖石灯彩的另一个高度

身为第一批国家级非物质文化遗产代表性项目硖石灯彩国家级代表性传承人，陈伟炎见证了硖石灯彩的发展与进步，他呕心沥血，甘于奉献，伴随着硖石灯彩如今的辉煌，一直闪耀在世人心中。陈伟炎将荣誉当成一种责任与负担。"有工作的人没有那么多时间去花在灯彩事业上，没有工作的人又不能靠灯彩生存。"陈伟炎生前认为，没有生存负担地从事灯彩制作才是传承的可行路径，也是培养继承人的捷径。他的孙女陈寒黎在海宁电视台工作，多年来，她在爷爷身边耳濡目染，学到不少东西，还多次和爷爷一起现场演示灯彩制作。

陈伟炎一生着迷于灯彩制作，家人最知他的心。为了让他全心全意投入灯彩制作，老伴几乎承包了一切家务。儿女们虽然不与他住在一起，但同样非常关心和支持他的灯彩事业，儿子特意请木匠为他打制了专门放置名茶壶样本和成品茶壶灯的长形玻璃柜；女儿外出也特别留心为他寻找另类的新茶壶以及采购宣纸。为了寻访名壶样本，家人们几乎跑遍了市区所有销售茶壶的店。茶壶灯不仅要与实物相似，制作也必须符合原理。为此，陈伟炎翻烂了好几本专业书，至于画了多少图形，他自己也记不清楚了，家里所有的柜子几乎都已被图纸和画本塞满。

每一把茶壶都有一段沉甸甸的历史，看着茶壶灯插上电源亮起的那一刻，是陈伟炎最大的乐趣。在他卧室上方的壁橱里，摆满了成品茶壶灯。多年来，他研制的茶壶灯造型品种达一百八十多种，亲手制作的茶壶灯作品共八百多件，主要代表作品有方钟壶灯、南瓜壶灯、城楼壶灯、四方壶灯、四季花瓶壶灯、纸筒壶灯、鸡首壶灯、仿古十八壶灯、迎奥运壶灯、奥运福娃壶灯系列、梅兰竹菊系列、提梁壶灯系列、西厢记系列、金丹壶灯、双盖壶灯、六角壶灯、瓦当壶灯等。壶嘴有一弯嘴、二弯嘴、三弯嘴、直嘴、流形鸭嘴等，壶把有圈把、横把、提梁等款，壶盖有压盖、嵌盖等。

陈伟炎在硖石灯彩艺术上的最大成就，是他在硖石灯彩传统风格的基础上独辟蹊径，开创了一种新的艺术风格。他所创立的茶壶灯系列，以炉火纯青的简洁、返璞归真的表达和端庄古朴的造型风格，显示出一种"绚烂之极归于平淡"的境界，使硖石灯彩拓展了表现题材，开辟了另一片天地，注入了新的生命力，推到了另一个高度。

王阿牛的黄酒人生
——兼谈绍兴黄酒酿制技艺的传承与传承人保护

绍兴市非遗保护中心　王心愿

21世纪以来，一项由政府主导、全社会共同参与的非物质文化遗产保护工作在全国范围内铺展开来，至今热度不减、方兴未艾。随着该项工作的不断深入推进，其保护重心也从最初的非遗项目本体逐渐转移到传承主体，也就是对"人"的保护。非遗是活态的文化，而决定它活态性的正是世代不辍、隐姓埋名的艺人们。

如何在政策、机制、资金等各个方面保障传承人在非遗保护中的主体地位，这是一个问题。对非遗传承人的重视也催生了学术界的新课题，越来越多的专家学者开始呼吁进行传承人的生活史、口述史研究，并做了大量开拓性工作。本文便是在前人研究的基础上，借鉴个人生活史研究的方法，对绍兴黄酒酿制技艺国家级代表性传承人王阿牛的生命历程进行梳理，并于此基础上提出对如何推进绍兴黄酒酿制技艺传承发展以及传承人保护工作的浅见。

一、绍兴黄酒及其酿制技艺

黄酒是中国的特产传统酒种，是世界上最古老的饮料酒之一。历史悠久，流传甚广，且品种很多。绍兴黄酒无疑是其中的杰出代表。

绍兴黄酒俗称"老酒"。在长期的生产实践中，绍兴黄酒形成了自己的独特品种。比如，按照开耙操作时的温度高低，可将生产的酒分为"热作酒"和"冷作酒"；按照酿坊所处地理位置及下缸操作方法，酿酒技工被分为"东帮"和"西帮"，对应产品为"东路酒"和"西路酒"。清代，绍兴黄酒形成状元红酒、加料京装酒、真陈善酿酒、远年花雕酒四大品种。中华人民共和国成立后，经国家专卖统购，按类型定为元红酒、加饭酒、善酿酒、香雪酒四大传统品种，加饭酒是其中的最佳品种，产销量最大。

绍兴黄酒的酿制对季节性的把握要求较为严格，一般为农历七月份制酒药，九月份制麦曲，十月份制淋饭（酒母），大雪摊饭（开始投料发酵），次年立春时开始榨酒、煎酒，灌坛泥封后贮藏，一般贮存三年后才投放市场。

同时，绍兴黄酒也形成了自己独特的酿制工序。一是制酒药。采用早籼米粉和辣蓼草为主原料，经粉碎、拌料、打臼、上框压平、切块、滚角、接种、入缸保温、出窝、入匾、上房、翻匾、并匾、装箩、并箩、晒药等多道工序制成。二是制麦曲。以小麦为原料，经轧麦、加水拌曲、踏曲、堆曲、保温培养、通风、拆曲等工序制成。三是制淋饭（酒母）。以糯米、麦曲、酒药为主要原料，经过筛、浸渍、蒸煮、淋水、搭窝、冲缸、发酵开耙、灌坛养醅制作而成，它是摊饭酒的发酵剂。四是酿制。以绍兴加饭酒为例，采用摊饭法酿制，主要工序有：取糯米、过筛、浸米、蒸饭、摊冷、落作（加麦曲、淋饭酒母、鉴湖水）、主发酵、开耙、灌坛后酵、榨酒、澄清、煎酒、灌坛陈酿。其中，开耙是整个酿制过程中的关键环节，要根据气温、品温、米质、淋饭和麦曲质量的不同灵活调整操作手法，以酿出不同风格的酒。

绍兴黄酒的酿制用料十分讲究，主要原料为糯米、小麦、鉴湖水、浆水。糯米被称为"酒之肉"，选用精白度高、颗粒饱满、黏性好、含杂少、气味良好、当年产的优质上等糯米。小麦，被称为"酒之骨"，作为制曲原料，选用颗粒完整、饱满、粒状均匀、无霉变虫蛀、皮层薄、胚乳粉状多的当年产优质小麦。鉴湖水，为绍兴独有，被称为"酒之血"，清澈透明，水色低、透明度高、溶解氧高、耗氧量少，含有钼、锶等多种能促进酵母生长的微量元素。浆水，是酿制绍兴酒的重要配料之一，一般应汲取浸米二十天后的下层浸米水用于生产。

绍兴黄酒酿制技艺，具有开放式发酵、双边发酵（边糖化边发酵）、高浓度醪液发酵、低温长时间发酵等特征，这些特征也正是维持绍兴黄酒持久生命力之关键所在，世代黄酒酿制技艺的传承人正是恪守着这些技艺特征，才源源不断地生产出受大众欢迎的、优质的黄酒产品。

二、王阿牛的黄酒情缘

王阿牛，男，浙江绍兴人。1925 年 9 月出生于绍兴东浦镇赏祊大池头村；1933 年至 1935 年在私塾读书；1936 年辍学，在家做一些力所能及的农活，闲暇时就和小伙伴们一起玩耍；1941 年 2 月，王阿牛便像其父辈一样进入了酒作坊，迈出了自己黄酒人生路的第一步。一年后，王阿牛离开了源茂记酒坊，转而来到沈裕华酒坊。该酒坊由其堂兄王阿仙掌耙，王阿仙当时是东浦当地较为有名的开耙师傅之一，如此，王阿牛便拜自己的堂兄为师，真正开始学习酿酒技术，先是落缸、榨酒、煎酒，进而助理开耙、开耙。寒来暑往，春去秋来，不知不觉十一年过去了，在堂兄的悉心指导下，王阿牛成为了当地有名的"酒头脑"，掌握了较为高超的酿酒技能。

1952 年是王阿牛人生的一个转折点。当时在东浦有一家周云集酒坊被政府接管，时任厂长陈德昌急招优秀技术人才以助推酿酒生产。经老酒专卖处李本源主任的介绍和极力邀请，王阿牛来到了周云集酒坊，任生产技术管理员。在这里，王阿牛有幸结识了一位德高望重并且技高艺精的酿酒老技工——章福贵师傅。

年轻的王阿牛深得章福贵之信任，两人可谓亦师亦友，经常在一起交流绍兴酒的酿造技艺。四年的交流与合作使王阿牛受益匪浅，酿酒技术得到进一步提升。1956 年，年轻有为的王阿牛被任命为周云集酒坊副厂长，主管生产技术，直到 1959 年调任东风酒厂书记。

在东风酒厂，王阿牛迎来了人生中的重大挑战，三年困难时期和十年动乱接踵而来，他身上的担子变得沉甸甸的。王阿牛必须起早贪黑，克服重重困难，以尽可能稳定的生产保质保量酿好绍兴酒。一方面，他积极探究酿酒的发酵规律，指导技工酿好每一缸酒；另一方面，他还不失时机地去外地参加酿酒技术培训班，不断充实提高自己。

时过境迁，春回大地，经历了动乱期的酒厂凸显出青黄不接的问题，王阿牛没能停下脚步获得片刻休息，紧接着就要做好老技工的留用工作，更要做好年轻技工队伍的培养工作。最终，努力得到了回报，王阿牛带领酒厂战胜了困难。1982 年，王阿牛调任绍兴酿酒总厂党委副书记，虽说位高权重，但他却始终坚持"俯首甘为孺子牛"的理念，积极下车间、教职工，还不错过外出培训的机会。

1991 年，六十五岁的王阿牛到了退休年龄，因德高望重、技精艺高被留用到 1995 年，之后又被塔牌绍兴酒厂聘请为酿酒技术顾问，时至今日仍是塔牌绍兴酒有限公司的酿酒技术顾问。

王阿牛多次被评为各级劳动模范、先进工作者，是国家级黄酒评委、知名黄酒技师、黄酒博士，曾被评为当代中国酒界杰出人物，享有"活酒仙"之美誉。2007 年，王阿牛被认定为首批国家级非物质文化遗产项目绍兴黄酒酿制技艺国家级代表性传承人。

三、王阿牛的学徒生涯

王阿牛出身于一个农民家庭，父亲王福生靠租种地主土地和酒坊打工度日，母亲单阿大出身于一般农户家庭，父母共生育王阿牛兄弟姐妹八人，五男三女，在众兄弟中王阿牛排行老二。大哥王阿泉十二三岁的时候就跟人到上海闯荡，作为老二的王阿牛只好放弃读书，在家里帮助父亲种田，帮助母亲做家务。

王阿牛的学徒生涯始于十七岁。1915年，东浦周云集酒坊第五代传人周清拿着用绍兴传统技艺酿造的周云集信记酒参加在美国举行的万国博览会，并为绍兴酒夺得第一枚国际金奖章。这位身怀绝技的东浦人给王阿牛留下了深刻的印象，催生出少年王阿牛"长大了也要学做酒，当个酿制师傅"的梦想。随后，王阿牛被父亲送进酒坊开始了自己的学徒生涯，满心期待能有机会去实现儿时的梦想。

做学徒有着严格的规矩。学徒首先是白吃饭，没工钱。说是学徒，其实开始根本学不到什么，也不让学手艺，只是干杂活。主要工作就是早上拿茶壶、中午捧酒壶、晚上倒夜壶，被戏称为"三壶"先生。每天早上，要帮老板、"酒头脑"准备好茶壶，因为那时候烧水都是用柴火的，所以要很早起来劈柴烧水；中午要帮他们吊好酒，放好老酒壶；晚上帮他们倒夜壶。此外，还要帮老板跑腿，甚至做杂七杂八的活，工作烦琐之余，还时常会被骂"白吃饭，走路慢；小长年，要偷懒"。在这样的学徒生涯中，王阿牛深感根本学不到什么技术。

第二年，王阿牛离开了源茂记酒坊，跟随自己的堂哥王阿仙来到沈裕华酒坊做酿酒工，每天必须洗两百个酒坛，挑两百个酒坛。但只要有机会，他就会找出各种理由跑到堂兄开耙的地方仔细观察和请教开耙技术，因为是自己的堂兄，所以他还是能有机会聆听一些技术的。但他不幸被老板发现了，还被骂为"不务正业"。老板说："阿牛，你在做什么？酒缸前面走来走去，你想学开耙，还远着呢！你要开耙做酒，先要洗九万九千九百九十九只酒坛，挑九万九千九百九十九桶水、九万九千九百九十九坛酒。你把这些事情做好，再去学开耙。基本生活还没做好就想要学开耙，我就叫你回去。"

虽然感觉很委屈，但王阿牛只能听着老板的训斥。后来，他慢慢地体会到了这些基本生活的好处。因为做酒是个慢生活，要有耐心，只有从洗坛、堆坛、浸米、蒸饭等基本功做起，熟悉所有工序，才有可能成为一个好的酿酒师傅。认识到这些之后，王阿牛变压力为动力，成为作坊里最勤快的人，每天超额完成老板规定的生活，并逐渐学会了浸米、蒸饭、落作、投料、煎酒等各种基本技术。在堂兄王阿仙的指教下，王阿牛开始学习黄酒酿造技术。他在沈裕华酒坊一做就是十年，回忆起来，王阿牛说："没有那些年的艰辛付出，我也不能学到那么多东西，最重要的是那段工作生涯教会了我坚韧不拔，吃苦耐劳，学会吃亏，学会做人。"

四、王阿牛的技艺贡献

（一）著书立说，创新推动行业发展

传统的传承方式是言传身教，需要徒弟跟随师傅同吃、同睡、同劳动，靠着耳听、手摸、鼻闻、嘴尝等方法，在具体的生产实践中模仿、学习、探索。然而，社会文化环境的改变向这种口传心授的传承方式提出了新的挑战，加之科技的进步、文化水平的提高、改革创新的驱动，传统的传承方式必然要作出相应的调整以适应新情况和新问题。

王阿牛是一个善于思考、总结经验的人，而且敢于打破成规。后来在云集酒厂工作期间，他就大胆实践，将温度计引用到开耙发酵的温度控制上，并科学地界定了保证绍兴酒品质的发酵温度区间。在工作中积累的经验使他深切感受到，要酿好绍兴酒，严格规范各道工序和岗位操作规程是十分重要的。为此，他开启了自己的理论研究之路。1959 年开始，王阿牛结合自己多年的酿酒实践，苦心研究、整理出版了《绍兴酒操作规程》一书，被当时绍兴六家国营酿酒厂拿来用作培训教材和操作规程使用。

该书可谓是中国历史上第一本黄酒酿造教材。它的最大意义在于打破了上千年的行业壁垒，结束了黄酒酿制技艺传内不传外和口耳相传的传承模式，推进了黄酒酿制产业的科学化和规范化发展。就像王阿牛曾说过的那样："以前酿酒的技艺都靠口述，几乎没有书面材料，技术水平高的师傅要不就不会写字，要不就有所顾忌，所以学习起来非常困难。我平常多写写，将自己的一些酿酒经验形成文字材料，就是要让工人们学习技艺。只要他们肯用心学，酿酒技艺就能够提高。"

从此，王阿牛继续着自己的理论思考，发表了多篇论文，如《黄酒风味特点及其营养价值》（1963 年）、《绍兴老酒》（1980年）、《绍兴黄酒的风味营养及价值》（1993 年）、《鉴湖水与绍兴酒》（2005 年）、《酿造绍兴老酒传统与现代工艺之讲究》（2007年）、《中外名人喜爱绍兴酒》（2009 年）、《概谈绍兴黄酒产业

的发展》（2009年）、《调味技术在黄酒生产中的应用》（2011年与潘兴祥合作）。此外，还有些讲义、手稿资料等，比如《黄酒感官品评讲义》（1990年），被浙江省食品工业协会和浙江省标准计量管理局当作黄酒感官品评培训教材使用。

参加2011年浙江省第三届非物质文化遗产博览会

（二）言传身教，悉心培养技术新人

长期的酿酒实践使王阿牛练就了一身过硬的本领。他能通过品尝准确区别黄酒的酒精度、酸度和糖分含量，眼看、鼻嗅、舌尝，就是他所有的法宝。最被业界称奇的是他精湛的评酒功夫，无论什么品质的黄酒，到了他那里都能高下立见。关于如何练就这手绝活，他有自己的说法："我们那时没有科学仪器，全靠手摸、鼻闻和口尝，这么几十年练下来，分辨力自然会强一些。"

在工作中，他非常重视技工队伍的建设，也希望能够把自己的本领传授给年轻人。早在20世纪70年代末，因为十年动乱造成酒厂大批人才流失，王阿牛便开始着手培养年轻技工队伍。他不辞劳苦，身体力行，鼓励年轻人学习酿酒技能，多次开办黄酒生产技术培训班，亲自编写教材，讲解黄酒酿造技术知识，并且经常深入车间手把手地传授酿酒技艺。经过整整五年的苦心培养，一支年轻的酿酒技工队伍终于脱颖而出。如今，王阿牛的不少徒弟，如潘兴祥、陈宝良等，已成为高级酿酒师、评酒委员，甚至还有中国酿酒大师，连王阿牛自己都非常自豪地说，几乎绍兴所有酒厂都有他的徒弟。

（三）挥洒余热，助推黄酒传承发展

1995年起至今，王阿牛一直是浙江塔牌绍兴酒有限公司的酿酒技术顾问。2002年开始，七十八岁高龄的他基本上退居二线，时常会到酒厂看看，但大部分时间和主要精力被用于整理六十年来的工作笔记和酿酒技术资料。他笔耕不辍，撰写出《绍兴黄酒酿造技

王阿牛在酿酒车间传技（王宝良摄）

王阿牛向青年技工传授技艺（潘兴祥摄）

术》，因技术保密问题未能正式出版。在 2010 年 11 月 7 日举行的塔牌绍兴酒开酿节上，他把这份手稿无偿交给塔牌绍兴酒有限公司，成为绍兴酿酒业发展的一笔宝贵财富。他觉得自己这一辈子已经跟黄酒分不开了，如今能再为黄酒的宣传做点贡献，他感到非常高兴。

如今，绍兴黄酒酿制技艺已然成为国家级非物质文化遗产代表性项目，王阿牛也实至名归地成为了绍兴黄酒酿制技艺的国家级代表性传承人。他清醒地认识到当下社会文化环境的变迁对传统绍兴黄酒带来的不利影响，绍兴黄酒的发展迎来了新的挑战。为此，他与时俱进，潜心研究绍兴酒文化，敏锐地觉察到绍兴民风民俗与黄酒的密切联系，特别指出了冬酿酒对绍兴酒品质的重要影响。2006年，借绍兴黄酒酿制技艺入选首批国遗名录之时，他建议塔牌绍兴酒有限公司举办黄酒开酿节，倡导"立冬开酿"，以加强传统绍兴黄酒酿制技艺的保护。

2009年，王阿牛诵读祭文

五、结论：关于技艺的传承与传承人的保护

王阿牛的一生是萦绕着幽幽酒香的一生，王阿牛的个人生活史就是绍兴黄酒酿制技艺的传承发展史，他生动诠释着中华民族的传统工匠精神，这也成为绍兴黄酒酿制技艺在当下传承发展的一笔宝贵精神财富，对推进技艺的传承发展和传承人的培养、保护都具有重要启发。

第一，推进技艺的传承与发展，要充分尊重传承人的核心地位。任何技艺的传承最终都要落实到一个个鲜活的个体身上，只有不断涌现出像王阿牛这样"俯首甘为孺子牛"的艺人，才能实现传统技艺的薪火相传。王阿牛启示我们，酒品即人品，酿酒和做人是一个道理，"譬如一个徒弟，一定要聪明，不聪明学不会；但又不能太

王阿牛参加代表性传承人座谈会

聪明，'太聪明'的人偷懒，本来一天该开耙六次，他会想着少开耙一次，结果发酵太快，酒就会酸"，所以要老老实实做人，兢兢业业做事。

第二，切实做好技艺的保护工作，不断增强传承人的"契约"精神。作为艺人来说，要能够自觉认识到所肩负的历史使命，对技艺形成最起码的认同感与自信心，勇于履行传承与保护的义务，用王阿牛的话说，就是"必须要有爱，要热爱酿酒，用心酿酒，应将酿酒视为自己生命的一部分"。娴熟的技艺代表着岁月的沉淀与经验的总结，这就要求从艺者必须耐得住寂寞、放得下身段、经得起诱惑，不忘初心而继续前进。

第三，有效开展传承人的培养工作，要正视当下的传承方式。传统师徒式传承业已演变为今日的半师徒式或"学院式传承"。所谓"半师徒式"指的是在工厂老员工会在技术层面指导新员工，好比师傅教授徒弟，同时大家又是平等的同事；而学院式传承指的是开展培训性教学或在专业院校设置相应专业进行人才培养。我们必须要认识到这种传承方式的变迁是时代发展的结果，并没有绝对的优劣之分，与传统方式各有各的长处与不足。传统的师徒式传承要求脚踏实地、一步一个脚印，容易激发人的情感，一旦投入其中便坚守下去；而当下的传承方式则侧重于借助书面知识，更有利于技艺的传播与教学，这是过去口传心授所不能比的。

此外，落实对传承人的保护工作，不仅要完善制度、经费、场所等方面的保障，更要关心传承人的精神生活，提供人文关怀，以激发传承人的荣誉感与使命感，因为精神上的满足往往能够产生巨大的动力，促使他们形成传承保护的自觉性、自愿性与自为性。

参考文献

1. 王阿牛，《酒香人生——中国黄酒泰斗王阿牛回忆录》，中国轻工业出版社，2014 年。

2. 王建民，非物质文化遗产传承人的生活史研究，《民俗研究》，2014 年第 4 期。

弹指一曲间　霜鬓催朱颜

——国家级非遗项目（绍兴平湖调）代表性传承人郑关富调研报告

绍兴市非遗保护中心　褚米兰

一、项目综述

绍兴平湖调简称"绍兴平调"，曾称"越郡南词"，始创于明初叶，多为文人士大夫自娱自乐时所唱。其文辞高雅，曲调优美，旋律丰富，风格独特。基本唱调包括【蓑衣谱】和【细调】，其中【蓑衣谱】是基本唱调的主体，【细调】是专为某些别具特色的节诗和唱段而设计的唱腔，是定腔定谱、专曲专用的。除基本调外，还以一些民间小调俗曲和戏曲曲牌作为附加调演唱。

绍兴平湖调的伴奏乐器以三弦、扬琴、二胡为基础，称为"三品"；又可加琵琶、洞箫，是为"五品"；再加双清、笙，称为"七品"。演唱方式为自弹自唱。传统表演中，唱说者正襟危坐，目不斜视，忌以手势、表情、眼神等视觉性表演辅助，全凭说唱功夫传情达意。

2006年5月，绍兴平湖调被列入首批国家级非物质文化遗产名录。

二、郑关富起起落落的平湖调之路

说起郑关富，绝大多数绍兴人都会立马想到那个机智正义、幽默风趣的"师爷说新闻"主持人郑师爷，却鲜少有人知道他的另一个身份——绍兴平湖调国家级代表性传承人，而他与绍兴平湖调的"分分合合"更是令人感慨。

（一）与绍兴平湖调结缘

郑关富，出生于1945年，母亲是一名越剧演员，也可以说是他的艺术启蒙老师，但使郑关富从小就对曲艺产生极大兴趣且最终选择走上这条艺术之路的，却是他的外婆。外婆常对他说："技艺傍身，吃喝不愁，要多学点能谋生的行当。"对于当时的他来说，表演就是一门技艺，如果有这个特长傍身，上了舞台，那就能过日子了。

1960年，怀着讨生活的想法，郑关富进了县曲艺协会，主要学习乐器。1961年，绍兴创办曲艺培训班，除绍兴平湖调外，还设有绍兴莲花落、鹦哥班（即绍兴滩簧）、绍兴说唱、评话等培训班，面向社会招生。负责选拔学员的老师先去县曲艺协会挑选学员，当时正在学习乐器的郑关富引起了他们的注意，老师们对他的评价是"形象、气质、声腔，一看就是学平湖调的"。就这样，郑关富直接进入曲艺培训班，师从钱大可、胡绍祖，从此踏上绍兴平湖调的学习之路。

所谓"唱平调者需通国文"，就是说需要平湖调学员有一定的文学功底，因此，比起别的曲艺班学员，他们还要多上语文课。当时郑关富才十五六岁，只有小学中年级的文化水平，一专多能的要求使他不但要熟练掌握各种乐器的弹奏，还要背诵大量诗词、学习平湖调的平仄格律，学习压力极大。而郑关富凭着对平湖调的一腔热情，废寝忘食地练习，争取每一步都做到最好。他深知自己是肩负着传承发扬平湖调的重任的。回想当年的学习历程，郑关富仍心存感恩，认为自己文化水平提高就是因为学了平湖调。

经过六个月的学习，学员们开始上台演出了。郑关富至今仍清楚地记得第一次演出时的情景。那次演出是在宁波举办的曲艺会书，六名学员都参加了。他们怀着既紧张又兴奋的心情登上了舞台，郑关富轻轻拨动着手中的三弦，悠悠平调婉婉唱来，扎实的弹奏功底和字正腔圆的唱腔使他获得了"唱得极好"的评价。之后，他就开始了边学边演出的历程，演出的曲目以《曾记梨花细雨天》《白蛇传》等传统曲目为主，后来也逐渐开始排演现代曲目，主要有《渔家乐》《送肥记》《礼拜天》等。后来"文化大革命"开始，郑关富的平湖调学习演出历程就中断了。

（二）与绍兴平湖调"分道扬镳"

1973年，国家恢复曲艺演出，绍兴重组曲艺团。然而，绍兴平湖调的六名成员只回去了郑关富和王玉英二人。为此，郑关富收彭秋红为徒，组成三人演出队，从事商业演出。那时候的演出大多以《李双双》《追踪》等现代曲目为主，市场效果倒也不错。可惜好景不长，曲艺市场渐渐没落，曲艺团又做了内部调整，撤销了绍兴滩簧与绍兴平湖调，独剩绍兴莲花落。

平湖调演出中止后，郑关富原本也是要调往其他单位的，但局领导不同意，希望他能留下继续为曲艺事业贡献力量。郑关富也因难以完全割舍与平湖调的"情缘"而留了下来，却不得不改唱绍兴莲花落，但他身在"莲花"心在"平调"，依然每天坚持练习三弦、二胡等绍兴平湖调主奏乐器，用自己的方式等待着绍兴平湖调从沉睡中苏醒。他始终坚信绍兴平湖调这朵"睡莲"终会再度绽放。

（三）与绍兴平湖调"再续前缘"

这一等便是二十年。2004 年底，绍兴市文化馆为抢救平湖调这一古老曲种，多渠道、多形式地开展保护、传承工作。郑关富听说后，心里十分高兴，当年不得不暂时舍弃的曲艺终于可以"重见光明"了。他全力以赴地参与到绍兴平湖调的抢救和保护工作中，从收集资料到现场演出，再到录制唱片，每一项工作都尽心尽责地完成。在绍兴平湖调保护传承之路上，到处都有郑关富的身影。

辛勤的耕耘终于迎来了收获。2006 年 5 月，绍兴平湖调被列入第一批国家级非物质文化遗产名录；2007 年 11 月，由绍兴市文化馆创排，郑关富、彭秋红、王玉英、汪嘉宝、鲁宏明表演的绍兴平湖调《白雪遗音》，在第八届中国艺术节全国第十四届群星奖曲艺决赛上，荣获群星奖大奖和群星奖创作奖。看到绍兴平湖调登上全国舞台并捧得如此大奖，郑关富欣慰道："作为绍兴平湖调的第一代学员，对老前辈总算是有个交代了。"2008 年 1 月，郑关富被认

郑关富与其学生同台表演绍兴平湖调

定为绍兴平湖调国家级代表性传承人。

三、薪火传承不遗余力

绍兴平湖调由于与生俱来的高雅，一直都是曲高和寡。演唱平湖调不仅对嗓音要求高，还要求演唱者会演奏琵琶、三弦、二胡、扬琴等乐器。这双重要求使得平湖调难以普及，成为真正的阳春白雪。

郑关富深知平湖调的高雅，更明白薪火传承的重要性。秉持着要让绍兴平湖调世代流传的信念，即使是在平湖调并不景气的年代，郑关富也不忘带徒授艺。1973年，他收彭秋红为徒，后来又相继招收了林剑萍、周均达、许先平等学员，但最终只有彭秋红坚持了下来，师徒二人于2004年录制绍兴平湖调专题唱片，内含《曾记梨花细雨天》等十余首平湖调节诗。1986年，郑关富被调入绍兴县文化馆担任曲艺辅导老师，面向全县进行曲艺辅导；1998年，被聘请为绍兴市中学生艺术团专业指导老师；2011年，受绍兴县文广新局的邀请，担任绍兴小百花艺术学校国遗班授课老师，专门传授绍兴平湖调的唱法。

2013年，绍兴市非遗保护中心向郑关富投来了为绍兴平湖调培训班和传习班授课的橄榄枝。当时的他虽身兼数职，既是郑师爷，又是绍兴小百花曲艺国遗班授课老师，但仍接受了授课邀请。他说，主持人可以不做，那只是退休后的一种业余爱好，但传承工作不能不接，那是自己的使命。这一做就是三年，除对学员在乐器方面进行专业辅导外，他还在唱腔上进行专业指点，指导学员编排了《曾记梨花细雨天》《渔舟》《单刀赴会》《点秋香》等曲目，在培育传承队伍上不遗余力。

四、传承工作中的问题及对策

通过调研了解到，目前传承的最大困境是后继乏人。虽然近年来，因绍兴市非遗保护中心等部门的及时抢救和保护，绍兴平湖调这一曲艺"活化石"渐渐走入人们的视野，但共鸣者甚少。此外，还有保护单位对传承人传习活动的监管、支持力度不够，传承人年事已高，对项目的传承心有余而力不足，迫切需要文化部门通过科学合理的程序落实新的代表性传承人，避免传承链条的断档等问题。为此，绍兴市非遗保护中心积极为传承人搭建传承、展演平台，吸引更多的平湖调爱好者加入到传承保护的队伍中来。

一是举办绍兴平湖调培训班。聘请平湖调传承人郑关富、王玉英、沈麟和彭秋红授课，对有较好表演基础和乐器基础的学员进行集中培训、辅导，培育新一代传人。培训结束后，组织严格的考核，对考核合格者发放结业证书，并组织师生汇报演出。这一收徒活动的开展有利于激发传承人开展非遗展示展演、进行传习活动的热情，以及传承和保护非遗的责任感与使命

郑关富、彭秋红给平湖调学员上课

感，对于推进传统曲艺的传承保护起到了很好的作用。

二是推出"越韵雅集"活动。"越韵雅集"是绍兴市非遗保护中心在地方曲艺传习班基础上组织开展的开放式文化活动，定于每月的最后一个周五晚上举行，活动内容以绍兴地方曲艺和民族器乐的表演、欣赏、交流为主体。自2016年4月开始第一期以来，已举办十二期。基于整体性保护的原则，其为绍兴平湖调等地方曲艺营造了合适的文化空间，通过传承人与曲艺爱好者们面对面的交流、切磋及指导，推动传统曲艺回归民间、回归生活，以此壮大传承保护队伍。

三是建立馆外曲艺展演基地。为延伸"越韵雅集"活动范围，扩大社会影响，绍兴市非遗保护中心积极建立特色馆外雅集点。2016年，与闲园书场达成合作意向，使之成为"越韵雅集"的馆外点和绍兴地方曲艺展演基地，每周六晚上，以说书、曲艺交流演出等方式，为市民带来精神食粮。

四是做好传承人记录工程。协助省非遗保护中心做好国家级非物质文化遗产代表性传承人抢救性记录工程工作。同时，在平时的展演、授课等活动中，也做好现场录像，并通过拍摄现场教学录像和图片、文字记录，声音收录等多种手段，将老一辈所掌握的精髓记录下来，力求为后人留下一份详尽、全面的文化史料。

五是组织开展传承人年度考核工作。为加强与传承人之间的沟通和交流，倾听传承人对非物质文化遗产传承活动的想法和建议，同时考核传承人一年来的传承情况，每年组织一次绍兴市非物质文

郑关富、彭秋红与其学生在"越韵雅集"活动中表演

化遗产代表性传承人年度工作交流暨总结评比会议，根据《绍兴市非物质文化遗产代表性传承人考核办法》，把代表性传承人开展授徒传艺、基地结对、资料保存、参加公益性活动等作为考核的重要内容。这不但对传承人的传承工作有着积极的督促作用，更能倾听传承人在传承工作中所积累的经验和体会，从而得到建设性的意见和建议。

五、总结

传承人是非物质文化遗产的重要承载者和传递者，掌握着非物质文化遗产的丰富知识和精湛技艺，是非物质文化遗产活态传承的代表性人物。通过对传承人的调查，我们更加坚定了做好传承人保护与服务工作以及有计划地选拔和培育新一代年轻传承人的信念。郑关富这批老一辈传承人手握着中国传统曲艺继承发展的生命线，相信通过他们的言传身教，绍兴的传统文化必将得以延续和更好地继承发展。

绍兴莲花落事业欣欣向荣背后的思考

——国家级非遗项目（绍兴莲花落）代表性传承人胡兆海、倪齐全调研报告

绍兴市柯桥区非遗保护中心　沈莹

一、项目综述

绍兴莲花落为浙江现存主要地方曲艺之一，2006 年 5 月入选首批国家级非物质文化遗产名录，主要在绍兴、宁波和杭州一带流行。其说白唱词采用的是经过提炼的说唱化了的绍兴方言，通俗易懂，风趣幽默，音乐唱腔朴实流畅，娓娓动听，故事情节富有浓郁的生活气息，特别为绍兴人，尤其是绍兴农村群众所喜爱。

据《绍兴市志》卷三十六第五章第三节记载：绍兴莲花落起源于清道光、咸丰年间，当时有绰号称"长手指甲"的张姓艺人自家乡下三府（今杭嘉湖一带）来绍兴卖唱，先后收上虞松厦沈阿发、绍兴坡塘唐茂盛为徒，初时沿门说唱，多为恭喜发财、吉祥如意之套辞，后逐渐形成有故事情节的段子，称为"节诗"，继而开始说唱长篇书目。

绍兴莲花落的表演形式早期为"哩工尺"，即由一人主唱，旁有一二人以"工尺"为词帮和。如今演唱时，一人拉四胡，一人击鼓打板，演唱者手持三翘板随音乐过门灵活打击，手持纸扇作比拟性道具。

二、项目代表性传承人概况

（一）胡兆海

1. 从艺经历

胡兆海，男，出生于 1949 年 10 月，绍兴市越城区人，初中文化，著名绍兴莲花落表演艺术家。系中国曲艺家协会会员，历任浙江省曲艺家协会副主席、浙江省曲艺家协会顾问，是推动绍兴莲花落走向全国的领军人物。

胡兆海十六岁考进绍兴第三届戏曲训练班，进入科班学习。1972 年 9 月，绍兴县文化馆恢复莲花落，胡兆海参与排演《三根扁担》，当时领导已经决定，如果不成功，就只能让绍兴莲花落"自然死亡"。在这关系到绍兴莲花落生死存亡的重要关头，代唱的胡兆海将其一炮唱响。《人民日报》曾刊文称：胡兆海一个人救活了一个曲种。1973 年，胡兆海顺利加入绍兴县曲艺团。此后，胡兆海开始专业从事莲花落演唱，成为绍兴县曲艺团莲花落演员。1984 年 10 月 26 日，胡兆海携爱人周如珍双双辞职，自己组团演出，因着他的名气和影响力，一直很有市场。

胡兆海的演唱运腔圆润甜糯，风味浓郁，说表及扮演人物不温不火，分寸准确，恰到好处。其代表曲目有：中长篇《唐伯虎点秋香》《上海奇案》《一夜夫妻》等；短篇《三根扁担》《团结渠》《送表》《回娘家》《姑娘上门》等。

2014 年 10 月 15 日晚，由浙江省绍兴莲花落协会等主办、柯桥区非遗保护中心等协办的胡兆海从艺 50 周年专场演唱会在绍兴城市广场精彩上演，从"从艺生涯"到"四世同堂"，对胡兆海五十年来学习、创作、传承莲花落的艺术生涯进行了回顾。胡兆海登台演唱了成名曲目《娘家节诗》，经典的翠姐姐回娘家的故事把全场气氛推向高潮。

2. 传承实践

1997 年后，胡兆海淡出台前，转到幕后。1998 年，他投入一百多万元建立了绍兴曲艺学校，系统培养曲艺人才，为传承发展莲花落做出了重要贡献。数度春秋过去，学校已培训了两届近五十名莲花落学员，这些学员目前已成了绍兴城乡演唱莲花落的主力军。其中潘海良、施金裕、韩会稽、陈祥平等多次荣获中国曲艺牡丹奖、文化部群星奖、浙江省曲艺大赛金莲花奖等荣誉，成为活跃在台前的新生代力量。

2007 年 9 月，胡兆海担任绍兴莲花落艺术团团长。2008 年 1 月，胡兆海当选为浙江省绍兴莲花落协会和绍兴莲花落协会会长。

2008 年 2 月，胡兆海被认定为绍兴莲花落项目国家级代表性传承人。

3. 现状

从胡兆海担任绍兴莲花落艺术团团长以来，艺术团每周五晚上必演莲花落，一共演出了五百余场，至今没有间断。同时，艺术团还承担了每年二十场的柯桥区"五进"下乡演出任务。

胡兆海从艺 50 周年专场演唱会

胡兆海创立的绍兴曲艺学校于 2009 年迁址会稽山脚下重建，不再招收学员，改为长期开展公益性的莲花落演出，用他的话来说是"反哺社会"，并对演员免费开放高级研修班。每当莲花落演员冲刺国家级、省级曲艺大赛如群星奖、牡丹奖等时，可申请在曲艺学校进行封闭式强化培训两到三天，由胡兆海亲自指导，进行全方位修正提高。

2017 年，以他为主策划的首届长篇绍兴莲花落演唱大赛已经开始，时间跨度将从 2017 年 3 月到 10 月。胡兆海认为，"只有连续不断地说唱莲花落一个半小时以上，才能说是真正会唱莲花落"。

（二）倪齐全

1. 从艺经历

倪齐全（王艺），男，出生于 1949 年 1 月，绍兴市越城区富盛镇倪家溇村人。中共党员，大专文化，国家一级演员。现为中国曲艺家协会会员、中国说唱文艺学会理事、中国曲协绍兴莲花落艺术专业委员会委员、浙江省非遗保护协会曲艺专委会委员、绍兴市非遗保护专家、绍兴市曲协顾问、浙江省绍兴莲花落协会执行会长。

倪齐全自幼喜爱曲艺，1972 年起业余演唱绍兴莲花落，1975 年 5 月进入绍兴县曲艺团工作，期间受王德兴（豆腐阿兔）、丁水堂两位师辈和胡兆海《三根扁担》的表演影响，取其中优点融合在自己的表演中，借鉴评弹、评话和其他说唱艺术的特色，融会贯通，逐渐形成了唱腔吐字清晰、行腔流畅，说表层次分明、轻松幽默，表演台风沉稳、举止洒脱，刻画人物活灵活现的独特风格。1994年1月，倪齐全调入绍兴县文化馆，专业从事群众文化活动的组织筹划、绍兴莲花落的创作表演和非遗普查保护工作。

在近四十年的艺术生涯中，倪齐全创作、改编、演出了短、中、长篇绍兴莲花落曲目一百八十多个，足迹遍及江、浙、沪一百五十多个乡镇，有五百五十多万人次观看过他的演出。代表曲目有《智擒章如安》《玉连环》《王华买父》《三审林爱玉》《做美梦》《醉仙女》《卖座》《救爹》《徐文长系列》《阿Q与辫子》《傻瓜闪光》《一言值千金》等。先后获得中国曲艺牡丹奖、群星奖创作金奖、文华表演奖等专业奖项七十多项，在《曲艺》《戏文》、浙江日报等报刊杂志发表论文二十篇。2008年9月，结集出版《倪齐全曲艺文集》（中国文联出版社出版）。

中共绍兴县委、县人民政府分别于1991年、1996年、1999年连续三次授予其"专业技术拔尖人才"称号。曾被党和政府、社会团体授予县级优秀党员、市文化系统先进个人、全国"四进社区"优秀辅导员，浙江省德艺双馨曲艺家等荣誉称号。

2002年，中国说唱文艺学会、浙江省曲艺家协会、浙江省群众艺术馆、绍兴县人民政府共同为其举办"鉴湖莲花"倪齐全专场演唱会。同年10月，倪齐全带着绍兴莲花落曲目《救爹》进京参加向党的十六大献礼演出。

2．传承实践

在绍兴县文化馆工作以来，倪齐全对于绍兴莲花落的创作表演和宣传推介功不可没，带领和培养的徒弟、学生达八十多人。2006年，他组织绍兴莲花落申报首批国家级非物质文化遗产代表性项目并使其成功入选。

2007年9月，倪齐全参与起草了绍兴莲花落二次创业规划，并担任绍兴莲花落研究所所长。2008年，当选为浙江省绍兴莲花落协会和绍兴莲花落协会执行会长。在绍兴莲花落成立百年华诞中，组织、策划和参与庆典活动。

2008年2月，倪齐全被认定为绍兴莲花落项目国家级代表性传承人。

3.现状

退休后，倪齐全热心培养曲艺新人，做好绍兴莲花落"传帮带"工作。2011年，他接受返聘，回绍兴小百花艺校担任国遗·绍兴地方曲艺传承班班主任，身兼说表课、曲艺理论课、莲花落唱腔课多门课程，四年来风雨无阻，兢兢业业，把学员们从曲艺门外汉培养成样样精通的艺坛新秀。

传承班学员毕业后，成立国遗·绍兴小百花实验曲艺团（筹）。倪齐全继续担任曲艺团艺术总监，承担了大部分节目的编排、排练工作。五年如一日，倪齐全默默在学员们身边，是他们最坚强的支柱和臂膀。

（三）小结

纵观二人从艺经历，胡兆海和倪齐全同为绍兴县曲艺团成员，又是同时代的绍兴莲花落表演艺术家。如果说两个人有什么不同之处，那便是一个天赋出众，使莲花落重获新生，成就绍兴莲花落的一段传奇；一个则刻苦钻研，带着绍兴莲花落把中国曲艺最高奖收入囊中，是名副其实的得奖专业户。两人都是做实事的艺术大家，他们为绍兴莲花落乃至绍兴曲艺的传承、发展、繁荣做出了卓越的贡献，在提高自身表演技艺的同时培养了无数新人，成为后人无法超越的两个典型。

三、传承现状及存在问题

（一）二次创业推动艺术振兴

2007年，在绍兴县委县政府的大力支持下，绍兴莲花落"二次创业"启动，两位大师均成为骨干分子。2008年，时值绍兴莲花落百年诞辰，浙江省绍兴莲花落协会成立，胡兆海和倪齐全在协会分别担任会长和执行会长，集聚近二百位相关艺术的表演者、创作者、理论研究者、管理者以及爱好者，最大限度地整合了绍兴莲花落的人才资源。"二次创业"成果显著，在作品创作、演员培养、社会演出、精品获奖和理论研究等方面受到上级领导和社会各界的高度赞扬。

（二）政策扶持保障项目传承

2009年以来，先后出台《关于加强非物质文化遗产保护工作的意见》《关于进一步加强柯桥区文化遗产保护工作的意见》和《柯桥区非物质文化遗产代表性传承人、传承单位申报、评定和保护办法》等政策，实行名录项目、传承人、传承基地三位一体的保护传承模式，建立非遗代表性传承人动态保护机制。区（县）财政

绍兴莲花落"二次创业"三驾马车

倪齐全在莲花书场现场指导绍兴小百花实验曲艺团（筹）的演员们如何在舞台上表演

每年下拨非遗保护专项资金两百万元，对绍兴莲花落"二次创业"每年额外补助三十万元。对非遗传承人实行两千到四千元的补助，实现了带薪传承。2013年，出台《绍兴莲花落传承和发展五年规划（2013—2017）》，重点打造绍兴莲花落机构保障工程、精品创作工程、传承演艺工程、理论建设工程、新人推介工程、数字传播工程、经典抢救工程、对外交流工程八大项目。

（三）梯队接力承续薪火相传

在胡兆海和倪齐全的带领下，绍兴莲花落的传承队伍实现了良

绍兴莲花落"二次创业"一室一所一团揭牌

性发展。除了两位国家级代表性传承人外，还有省级代表性传承人一名（沈宝贤）、市级代表性传承人两名（林寿堂、金国良）、区级代表性传承人三名（潘家富、阮余庆、周如珍）。同时，一大批年轻的绍兴莲花落青年演员如潘海良、施金裕、陈祥平、韩会稽等也已崭露头角，并渐渐成为绍兴莲花落队伍的中坚力量。

（四）专业办班创新培养模式

2011年6月，当时的绍兴县委县政府重资打造曲艺传承项目，在绍兴小百花艺术学校开办全日制的国遗·绍兴地方曲艺传承班，聘请倪齐全、汪嘉宝、郑关富、王玉英、宋小青、彭秋红等为专业教师。传承班为三年课堂教育一年舞台实践，学制四年，学费全免，毕业时颁发中专文凭。2015年11月30日，成立国遗·绍兴小百花实验曲艺团（筹），以编外劳动合同制招收十五名优秀毕业学员，在此后的两年间多次进行实践演出，并参与全国、省级赛事活动，成绩优秀。

（五）莲花书场搭建演出平台

2014年7月，投入一百二十万元建设莲花书场，面积二百五十平方米左右，共设置座位一百个左右。它的建成意味着柯桥拥有了

胡兆海辅导学生潘海良、施金裕参加第五届中国曲艺牡丹奖比赛

　　首个传统与现代相结合的书场，将作为柯桥专业的曲艺演出场所开展活动。莲花剧场每周安排三次演出，既推出了一批新创曲目，又锻炼了一批曲艺新人。

　　同时我们也看到，绍兴莲花落在当下的传承保护中，还存在一些难以回避的问题。

　　一是文化水平不高，演出队伍参差。文化水平不高是曲艺演员的通病。因为曲艺演员一般都是从小跟学，半路出家的较少。绍兴莲花落的传承人队伍也是这个现状。演出队伍良莠不齐，除了少数原来在专业的曲艺团、表演班培训过的，大部分从事这一行业的演员都是在草台演出中摸爬滚打过来的。

　　二是创作人才稀缺，新编曲目乏善。一个好的作品可以救活一个剧种，绍兴莲花落虽然也有如《回娘家》《救爹》等几个作品，但好作品实在太少，创作型人才更少。现在，新创作的绍兴莲花落中长篇曲目更是难得一见。

　　三是演出场次减少，市场趋于萎缩。绍兴莲花落的演出市场为政府扶持占大头，群众看戏政府买单，市场经济不占主导，观众大部分有白看戏的习惯。自我发展的个体莲花落演员参加市场演出的机会越来越少。

　　四是观众呈现老龄化趋势，曲迷培养困难。绍兴莲花落观众老

倪齐全在绍兴地方曲艺传承班传授如何使用莲花落道具三翘板

龄化，随着自媒体、全媒体时代的到来，到现场看莲花落的观众不多，年轻观众更是寥寥无几。在年轻人看来，这是爷爷辈听的调调，与己无关。

四、保护对策

（一）抓好专业培训，提高综合素质

让绍兴莲花落的传承人、老艺人们发挥余热，培养教育曲艺新人，这一点其实做得还好。无论是胡兆海开办绍兴曲艺学校还是倪齐全担任国遗传承班班主任，他们在莲花落专业教学上花费的心血都不计其数，而且还将一直持续下去。但是除了绍兴莲花落的专业性课程外，演员更加需要综合素质的培养。艺术熏陶不是一朝一夕生成的，学习也不能一蹴而就，定期的进修非常有必要。如果可以和一些大学院校合作，邀请文学、艺术、美学等专业的名师授课，对于全面提升传承人队伍的文化素养将会十分有利。

（二）鼓励多出新作、多出新人

创新是引领发展的第一动力，绍兴莲花落也不例外。要把传承和创新相统一，既坚持绍兴莲花落的传统优势，又注重对现代观众审美情趣的研究，在题材创作、表演形式、情节内容等方面做到与时俱进、大胆创新。在演员的培养上，要鼓励以老带新。胡兆海说过，出好作品不仅仅是创作人员的责任，演员其实也应该行动起来，

根据演出实际进行修改，互相配合才能出好作品。所有文艺精品都要经过舞台的不断磨炼才能形成，而且相关的激励措施也不能少。

（三）用好新兴媒体，扩大演出市场

如今，自媒体迅猛发展，对绍兴莲花落的传统传播方式产生了冲击，要主动利用好这些新兴媒体推广绍兴莲花落的作品。借鉴"中国好声音"等的运作方式，把绍兴莲花落赛事与新媒体相结合，从原来的小打小闹和曲艺界内部走出去，将其打造成全城关注、全民参与的大活动，增加受众面，从而带动新兴演出市场的扩大。

（四）莲花"落"校园，培养"小"曲迷

绍兴莲花落要走进学校、走进学生们的课堂。最近，中共中央办公厅、国务院办公厅印发的《关于实施中华优秀传统文化传承发展工程的意见》中提到，要保护传承方言文化。所以笔者认为，在学校中除推广普通话外，也要保留一些方言课程。有了方言氛围，就能培养一批小曲迷，莲花落进校园才能立得住脚。假以时日，还能从校园中培养出若干莲花落的小传承人。

胡兆海对绍兴莲花落的发展前景非常乐观，由他带头组织的首届长篇绍兴莲花落演唱大赛正在进行。带着实验曲艺团新人的倪齐全则非常踏实，正在慢慢地等待曲艺团的小演员们成长起来独当一面。绍兴莲花落的未来可期，让我们满怀希望、拭目以待。

群体传承 立足创新

——国家级非遗项目（嵊州竹编）代表性传承人俞樟根调研报告

嵊州市非遗保护中心 张小英 周国梁

俞樟根，2007 年被文化部认定为嵊州竹编国家级代表性传承人。他始终认为并反复强调："竹编工艺有多道工序，需要多人配合，特别是精品，不是我一个人所能创作完成的。创作和传承必须依靠群体的力量，同时还要和人们的生活需求结合，不断创新，竹编工艺才有久远的生命力。"

一、俞樟根的竹编之缘

竹编在嵊州有悠久的历史，人们用当地盛产的毛竹巧妙地编织出简朴实用的竹筐、竹篮等农具，编织手工艺人被称为篾匠。嵊州竹编始于战国时期，当时有方格纹、米字纹、人字纹等编织纹样。汉晋时期，逐渐向精细方向发展。东晋许询在嵊州见到一把竹编团

俞樟根代表作品《牡丹亭》

扇，欣然题诗："良工眇芳林，妙思触物骋；箧短秋蝉翼，团取望舒景。"明清时期，民间竹编生产、生活用品不断增加。清光绪年间（1875—1908），县城内出现竹编作坊，专业从事竹编生产。到了民国，嵊州竹编成为浙江民间工艺特产，叶光华箨篮在浙赣特产联合展览会上荣获优等奖。

1949年，竹编艺人成立合作社，嵊州竹编在传承中创新发展，在制作生产生活日用品的基础上开始创作工艺竹编，开创了竹编新天地，创作了数以千计的竹编工艺精品，真正进入发展繁荣阶段。嵊州竹编工艺成为中国最优秀的传统手工技艺之一，竹编工艺精品成为国家级文化礼品，赢得了"中外竹编第一家"的美誉。所制竹编屏风送北京人民大会堂浙江厅陈列；竹编《毛主席像》献礼全国第一届手工业艺人代表大会；《啤酒竹篮》随刘少奇出访；《山鹰》"飞"进美国白宫；《昭陵六骏》轰动英伦三岛；《龙舟》东渡日本；《沧海还珠》为浙江省庆祝澳门回归礼品……嵊州工艺竹编在长期的发展过程中，首创并形成了四大特色工艺：竹编模拟动物、漂白、花筋和蓝胎漆。特别是竹编模拟动物，从《大象》《公鸡》到《山鹰》《海雕》《奔马》，再到《苏武牧羊》《精忠报国》《大型龙舟》等，是嵊州竹编的第一大特色工艺。此项工艺的主创团队领头人就是俞樟根，他主持创作了许多大型竹编精品。

俞樟根家三代都是竹编艺人，可谓竹编世家。他祖父和父亲是当时城关远近闻名的箨匠师傅，编织技术很好。他八岁起跟父亲学艺，后师从俞祥老，得到真传，进步很快。俞樟根说："我学了几年，十一二岁的时候我自己就带徒弟了！"那时，正逢中华人民共和国成立，国家政策为俞樟根在竹编艺术的海洋里施展才华提供了空间和良机。自身的执着、爱好和用心，尤其是敢于创新的精神，更是让俞樟根把箨匠技术变成了竹编艺术，为嵊州工艺竹编的发展开辟了新天地。

二、俞樟根的传承实践

"创新是竹编工艺的灵魂。"俞樟根这样说，也这样一直坚持。1954年，他进入嵊县竹器生产合作社参与竹编技艺创新。1956年，嵊州竹编产品屏风、花篮和箨席等出口当时的苏联、东德、南斯拉夫、澳大利亚、意大利等十多个国家。1959年，嵊县竹器生产合作社改名为嵊县工艺竹编厂。自此，俞樟根先后担任工艺竹编厂创新设计组组长、研究所所长等职，从事竹编创新设计工作。他掌握了一手高超的竹编技艺，对竹编的绞丝、弹花、龟背等十多种传统编织技法进行了改革，创制了六角花篮、双耳八角罐等新产品。1958年，与他人一起成功研制了全国第一台劈篾、刮篾和分丝机，改变了劈篾用牙咬、刮篾要弯腰的状况，效率比手工有了极大提高，而且构造简单，操作方便。此项技术被列入轻工业部新技术、新产品计划，接着又进行了

俞樟根创编《三脚马》

刨篾机和竹编机械的革新，受到省政府奖励。

在调研时，俞老告诉我们："创新当然是重要的，可是要创新出什么样的艺术产品才有生命力呢？那就是要把艺术和生活结合，把艺术变成人们喜闻乐见的产品。这要靠团队合作和群体的共同传承，要靠多道工序相互配合。"1966年，俞樟根与其他艺人、科技人员一起首创了竹编模拟动物《大象》和《公鸡》，随着《大象》轰动全国竹编行业，《山鹰》《白孔雀》《白鹤》《白火鸡》《熊猫》等一系列飞禽走兽以竹编形式大量涌现。他与他的团队创制的竹编模拟动物和漂白、花筋、蓝胎漆四项新工艺被国内同行纷纷仿效，现已成为中国工艺竹编的特色。1972年，在设计、造型及编织人员的配合下，又突破了模拟人物的难关，创作了《老寿星》《九狮舞绣球》《苏武牧羊》《麻姑献寿》《岳飞》《松鹤延年》等精品。作品多次参加国内外举办的博览会和展销会，获得多个奖项，得到高度评价。

"把嵊州竹编的工艺传承下去，进一步发扬光大"是俞樟根的最大心愿。1992年，为了把自己掌握的传统竹编编织技法和新创的十余种编织技法、共一百多种编织技法及制作工艺留给后人，他与厂内的高级工艺美术师徐华铛一起，历时七百余个日夜，终于完成处女作《工艺竹编》一书并正式出版。难能可贵的是，书中的上千

俞樟根传授竹编技艺

幅竹编编织技法示意图都由俞樟根一笔一画完成。他说："要是用手进行演示，我闭着眼睛也能编，可为了绘制书中这些插图，我的近视一下子加深了一百度。"1995 年，他们俩再次合作编著了另外一本技法书《竹编》。这两本书成为了竹编行业的经典教材。除了创新技法外，俞樟根还创新设计并制作了二百余种竹编新产品。

三、俞樟根的创新感悟

说起俞樟根对竹编工艺的创新，不得不提他对动物的创编，尤其是一炮走红的竹编动物《大象》。那么他是怎么想到用竹编编织动物的呢？这里面还有个小故事。那年，俞樟根出差去杭州，在一家瓷器商店里看到几个外国人对瓷器动物很感兴趣。于是他想，如果用竹编来制作动物，是否也会受到欢迎呢？但是篾丝的可塑性很差，要编成动物，难度可想而知。然而，俞樟根知难而进，在有关人员的配合下，他选择了造型简单的大象做试验。"我们先做好模型，把四只脚、象鼻等都分开编，再用竹丝接上去，那只大象的样子可不好看。"俞樟根回忆说。然而，尽管模样不咋地，但第一件竹编动物作品给了俞樟根很大的信心，他决定接下去编公鸡。为美

俞樟根教学现场

化竹编动物的艺术造型，他多次到菜市场、养鸡户家里，观察公鸡啄米、奔逃、拍翅、惊飞、追逐、昂首啼鸣的姿态，使鸡的动作在脑海中鲜活起来，一只栩栩如生的竹编公鸡诞生了。此后，竹编动物便开始了规模生产。飞禽走兽、牛马鸡鸭以至虫鱼，纷纷披上了竹编的外衣。俞樟根还把竹编模拟动物与传统的盒、罐巧妙结合，做到了竹编的实用与欣赏价值的无缝对接，增强了产品在国际市场上的竞争力。"在当时，竹编母鸡在国外是畅销产品，价钱比家里养的母鸡还要贵，而出口一只竹编猪，等于出口一头大肉猪呢！"俞老自豪地说。

四、俞樟根的竹编情愫

1996 年，俞樟根从工艺竹编厂退休。但他心系竹编，不忘初心，牵挂着嵊州竹编的传承与发展创新。他认为，竹编原材料资源十分丰富，尽管由于各种塑料制品逐渐代替了竹编日用品，外销渠道不畅，竹编工艺所需的人力、物力成本大幅增加等原因，竹编工艺已日渐萎缩，现状堪忧，但他坚信嵊州竹编不管是日用品还是艺术品，都蕴含着竹编艺人的精思巧艺，各种竹编篮子、屏风、家具、花瓶、动物和人物等均体现着产品的艺术价值，只要艺人们能够做到"坚守＋创新"，嵊州竹编一定能传承下去，并且拥有广阔的发展空间。作为竹编工艺传承人，他深深感到肩上担子重，又心有余而力不足。他说："我年纪大了，眼睛不好使了，自己动手做新产品已经力不从心了，我们急需培养新的传人。"

张小英采访俞樟根

然而，嵊州竹编近几年的传承状况并不乐观。嵊州工艺竹编厂转制后，创新设计研究后继乏人，从事工艺竹编生产人员减少，很少有新品问世；另外几家竹编厂经营维艰，几次尝试创作新品，多因资金不足而未果。但也有越乡工艺竹编厂、大志然竹编厂等在顽强坚守，作品《东方醒狮》《宫廷御膳篮》《唐马》等在博览会上获得金奖；《竹编龙舟》在2015清华大学美术学院工艺汇展中，从一百四十套、三百余件参展作品中脱颖而出，经多位专家两轮评选，被清华美术学院收藏。清华大学的LOGO、《空·竹》等竹编精品，受到专家的一致赞赏。

俞樟根虽然眼睛老花，自己动手做有一定困难，但目前身体健康，思路清晰，对推进嵊州竹编工艺传承和创新初心不改。他说："我经常梦见自己还年轻，还在和同事们一起搞竹编创作。老伴总要说我现在怎么还要去想竹编。其实我没有刻意去想，但我还是常做这样的美梦。"他还表示，只要政府重视、有人牵头，作为嵊州竹编工艺代表性传承人，他愿意参与振兴嵊州竹编事业，做好策划、指导工作。他强调，竹编工艺需要创新思维，需要各道工序的配合，即群体传承，才能创作出有影响的作品。

五、嵊州竹编的传承之路

值得欣慰的是，随着2006年嵊州竹编被列入第一批国家级非物质文化遗产名录，竹编工艺得到了嵊州市政府的关心和文化部门的重视，采取了一系列保护传承的举措。一是加强收集整理。对竹编传统工艺进行整理，出版了《嵊州竹编》《嵊州竹文化》等专著。二是加强展示宣传。对竹编精品进行保护，通过设立精品展示厅等宣传竹编和竹编文化，让大家认识到竹编艺术传承是"乡愁"和凝聚力的重要组成部分。三是加强对非遗传人的保护。开展传承人服务月活动，做到"八个一"服务，依法保障传承人的国家津贴。四是鼓励竹编生产走生活竹编与工艺竹编并举的路子。针对人民在物质生活的巨大改善后对绿色环保、生活品味和精神层面的追求，政府把竹编工艺的发展定位在竹制品生活化、竹工艺精品化的层面上，通过竹编艺术的生活化与创新结合，借着现在越剧旅游小镇建设等的春风，制作各式各样的衍生品等，把竹编制品的实用性、纪念性和收藏性结合，拓宽竹编市场，让竹编制品成为致富门路，进而推动竹编工艺传承。五是坚持传创并行。鼓励艺人收徒，在嵊州市职技校设立竹编工艺培训专业等。以"传承是首要，坚守是必要，创新更是重要"的理念，创造性传承发展嵊州竹编技艺。

根据俞樟根"群体传承，立足创新"的理念，嵊州市又推出一系列专项措施。一是加强对俞老个人的健康保护。在前述做法的基础上，为俞老建立健康档案，给以尽可能多的健康保障，把非遗传人和非遗作为整体进行保护。二是建立俞樟根大师工作室，安排有一定基础的年轻竹编人作为助手，开展新品的策划和设计工作，同时吸收一批有智有志的年轻竹编人向俞老拜师。三是落实创制团队和专项资金，把俞樟根大师工作室的策划设计转化为实体成果，打造一批嵊州竹编精品，在实践中促进传承。四是建立俞老个人视频档案。五是建设嵊州竹编展示馆，通过精品展示、视频播放、真人演示等，让更多的人知道竹编制品的技艺，吸引更多的人参与。六是在有竹编工艺基础的雅璜乡建立竹文化博物馆和传承生产基地。七是在嵊州职教中心和剡山小学开设竹编工艺传承基地，培养新一代竹编传承群体。

"路漫漫其修远兮，吾将上下而求索。"在强调创新、绿色经济、精神追求和文化自信的今天，我们将结合市场和人们的生活需要，包括日常生活和精品艺术的需要，有计划地发扬群体传承的传统，不断创新竹编艺术，多出精品，让传统的竹编艺术重新熠熠生辉，成为一方水土的金名片。

与西路乱弹等一个春天
——记省级非遗代表性传承人蒋桂凤

乱弹是江南地方戏曲的代表之一。

诸暨西路乱弹是明末清初时,南戏在传播中融入诸暨地方官话、民间俚曲后发展、衍变形成的乱弹剧种,历史悠久,内容丰富,具有鲜明的地域特色和广泛的影响,是当时与绍兴绍剧、金华婺剧齐名的地方剧种。

随着时代的兴衰,诸暨西路乱弹也经历了兴起、发展、衰落、恢复、高潮又到解散、重生的三百多年坎坷历史。近年来,诸暨市积极实施文化强市战略,文化部门在全市范围内开展民族民间艺术资源普查,对诸暨西路乱弹的历史、传统曲牌、剧目、传承现状等相关资料做了认真的挖掘整理。

2011年6月被列入第三批国家级非物质文化遗产名录后,诸暨西路乱弹得到了重生。2012年,诸暨市文化主管部门组织市非遗保护中心在西路乱弹的发祥地东和乡十里坪村创建传承基地,并重新建立西路乱弹艺术团,已中断五十余年的西路乱弹重又鸣锣开唱。

诸暨西路乱弹至今已复排十多部大戏,演员都是农民,靠着一腔热情和一股子痴迷,将古老的乱弹唱出味道,将传统戏曲唱出精神,而这中间有一位起着承上启下作用的人物,就是西路乱弹省级代表性传承人蒋桂凤。因工作关系,我认识了蒋桂凤,对她的了解也是从几年来她在传承、教学西路乱弹过程中和采访她的一桩桩往事开始的。

一、学戏,成为女生花旦第一人

1940年,蒋桂凤出生在诸暨偏远山区一个贫苦农民家里,因日寇占领诸暨,不到五岁的她跟随父母到金华亲戚家避难。蒋桂凤回

《穆桂英挂帅》中之穆桂英　　《让马》中之女社长　　蒋桂凤饰演纺织工人

忆，当时有草台班子演出，她有时随大人到山村看戏（后来知道是金华婺剧），出于好奇，常常会到后台偷看演员的化装排练，回家后模仿他们的唱腔和动作，大人看了后都说有模有样。

蒋桂凤说，1953 年，回到老家后，正值国家百废待兴，诸暨恢复了西路乱弹剧团。因有一定的表演基础和姣好的面容，十三岁的她考入了剧团。"我的启蒙老师是金红满，是个男花旦，有'金嗓子'的美誉，但不会武功，我向他学的主要是唱腔及文戏表演的动作，如三五七、小桃红等。但是我想当主角就必须会武戏，只能向别的师傅学习，如前后软腰劲、交挂、剪刀箍、扑虎、鹞子翻身等动作，刀、枪、剑、戟等样样都学。"

通过两年多的勤学苦练，十五岁那年她开始登台亮相，先后在《双阳公主追狄青》中饰双阳公主、《三请樊梨花》中饰樊梨花、《穆桂英挂帅》中饰穆桂英、《双贵图》中饰王氏、《哑背疯》中饰李氏梅娘等。由于扮相俊秀，嗓音甜美，音域宽阔，真假嗓结合，唱、念、做、打样样精通，她一下子就轰动了当时的乱弹演艺圈。传统的乱弹剧种，花旦都由男生扮，而蒋桂凤的成功表演也让她成为诸暨西路乱弹女生花旦第一人。

二、演戏，吃苦耐劳演到台柱子

老话说"不疯魔，不成活"，人只有达到痴迷的地步才能把事情做到极致。在十多年的演戏职业生涯中，她出演了《斩经堂》《大八仙》《下河东》等许多传统剧目，演出场次不下千场，由于不断演出磨炼，很快成为剧团的台柱子，在当时的绍兴、诸暨一带颇有名气，剧团也由此迎来鼎盛时期。她在《双阳公主追狄青》《樊梨花》《哑背疯》等剧中扮演的角色形象至今仍在老观众的记忆中。

1966年，"文化大革命"开始，当时的诸暨县委决定将诸暨西路乱弹团与诸暨越剧团合并，改名为"诸暨文工团"，诸暨西路乱弹团编成文工二团。原西路乱弹团只保留了九名演职人员，蒋桂凤就是其中的一名主要演员。

这一时期的演出剧目主要是现代戏，有《芦荡火种》《红灯记》《智取威虎山》等。上级要求用西路乱弹的曲调演绎这些现代戏，为此蒋桂凤扮演了《芦荡火种》中的阿庆嫂、《红灯记》中的李铁梅等角色。

为了演好《芦荡火种》中阿庆嫂这个角色，她仔细观察农妇倒茶的动作并反复模仿，在曲调上引入绍剧行腔。经过不厌其烦的揣摩和排练，一个鲜活、立体的阿庆嫂诞生了，成为蒋桂凤所演角色中较完美的艺术形象之一。时任诸暨县委书记的周林和省文化厅的领导看了这场戏后赞不绝口道："演得好，西路乱弹这个剧种好，值得继承。"这句话仍深深烙在蒋桂凤心里。

蒋桂凤回忆说："当时正值激情燃烧的年代，我不知道什么是苦、什么是累，不管天冷天热、下雨下雪，晚上睡大庙是常事，但我却觉得很开心，谁晓得没过多久剧团被解散了，我被迫到工厂去工作。"

三、坚守，心中始终有个舞台

1969年，诸暨文工团改为歌舞演出团，西路乱弹所有剧目停演。同年12月，蒋桂凤离开文艺舞台，被分配到一家印刷厂当工人，其他几名西路乱弹演员都回到了农村老家。作为一个传统剧种，诸暨西路乱弹无疑到了濒临灭绝的境地。

"我不死心，我相信自己总有一天会重回日思夜想的舞台。"她说。进厂后，她做了一名印刷工，坐在印刷机上一边提纸张一边唱西路乱弹，工友们问她在唱什么，她笑答说："我既不是唱歌也不是唱越剧，我唱的是西路乱弹。"工友们都笑了。

后来，工厂出于发展工会需要，将有文艺特长的蒋桂凤调到工会做图书管理员，以便腾出时间在工厂里开展一些文艺工作。

蒋桂凤在逢年过节搞活动时，总会把厂里的青年、姑娘们召集起来，教他们唱歌、唱戏，排练节目。每次排练的时候，蒋桂凤总对演员们说："排练时一定要认真，注意力要集中，要拳不离手，曲不离口。"于是嘴上一遍接着一遍地唱，动作一个接着一个地教。

蒋桂凤为浙江音乐学院学生授课

在她的精心辅导下，姑娘们不负众望，在系统联欢会上演出的《红灯记》《沙家浜》《采茶舞》等现代戏得到观众的交口称赞。

蒋桂凤说："我虽未上台演戏，但我的心从未离开过文艺舞台。"

1994年，蒋桂凤退休。她马上参加了老干部艺术团，不仅编排节目，而且成为一名主要演员，参加了无数次演出。

四、传承，与乱弹重逢春天

有一次随老干部艺术团赴绍兴演出时，恰巧碰到绍兴市文化局的老领导王修雅和陈述，蒋桂凤随即向他们提出恢复西路乱弹的想法，并在后来几年间多次打报告，要求有关部门恢复诸暨西路乱弹剧团，但由于种种原因，这一愿望一直未能实现。

"我现在年纪大了，走路越来越困难，躺下去起不来，站直了就蹲不下，我的颈椎、肩椎都有毛病，原来的乱弹演员已所剩无几，能演、能识谱的只有两三个人了。"她一直为西路乱弹的存续现状焦虑、担忧着。

有一次，她把老干部艺术团的团长和书记请到家里来，请求由自己来表演传统剧《哑背疯》作为艺术团演出的保留节目，希望得到领导的帮助。

《哑背疯》是独舞，表演者上身作为疯婆打扮，胸前系以代表

蒋桂凤在传承基地给学员授课

蒋桂凤在十里坪村传教

哑巴的假人，既演疯婆又演哑巴，表现一对残疾夫妇互谅互助的纯朴感情，幽默风趣，生活气息浓郁，具有很好的教育意义。但领导说没有乐队和音乐，靠她一个人怎么能行。又一次被拒绝，她很伤心，几次哭泣，但她不灰心，对自己说："阿凤啊，总有一天你的梦想会实现的。"

2004 年，诸暨开始对全市民族民间艺术资源的普查，诸暨西路乱弹被列为重点普查项目，蒋桂凤为重点采录对象。

在采访中发现，诸暨西路乱弹剧团解散后，她一直保存着许多相关资料及服饰道具，1994 年退休后又做了大量的传统曲牌、剧目等资料的归档、整理工作。后来在筹建诸暨西路乱弹展示馆时，笔者上门做思想工作，请求其捐赠一批资料，她十分不舍地拿出了许多刻字版

传统剧本和头饰、服装、道具等。

2007 年，诸暨西路乱弹开始申报非物质文化遗产。2008 年，省遗申报成功。同年，蒋桂凤和另外一位老艺人陈祖明被认定为诸暨西路乱弹省级代表性传承人。2011 年，国遗申报成功，蒋桂凤与西路乱弹共同等到了一个春天。

几年来，她指导编排、复排了《哑背疯》《大补缸》《双阳公主追狄青》《斩经堂》《大八仙》《龙虎斗》《下河东》等多部传

统大戏，短短几年来已演出上百场次，成为该区域不可或缺的娱乐形式。

同时，蒋桂凤通过义务开设西路乱弹培训班、举办乱弹专题讲座等形式，积极授课带徒，在西路乱弹传承基地蹲点授教，带出了卓琳丽、蔡铁萍这两名绍兴市级代表性传承人，培养了卓美球、姚建萍、王彩凤、卓姣英等一批业余青年演员，使这一乱弹艺术后继有人。此外，她还多次随队参加各种展示、比赛活动，在排练中常常给予唱腔、动作方面的指导。

2014年，由她编排的《梨园竞辉争芬芳》参加了浙江省金牛奖颁奖晚会；同年，由她随队指导的队伍参加浙江好腔调——乱弹正传专场，荣获浙江好腔调奖；传统剧目《双阳公主追狄青》参加"浙江好腔调——开锣了"濒危剧种传统剧目专场活动，广获好评。

值得一提的是，由她指导的利用传统曲牌新创编的《采香榧》《西施姑娘回故里》等曲目在中央电视台戏曲频道播出，使这一传统戏曲"活化石"的知名度有了进一步提升。2014年，诸暨市东和乡十里坪村获得"浙江省传统戏剧村"的殊荣，浙江省金牛奖获得者、十里坪村党支部书记卓任翔说："这一荣誉其实也有蒋老师的一份功劳啊。"

至今，蒋桂凤已连续三年被评为绍兴市优秀传承人。"这些荣誉不单单是给予我个人的，也是给予各位有识之士和戏剧热心人的，但归根结底要靠政府重视，有党的好政策。"这些话都是蒋桂凤的肺腑之言。她说，真诚希望戏剧人能携起手来弘扬乱弹艺术，传承优秀传统文化，多出精品力作，挖掘优秀人才。

她以传播中华传统文化、传承民族艺术为己任，她的学生们似尖尖小荷已崭露头角，已有卓琳丽、蔡铁萍、卓美球、姚建萍、王彩凤、卓姣英等一批青年演员亮相舞台，在2016年全省各类传统戏曲比赛中获得了优秀表演奖、优秀导演奖、优秀演员奖等荣誉。我们欣见蒋桂凤作为省级代表性传承人的艺术成就，更希望她的艺术生命在诸暨西路乱弹新生代中不断延续。

一曲"鹦哥"慰平生

——国家级非遗项目（绍兴滩簧）代表性传承人宋小青调研报告

绍兴市文化馆　周汝嘉

一、项目综述

（一）鹦哥戏简介

绍兴包括余姚一带的唱说滩簧，在本地俗称"鹦哥戏""鹦哥班"，由江南滩簧类曲艺中的余姚滩簧衍变而成，是流行于绍兴民间的一种地方曲艺，盛行于清乾隆、嘉庆之际的山阴、会稽一带，由于旧时演出多为一旦一丑对唱，好比一对鹦哥（越地俗称男女成双成对为"鹦哥"），因此得名。其表演形式以说唱新闻与小型杂扮相结合为主，具有滑稽、夸张、讥讽、幽默的特点。《越郡风俗词·越歌续编》中的两句话"鹦哥戏，勿是戏，也无刀枪也无旗，也无蟒靠也无衣""看了鹦哥班，男人勿出畈，女人勿烧饭"，道出了绍兴鹦哥戏的形态及其魅力。

（二）鹦哥戏的唱腔曲调

绍兴鹦哥戏的唱调即【鹦歌调】，有男、女腔之分。1955年起，一般称【基本调】。【基本调】兼有一种附属唱调，称为【走板】。【基本调】一板三眼（4/4拍），【走板】是无眼板（1/4拍），二者都以二胡为主伴乐器，定弦1—5，调高约1=C或bB。【基本调】和【走板】的音乐结构均为"起→平→落"式。有若干附加腔句，名【双花】【双宕】【叫弓】【大落调】【中落调】【小落调】等。鹦哥戏的唱词基本句式为七字句，有减步、增步、增逗、增叠等变化，句末以三字为结。唱词用方言俚语，具有民间口头文学生动活泼、浅显形象的特色，常以一韵通押全段，有十八个半韵(辙)之说。表演多为两人，服装、道具均以模拟性表演为主，内容反映市井、农民生活。

（三）鹦哥戏所用基本伴奏乐器

早期鹦哥戏的伴奏乐器包括二胡、鼓板和小锣，有条件的班社还会加入三弦、金刚腿和斗鼓，其中以二胡为主要伴奏乐器。二胡，传统拉弦乐器，胡琴的一种，为鹦哥戏伴奏时定弦 do、sol，调高大约为 C 调。鼓板，是

宋小青、孟娇丽演出绍兴鹦哥戏《九斤姑娘》

单皮鼓和拍板的合称，都是打击乐器，主要用于演唱时打节奏。小锣，同样是打击乐器，铜制、圆形，中间稍凸起，直径约二十厘米，声音清脆，一般用于文人、女性或诙谐人物上下场和配合各种表演上的小动作。

现在，鹦哥戏的主要伴奏乐器发生了一些变化，首先是四胡代替了二胡，音量也更大了一些。其次是琵琶的加入，使音乐更加柔和且富有色彩。除此之外，其他种类的民族乐器也根据不同唱腔、音乐的需要被广泛使用，使得鹦哥戏的音乐较之以前有了一定的发展。

（四）鹦哥戏的曲目

鹦哥戏的内容多为世俗故事，情节简单，可即兴发挥，唱词通俗易懂，极富生活气息。现在在舞台上还经常上演的曲目有《卖青炭》《九斤姑娘》《胡子哥》《老少换妻》《草庵相会》《摘石榴》《阿必大回娘家》《三官堂》等。

（五）师承情况

早期绍兴鹦哥戏艺人多因个人爱好由别业转入，并无严格的师承关系。1949 年后，绍兴鹦哥戏艺人大多参加绍兴曲艺工作者协会。1957 年，从业者认为"鹦歌戏"之名不雅，遂改其名为"绍兴滩簧"，但民间仍习惯称其为"鹦哥戏"。1961 年 11 月，原绍兴曲艺工作者协会陆续招收学员十人，成立了鹦歌调训练班，由老艺人樊五十等任教，并作营业性演出。而作为鹦哥戏国家级代表性传承人的宋小青正是师承于樊五十老先生，表演细腻，功底深厚，是绍兴鹦哥戏的中流砥柱。

二、项目代表性传承人概况

宋小青与鹦哥戏的缘分要追溯到 1961 年，绍兴县曲艺团招生，那一年她十七岁。考试那天，小宋姑娘穿着母亲的一件好衣服，怀着一颗忐忑的心走进了考场。主考老师看着这个有着一双漂亮大眼睛的小姑娘问道："侬会啥西？"小姑娘答道："我会唱歌。"老师笑道："侬唱唱看。"于是小宋姑娘放开喉咙，唱了一首《敖包相会》。一曲唱罢，在场的老师们都瞪大了眼睛看着这位瘦弱的姑娘，一位老师笑道，她嗓子这么好，眼睛又这么大，让她做什么呢？听着老师的话，小宋姑娘悬着的一颗心慢慢放下了些，之后便回家等消息。过了一个星期，消息果然传来，曲艺团通知她去参加复试。就这样，我们的小宋姑娘一路披荆斩棘顺利通过了两轮考试，从此踏上了鹦哥戏的从艺之路。

学艺是辛苦的，在曲艺团学员班学习的三年时间里，每天从清晨六点半开始练习压腿、打虎跳、走台步等基本功，一直到七点半。而后吃早饭，每天的早饭不过是一小罐粥和一块绍兴霉豆腐，紧接着八点半又开始练功，周而复始，每天如是。

在班里，宋小青拜老艺人樊五十为师，学习花脸行当，所扮演的角色多以老生为主。老师傅教的第一出戏是《草庵相会》，而后宋小青又陆续学习了《卖青炭》《胡子哥》《摘石榴》等许多经典剧目。当时，随着鹦哥戏自身的不断发展以及剧目的逐渐丰富，其演出形制也在悄然变化着，从最初的两人表演，渐渐发展为三人、四人乃至十几个人表演的模式。此外，行当的划分也趋于精细，从 20 世纪 60 年代开始，由花脸行当中分出了老生、老旦、小生和小丑四个行当，这些改变对于鹦哥戏来说无疑是一次极大的进步，为日后大戏的创作提供了坚实的演员基础和行当支撑。所以三年之后，曲艺团不仅排演了《胡子哥》《卖青炭》《草庵相会》《关不住的小老虎》《朝外货》《进山》《珍珠塔》《杨乃武与小白菜》等为数众多的小戏，还编排了《血泪荡》《夺印》《亮眼哥》等一批大戏。在这些剧中，宋小青总是肩负着主演的重担，也正因为如此，她的艺术造诣得到了很大的提升，演出技艺日趋成熟，这算起来应该是她艺术生涯的第一个黄金时期。

可是就在鹦哥戏这朵艺术之花即将大放异彩的时候，一场突如其来的狂风暴雨将这朵美丽的山花无情打落，宋小青的舞台生涯也暂时画上了休止符。

1970 年，绍兴县曲艺团被迫解散，宋小青被分配进了绍兴市越光汽配厂，成了一名模子钳工，宋小青从没有接触过这些，眼前陌生的一切都要从头学起，制造一辆车所需要的所有模子，无论是前大灯、顶灯、后灯、尾灯还是离合器，她都要学着做。渐渐地，宋小青已经能够完全胜任车间的工作，这一晃就是八年。在这八年里，宋小青从来也没有放弃过理想，虽然已经结婚生子，是两个孩子的妈妈了，但她总盼望着有一天能够重返舞台。即便是在最艰难困苦、各种打击扑面而来的时候，她心中的那盏灯也不曾熄灭过。

终于在 1978 年，曙光重现。有一天，厂里的工友告诉宋小青，门外有人找她。宋小青来到厂门口，发现找她的是一位女干部。这位女干部自我介绍说是绍兴县文化局的局长。宋小青很惊讶，心想文化局的局长来找我做什么呢？接下来的话让宋小青又惊又喜。这位女局长问道："你要不要回剧团？"宋小青答道："我要回去。"女局长再一次问道："你要回去的？"宋小青无比坚定地回答："我真的要回去。"女局长说："好。"就这样，四天之后，宋小青回到了重新组建不久的绍兴县曲艺团，她十分珍惜这来之不易的机会，把满腔热情都奉献给了阔别八年之久的舞台。

可是，就在宋小青准备大展拳脚、把失去的时光补回来的时候，命运又跟她开了一个玩笑——1983 年，曲艺团再一次解散了。宋小青先后在绍兴书画社和绍兴古旧书店工作。虽然又一次离开舞台，但宋小青依旧没有放弃，在认真工作的同时利用业余时间刻苦练功，从未懈怠。1986 年，四十一岁的宋小青被调到了绍兴县小百花越剧团负责后勤工作，转眼又是十年。在这十年里，宋小青认认真真工作，每一年都被评为单位先进工作者。

在宋小青退休之后，她艺术生涯的第二个黄金时期到来了，按照她自己的话来说："我五十岁以后是个黄金阶段。"宋小青组织了一个鹦哥戏"拉拉队"（类似票友社），利用三年时间重新整理编排了多部鹦哥戏，如《阿必大回娘家》《胡子哥》《卖青炭》《摘石榴》《磨坊串戏》《老少换妻》《赖婚记》《九斤姑娘》《相骂本》《小凤仙嫁老公》《孝顺儿子》《小姑贤》《夜明珠》《草庵相会》《周阿龙卖胡葱》《珍珠塔》《考村官》《三喜临门》《双玉燕》《大脚婆告状》等，曾经创下过一年当中演出一百一十四场的纪录，并且还出了十七张鹦哥戏碟片，为鹦哥戏的普及推广付出了极大努力。

三、传承现状及存在问题

（一）传承现状

宋小青长期以来都致力于鹦哥戏的传承工作。从 2001 到 2012

1987 年，宋小青（左）参加绍兴传统曲艺演唱会，在《摘石榴》中饰赵士茂

宋小青给鹦哥戏普及班学员上课

年，曾先后在绍兴莲花落国家级代表性传承人胡兆海开办的曲艺学校、绍兴市艺校、绍兴市非遗保护中心曲艺传承班、柯桥区曲艺传习班教授鹦哥戏。最近三年里，又先后在绍兴老年大学、书圣故里、平水老年大学开设鹦哥戏培训班，直到如今。在授课期间，宋小青风雨无阻，不计报酬，不问得失，将鹦哥戏技艺毫无保留地传授给学员们，仅最近三年就培养了鹦哥戏学员一百五十余人。在授课过程中，宋小青对于每句唱腔和念白以及每个身段动作都严格要求，总是亲身示范，对于教学质量精益求精。

作为一名鹦哥戏国家级代表性传承人，宋小青对此深感光荣，她曾说："我是非遗的传承人，国家给我们这个光荣的称号，我就要用自己的力量把鹦哥戏传承下去，不仅要传承培养中老年鹦哥戏人才，更加要着眼于培养少年儿童。绍兴滩簧只有从娃娃抓起才能得到进一步的传承与发展。"这句话里包含着宋小青对于鹦哥戏的承诺和为其奉献一生的决心。几十年来，宋小青为了鹦哥戏的传承事业费尽心力，不仅非常积极地配合相关工作，还从来不计较报酬，无论是授课还是演出，总是以百分之百的热情投入其中，希望能够有越来越多的人知道鹦哥戏，了解鹦哥戏，并且能够喜欢上鹦哥戏这门曲艺艺术。虽然宋小青已年逾七旬，但在舞台上和课堂里，宋小青依旧青春，她对于鹦哥戏的热爱与执着令人敬佩。

宋小青在老年大学教授鹦哥戏

（二）存在问题

1.从业人员及学员年龄偏大

在访谈的过程中，宋小青反复表达了对于从业人员及学员年纪偏大问题的担忧。因为现在的鹦哥戏从业人员的年龄普遍是在五六十岁，参加传习班的学员也多是老年人，年轻人非常有限，所以群体老龄化问题日益凸显。

2.从业人员的流失

从业人员为了生计纷纷改行或者走穴是现实存在的另一问题，极不利于鹦哥戏的长期发展。

四、保护对策

为了解决从业人员年龄偏大的问题，首先可以设置鹦哥戏剧团，加大宣传力度并通过相关文化部门的平台来开设面向年轻人的非遗传习班。除此之外还可以从北京市政府所推出的一项政策中寻找灵感。为了提高小学生的美学修养，北京市于2014年和本市的各大艺术院校联手，推出了北京市小学体育美育进校园项目，鼓励各大艺术院校相关专业的老师和学生走进小学校园，为学生们教授戏曲、舞蹈、美术、体育等课程，从而使孩子们可以得到全方位的发展。这一项目六年为一个周期，将持续至少两个周期。

单就戏曲而言，北京的这一做法不仅使孩子们知道了戏曲，了解了戏曲，更从而喜欢上了戏曲，这对于戏曲的发展无疑是件好事。其实不单是孩子们，这些孩子的家长们也会因此对戏曲有所关注，长此以往，十二年的时间至少可以为戏曲培养几万甚至十几万的观众。这些学生长大之后，其中一些人也很有可能因为童年时对于戏曲的爱好而从事戏曲表演工作或成为票友。

从戏曲推导到鹦哥戏也是同理。如果能让越来越多的孩子们加入到鹦哥戏的学习队伍中来，让他们可以切身感受到鹦哥戏的可爱，比如设置鹦哥戏选修课，或者定期组织面向少年儿童的专场演出，抑或是"带戏进校园""让孩子们走进剧场"等，这样一来，若干年后，这些孩子中的一些人很有可能成为鹦哥戏的观众、票友或从业人员。这不仅可以在一定程度上改变从业人员的年龄结构，还可以为鹦哥戏培养观众群，有利于鹦哥戏的发展。

至于从业人员流失问题，政府相关部门可以加大扶持力度，推出鼓励政策，为鹦哥戏提供更为广阔的演出市场，从而提高演员的积极性，改变人才流失的现状。此外，应加紧培养鹦哥戏的新生力量，加大对年轻人的培养力度，让更多的新鲜血液加入进来，这在一定程度上也可以弥补人才流失缺口。

可以说，以上两个问题是鹦哥戏发展进程中所迫切需要解决的，希望通过我们不懈的努力，能够将其尽可能完善地解决，从而使鹦哥戏这一来自绍兴民间的曲艺焕发出新的生机。

东阳竹编传承与保护调研报告
——以国家级代表性传承人何福礼为主例

东阳市非遗保护中心　吴海刚　朱斐婳

一、项目综述

东阳竹编因产于浙江东阳而得名，采用本地水竹、金竹、筋竹等天然材料制作，编织工艺独具特色，是我国传统编织工艺之一，已有一千二百多年历史，明万历《金华府志》、清康熙《东阳县志》均有记载。清末民初时，著名竹编匠师马富进的作品在 1915 年旧金山巴拿马万国博览会和 1929 年西湖博览会分别获奖，评价极高。抗日战争期间，艺人流离失所，竹编面临绝境。中华人民共和国成立后特别是改革开放以来，东阳竹编枯木逢春，精品迭出，屡获大奖，先后获轻工业部及各政府部门各类奖项近九十项，其中《九龙壁》获中国工艺美术百花奖金杯奖，《渔翁》获中国民间艺术一绝金奖，蜚声中外。据不完全统计，东阳竹编的编织技法现有一百五十多种，竹编工艺品有二十五大类、三千多个花色品种。

1978 年，东阳竹编工艺厂设立，系东阳竹编历史上首个社会化生产的集体所有制企业。20 世纪 90 年代初，随着东阳竹编联营总厂改制解体，民营竹编企业纷纷崛起，如东风竹编工艺厂、东白

何福礼在创作

竹编厂、竹艺精品有限公司、红丽工艺品有限公司等。东阳竹编进入发展快车道，竹编工艺品峰值期总产值达两亿元，出口创汇一亿五千万元，产品远销欧亚美等六十多个国家和地区。21世纪初始，东阳竹编产业规模逐步缩小。目前，全市真正从事竹编的人员不足千人，其中有国家级代表性传承人一人、省级代表性传承人一人、金华市级代表性传承人四人、高级工艺美术师五人，中级工艺美术师近百人。从业结构发生了较大变化，除从事传统立体竹编、平面竹编及留青雕的企业外，增加了竹根雕企业（作坊）十余家，竹编装饰企业仅剩东风竹编工艺厂一家。截至2012年底，全市竹编工艺品总产值已不足亿元，出口创汇剧减至不足千万元。

二、项目代表性传承人概况

何福礼，1944年出生，义乌市东河乡井头徐村人，自幼家贫，七岁父亡。东阳千祥前马村篾匠马世富在东河乡井头徐村落脚，对他家时有照顾。十四岁时，何福礼正式拜马世富为师，先学锯、剖、劈、刮这些篾匠基本功，再学修补地笠、篾席等农家篾器，悟性很高，很快掌握了篾匠基本功，得到师父的肯定和倾囊相授。同年，马世富回东阳加入东阳竹编合作社，把何福礼也带到了合作社。从此，何福礼开始竹编工艺品编织生涯。

当时，东阳竹编合作社主要为北京、上海、广州工艺品进出口部门制作出口用的篮、罐、盒、瓶以及宫灯和花鸟屏风等，生意断断续续。1958年11月，东阳县政府决定成立东阳县木雕竹编工艺厂，定址卢宅，何福礼也来到了卢宅，成为学徒工。学徒两年期间，何福礼不仅学会了挑、压、弹、插、绕、穿、贴等编织技法，编制出各式各样的篮筐盒瓶，还研究编织出"福""禄""寿""禧"等不同字样来。根据何福礼的学艺状况，厂部研究决定，陆光正、冯文土、何福礼等一批学徒提前出师，打破了"三年学徒四年半作"的传统习俗。次年，何福礼被任命为竹编车间副组长。1963年上半年，原国营东阳县木雕竹编工艺厂恢复集体所有制，史名为"东阳木雕工艺厂"，内设一个竹编车间。由于竹编业务不景气，厂部决定将大批工人下放，原有七十二人的竹编车间只剩下二十来人，何福礼是其中最年轻的一个。三十岁时，何福礼成了竹编车间的副主任，在长期的工作实践中，他不断吸取传统和各种流派的编织技艺精华，从而形成了一套自己的编织技艺。

"文化大革命"结束后，厂里将竹编人物、动物编制提上议事日程。何福礼提议恢复竹编前辈马富进的立体竹编。厂部指定何福礼、陆光正二人组成研究小组，一起设计编织。经过一段时间摸索，他们编织出了《三打白骨精》《黛玉葬花》《伯乐相马》《仕女弹琴》《麻姑献寿》《麒麟送子》《狮子滚绣球》《五狮戏球》《牛斗虎》《马踏飞燕》等一批东阳立体竹编力作。这些作品不仅造型逼真、形象生动，将编织精细的特色充分体现，并且把东阳木雕的造型结构运用于东阳竹编，极大地丰富了东阳竹编的技艺。

1978 年底，东阳县政府将竹编车间从木雕厂分出来，单独成立东阳竹编工艺厂。何福礼任厂长助理，主要负责竹编创新设计工作。在竹编工艺厂的几年里，他刻苦钻研创新编织技艺，探索竹编工艺与日用家具相结合的新路子，先后成功设计了各类竹编篮、盘、套、盒、柜、箱及美国灯座系列、日本花器系列等作品一千多件，深受外商喜爱，产品畅销不衰。

1983 年，东阳竹编工艺厂接受省工艺品进出口联合公司下达制作大型立体竹编屏风《九龙壁》的任务。由厂长周尧柱总负责，姚正华、蔡平义、冯吉生负责设计，何福礼主持编织。在创作中，何福礼确定了九条龙的主要竹编技法和十五种编织手法。然而，平时能在平面上娴熟编出各种美丽图案的何福礼，这次却被编织椭圆形的蛟龙难住了。经过无数次试编，何福礼独创了鳞形撮花编织法。由于充分利用传统的竹编技法和独创的多种编织技法，讲究精细结合、色彩和谐、内外协调，九条竹编巨龙终于跃然壁上。长 6.19米、高 2.68 米的大型东阳竹编《九龙壁》，采用了一百五十多种编织手法，制作丝丝入扣，画面和谐丰富，造型生动优美，气势雄伟。1984 年 4 月，这一作品荣获中国工艺美术百花奖金杯奖，并被列为国家工艺美术珍品，专家们称它是"集竹编艺术之大成的经典之作"，这是目前全国竹编行业获得的最高荣誉，何福礼本人的事迹也因此被载入《东阳市志》。

1989 年，何福礼自立门户创办了东阳市东风竹编厂。东风竹编厂成立初期，产品设计生产基本上沿着竹编时代发展趋势同步进行，产品主要销往欧洲、日本等地。1993 年，何福礼在卢宅树德南路造了厂房。如今，东风竹编厂已由一个小打小闹的家庭作坊发展成为一个占地十一亩、职工五十多人、拥有上千万元资产、为卢宅管理区交税最多的竹编生产企业，多次受到东阳市政府的嘉奖。

1997 年，香港社会服务联合会为庆祝成立五十周年要举行隆重的舞龙活动。这条巨龙的制作要求是全长 2465 米，龙头、龙体既要做得大，又要重量轻，难度很大。经过推荐，何福礼承接了巨龙制作业务。为了保证巨龙的质量，何福礼立即组织技术人员投入方案设计，图纸画了不知多少张，光设计方案就搞了十多套。最后制成的龙头高 2.1 米、长 3.6 米，但重量还不到 40 千克，舞起来很方便。巨龙运抵香港后受到了隆重的礼遇。在活动仪式上，时任香港特别行政区行政长官董建华亲自任主礼嘉宾，为巨龙开眼点睛。香港《大公报》等媒体均作了报道。后来，这一作品还被列入吉尼斯世界纪录。

1999 年，何福礼创作的半圆雕挂屏《咏鹅图》获中国工艺美术创作大展世纪杯金奖。2001 年，大型立体竹编精品《大象》荣获首届（杭州）国际手工艺品展览会金奖，根雕竹编《哪吒闹海》获第三届中国工艺美术大师精品博览会金奖。2003 年，在杭州西湖博览会第四届中国工艺美术大师作品博览会上，《八仙竹丝花篮》从四千多件工艺美术作品中脱颖而出，夺得竹编类的唯一金奖。同年 12 月，何福礼被国际竹藤组织和中国竹产业协会授予"中国竹工艺大师"称号。

2004 年，北京故宫倦勤斋修复遇到了难题。故宫博物院在全国范围搜罗顶级民间工艺大师，却一直无法找到掌握翻簧工艺和竹簧镶嵌的老艺人，遂在全国十多家主流媒体上发出了《竹簧艺人，故宫找你》的招贤榜。一时间，应聘者多达数百人。后来，故宫博物院组织专家专程来到东阳考察了何福礼的竹丝镶嵌工艺，看了何福礼制作竹簧劈片、整平、软化、镶贴的全过程，将竹簧软化至柔软如纸，并能像布一样在起伏不定、凹凸不平的木雕图案上进行镶贴。专家组十分满意，决定让何福礼修复倦勤斋。人民日报、中央电视台、新华社、浙江日报、浙江电视台等数十家新闻媒体相继对此作了报道，轰动一时。2005 年 6 月，何福礼带着几个竹编艺人赴北京开始故宫倦勤斋修缮，历时六年完成，得到了故宫博物院领导的高度肯定。

何福礼还尝试着把修复倦勤斋的竹丝镶嵌和翻簧工艺应用于平常的竹编作品甚至家具中。他与上海鸿运斋合作，创意设计出取材于倦勤斋的中国第一套红木镶竹丝嵌玉家具，在长宽各 1.8 厘米的回纹和海棠花槽内，镶入了二十五根细细的不同颜色的竹丝和一粒黄豆大小的菱形碧玉。"在紫檀木外贴翻簧和竹丝镶嵌的工艺在世界上应该是顶峰。"原故宫博物院科技部副主任曹静楼看后惊叹不已。

2014 年，东阳主办世界工艺文化节。何福礼多方选题，最终决定编制以故宫角楼为原型、集东阳竹编技法于一体的望月楼。确定题材后，年近七十的何福礼将自己关进三楼的工作室，闭门谢客，研究图纸，设计编织方案及编织技法，选用制作材料，亲手制作样品，指导徒弟和职工编织，最终历时一年零两个多月完成，在这次世界工艺文化节大师作品评选中荣获特别金奖。这是东阳竹编获得的第一个世界级特别金奖。

作为东阳竹编国家级代表性传承人，何福礼一生中教出了许多竹编艺人和徒弟，但因为种种原因，许多人都半途而废。当前，他的两个儿子和十来个徒弟还一直从事着竹编行业。

三、传承现状及存在问题

近年来，东阳竹编产业发展情况不容乐观，处于日渐没落的境地，究其原因，主要有以下四点。

（一）纯手工制作限制了产业规模扩大

东阳竹编是纯手工技艺，其完整的工艺流程相当复杂，围绕设计、选材、编织三大核心环节，共有二十多道工序。东阳竹编较之其他竹编流派的一大鲜明特点就是精细编织，篾丝直径已用"丝"来计算（1丝为0.1毫米），这种精细编织限制了生产进度，平均一

何福礼用修复故宫技艺创新的皇宫椅

2015年，何福礼在指导徒弟创作

何福礼和他的儿子何红亮在制作竹编

名熟练工一天只能编织不到2平方分米的面积。这种纯手工操作、机械几乎束手无策的技艺特点，严重限制了产业规模的扩大。

（二）低利润导致后继乏人

竹编行业普遍工作辛苦而收入低下。目前东阳竹编日均最高工资在一百五十元左右，远低于东阳木雕行业工资水平。如东白竹编厂采取计时工资，每小时十七元，按每天九小时、每月工作二十四天计，平均月工资三千六百元；竹艺精品有限公司采用计件工资，员工月收入在三千六百元至四千元。总体而言处于中等水平。随着高校扩招与新兴产业发展，东阳学子越来越不愿学习传统手工艺。东阳木雕由于有高校与技校专业招生依托，尚有后备力量；没有任何托底培养政策的东阳竹编只能看着生源被吸引至其他专业。

（三）低市场份额导致产业生存困难

东阳竹编生产巅峰期当在20世纪80年代中期到90年代末期。进入21世纪后，竹编外贸业务开始萎缩。同时，一些竹制品消费国于20世纪80年代派人到东阳学艺，培养出了庞大的工人队伍，基本竹制品能实现本国生产。另外，其他材质的工艺品被大量开发，替代了原先竹制品的功能。所有这一切都推动了东阳竹编产品结构从实用型为主转向观赏型为主，日用品被工艺品所替代。而工艺品的消费市场目前局限在国内，由于产业规模小，全国目前尚未有竹

2015年，何福礼在车间为两名大学生徒弟举行出师仪式

制工艺品专业市场，而是与木艺、石艺等混居，限制了其市场扩大。

观赏型竹编价格高、造型设计传统，在现有工艺条件下无法保证其牢固性，与室内装修的融合性不够强，所以市场份额较少。东白竹编厂2012年八十余万元的产值中，国内产值仅十来万元，足见国内市场还未形成竹工艺品消费气候。市场化是产业化的必备条件，一旦市场受限，产业的萎靡就在所难免。

（四）松散型组织构成加大产业整合难度

东阳竹编从业者目前分三个群体：一是以国家级代表性传承人与大师为龙头的大师群体，这类群体技艺水平高、人脉范围广、品牌影响大、经营能力强，基本上收入优渥，均办有企业或类似企业的作坊，依靠其影响力，甚至可以消化掉其他地区的竹编产品，比如四川平面竹编、嵊州立体竹编、浦江串丝竹编等的相当一部分靠东阳竹编大师品牌销售。二是近年刚崛起的中青年大师接班人，这类群体拥有较高的技艺，有一定的人脉关系，经营能力往往超过国家级大师，因此收入不错，特别是从事竹根雕者。竹根雕市场潜力极大，吸引了不少外地年轻人从业，年利润至少几十万元。三是年长的竹编职工，这类人其实承担着东阳竹编中最繁重的技术活，但因为经营能力与资金有限，只能靠在企业打工度日，收入微薄。这些人稳定性不够强，不是在几个企业或者作坊间游走，就是随时准备脱离这份职业。

这三大群体间关系松散，个别群体内部甚至存在矛盾，在需要发声的场合常常意见不一，相互间颇有怨言，却没有完整明晰的产业发展设想。可以说，大部分从业者都只图一己之利，而无行业发展意识。各企业之间的合作互动不强，不利于打造完整科学的产业价值链。比如竹根雕或者竹刻、竹丝镶嵌、平面书画竹编等作坊，既可以自己单独生产，又可与传统立体竹编结合，更新产品造型，增加产品附加值，甚至可以充分发挥某些艺人的设计、塑模专长，形成独立的工作室，助力竹编生产。但事实上各企业与作坊都各自为政，鲜见合作协调，更难抱团发展，无法形成类似东阳木雕的产业集群。

四、保护对策

随着东阳竹编被列入国家级非物质文化遗产保护名录和国家推动文化大繁荣大发展政策的实施，人们逐渐认识到对古老手工技艺传承与保护的重要性，东阳竹编再次受到瞩目，迎来了新的发展机遇。对于这门拥有独特韵味的技艺，如果政策给力、措施有力，东阳竹编完全能做到保护与生产双赢，向产业化迈进。当务之急，就是编制东阳竹编产业保护与发展规划。对此，不妨参照以下建议。

（一）传承扶持，培养竹编传人

追加财政补助，用于对年老竹编艺人和年轻学徒的生活补贴，对带徒数量达一定规模的老艺人给予带徒补贴，提高传承积极性。

依托广厦学院、东阳技校和李宅技校、市聋哑学校等职业技术教育机构，开设东阳竹编专业班，编写东阳竹编系列教材，有计划地招收培训高素质、高技能的竹编专业人才，并与中国美院等高等院校衔接，把优秀专业人才与年轻传承人送高校深造，充分利用高等院校师资解决东阳竹编现有师资力量不足的问题。

以各乡镇文化站为节点，发动全市篾匠生存状况调查，把仍活跃在农村从事基础竹编工艺的工匠组织起来，有计划地纳入保护行列，扩大传承人范围，择优安排进入企业。

（二）创作扶持，提高创新热情

鼓励设立专门的竹编创意团队或是东阳竹编研究机构，开展民间创作交流活动。每年由市政府组织一次竹编创作技能比赛，对优秀创意进行奖励，以此作为评选传承人与大师等职称的依据之一。

推出竹编现场创作大奖赛，吸引全国各地竹编产区艺人参加，借助展会影响力和上级领导机构的引导，扩大东阳竹编影响，提升东阳竹编艺术水准和制作水平。

在各类创作比赛中，要鼓励传统竹编与现代生活的融合，为产业化寻求更多的市场空间。

增加竹编类工艺美术大师及传承人的名额。目前，竹编与木雕在大师评选、传承人确定名额上的比例严重失调，年轻竹编艺人在名誉的争取上遇到"天花板"，需要改进。

（三）税收扶持，减轻竹编税负

通过把东阳竹编纳入文化产业范畴，对全市竹编企业实施"营改增"，减轻企业税负。市东白竹编厂反映，该企业年税率达20%，税费超十万元，仅房产税就达三万元，不堪重负。必须针对竹编行业梳理税负，出台优惠政策，比如实施出口退税、减免艺术品交易税等，鼓励企业拓展外贸业务，激活竹编艺术品交易。在一些地方性管理费用征收上也应予以减免，达到放水养鱼的目的。

（四）市场培育，增强艺术活力

由政府出面，建设竹艺品交易区，降低租金标准，或者由财政向市场建设方发放商铺租赁补助，用于弥补因商铺租金优惠而给商铺产权所有者造成的损失，从而鼓励所有东阳竹编、竹雕的企业与作坊开设店铺，以形成规模集聚效应，吸引潜在客户。

同时，建设竹编生产基地，以东风、东白等几个规模较大的企业为龙头，整合六石、虎鹿、千祥等几个基础较好的竹编专业村，恢复并扩大竹编加工，形成产业带。

建设东阳竹编文化园，选址可以是东阳江景观带或者是中国木雕博览城项目区，打造竹编文化博览园。

（五）扩大宣传，多方展示品牌

加强与媒体的合作，建议在本地媒体与省内知名媒体上加大竹编报道比例，以任务基数、奖励制度等形式吸引媒体关注，同时与各媒体尤其是中央级媒体探讨更有创意的竹编文化形象宣传手段。

充分利用东阳各地标性建筑、相关景区及省内优秀的广告地段，由政府出资进行东阳竹编形象宣传；制作东阳竹编专题宣传片，编写东阳竹编文化著作。

此外，在旅游区如横店影视城、卢宅古建筑群等，开设东阳竹编活态展演，根据东阳竹编技艺特点编排大型真人秀《印象·竹编》，挑选合适的旅游区进行演出，打造新的文化产业演艺品牌，扩大东阳竹编的知名度。还可鼓励影视企业投拍竹编题材影视剧，如能获良好市场反响或者权威艺术奖项者，给予奖励。

（六）企业自强，练好发展内功

企业要有强烈的市场意识，要根据市场风向适时调整产品结构；加大产品创新以及技术创新力度，在保持手工属性的同时探索开发竹编辅助机械，建议一般产品用机械化生产，高档精品用手工加工。

做好竹编与其他产业的融合工作，比如与东阳木雕、红木家具、建筑装饰等行业合作，尤其是要努力拓展竹编室内装修业务，以此拉动产值，夯实发展基础。

永远的九狮梦

——国家级非遗项目（九狮图）代表性传承人胡金超调研报告

永康市非遗保护中心　吕美丽　陈广寒

　　国家级非物质文化遗产代表性项目永康九狮图的历史最早可追溯到南宋时期，唐先镇石桥头村是该项目的主要发源地。据胡金超介绍，他们的祖先从小孩玩草狮中得到启发，用竹篾和彩纸制作成拉线狮子，用于闹元宵助兴。到明朝洪武年间，该村胡大棠制作了红黄绿三只狮子争抢绣球，寄以图吉利、图平安、图丰收的寓意而称其为"三狮图"。到了清代，拉线狮子在永康广泛流行，有单狮、三狮、五狮、七狮等各种形式。石桥头村在民国中期把拉线狮子发展到了九只，称为"九狮图"。

　　永康九狮图表演用长管先锋号和锣鼓钹伴奏。在鼓乐声中，一只称为"狮王"的大狮子迅猛冲出狮笼，前扑后闪，左腾右挪，上跳下跃，一阵狂舞后扭头引出四只中狮，做出跷脚搔痒、张嘴舔毛、挠耳贴腮等动作。狮笼上方又有两只小狮子忽进忽出，履行守门职责。不经意间，狮王突然一头撞开悬挂着的绣球，使其打开，两只金色小狮从绣球中跳出，慢慢爬近狮王，实现了九狮同舞。

　　永康九狮图蕴含了丰富的民族元素，是中国狮文化的重要组成部分。狮舞在我国具有悠久的历史，是我国流行最广泛的传统民间舞蹈，并且随着华侨华人的脚步传播到世界各地。从某种意义上讲，狮舞已成为中国文化的象征。永康九狮图曾受到国家有关部门的委派，代表祖国先后远赴法国、新西兰、新加坡等地进行访问演出，载誉而归。我国绝大多数舞狮表演都以人披着狮子道具为舞蹈主体，整个舞蹈过程以人体运动来实现艺术效果。但永康九狮图不以人体动作为舞蹈主体，而是通过特殊道具的运用，以人操纵拉线，最终实现道具狮子的运动，形成舞蹈效果，所以又称为"线狮"或"拉

国家级代表性传承人胡金超（右）

线狮子"，开创了一条极具艺术特色和地方特色的舞狮艺术之路，具有较高的历史、文化、艺术价值。

历史价值：九狮图历史悠久，它的发展过程蕴藏了许多历史元素，不同阶段的表现形式无不与当时的民风、民俗及人们的生活、生产等因素有着密切的关联，对于探讨、研究社会学、民俗学和地域文化都有较大的帮助。

文化价值：狮子在我国为力量与尊严的象征，被认为是瑞兽，由此演绎出了丰富多彩的狮文化。永康九狮图继承和发展了狮文化，"九"谐音"久"，大而不满，多而不盈，所以中国人视"九"为吉祥。合而为天长地久、驱邪避凶，吉庆祥和。九狮图的表演体现了人们对风调雨顺、国泰民安、五谷丰登、人财两旺的美好诉求，充分体现了中华民族的文化特色。

艺术价值：九狮图可称为间接表演艺术，道具制作匠心独具，机关设置灵巧精妙。操作人员训练有素，头脑敏捷，身手灵活，进退有序，缓急有致，配合默契，有条不紊。整体表演融入了较高的道具制作艺术、操作技能艺术及团队配合协作艺术。

永康九狮图有着丰富的社会资源和人力资源，分布面较广。中华人民共和国成立初期，永康曾有十几支舞狮队活跃在全县城乡，甚至扩展到周边的武义、金华、兰溪、东阳、义乌、磐安等县市。但随着历史的推进和现实的变化，永康境内的九狮图已基本处于停滞休眠状态，究其原因，大致有以下两点：一是受现代文明多彩的文艺表现形式对传统民间文艺的冲击；二是人们生活节奏加快，精壮人员都忙于应付各种来自生产和生活的挑战，造成人员组织的困难。如今只有唐先镇石桥头村和象珠镇横渡村两支舞狮队仍能随时进行表演。尤其是石桥头村九狮图，针对现实状况，于1998年组建了一支女子舞狮队，有效地解决了人员组织困难的问题，并且对道具构造及操作技巧不断进行探索和研究，使之不断提高，而这些都与国家级代表性传承人胡金超的不断追求和努力紧密相连。

胡金超，男性，1932年出生于永康市唐先镇石桥头村。石桥头村村民皆姓胡，属永康龙山胡氏，是永康的大姓，历史上曾经出过十八位进士，其中第一个进士胡邦直是石桥头胡氏的嫡系祖宗，曾受秦桧打压十年之久。族人为祈求在外为官的亲人平安，曾用布片绘制狮子画，悬挂于门口以避邪，于是有了小孩玩草狮子的过往，拉线狮子也因此而产生，遂至发展成九狮图。九狮图传人到胡金超算第几代已经很难分清，只能依宗谱资料排到第七代。

九狮图是集体传承项目，其传承谱系大致为：第一代胡敏聪（1142年生），第二代胡财兴（1355年生），第三代胡大棠（1386年生），第四代胡坑公（1858年生），第五代胡金书（1878年生），第六代胡望思（1932年生），第七代胡新妙（1917年生）、胡金超（1932年生）等十人，第八代胡新铨（1936年生）、胡双福（1962年生）等十四人，第九代翁苏安（女，1966年生）、施梅禄（女，1970年生）等二十三人。

胡金超出身贫寒，基本上没有读过书，但天资聪颖，生性活泼。其父是一个手艺精湛的篾匠，村里的九狮道具骨架基本上都由他用竹篾编扎而成。受父亲的影响，胡金超从孩提时起就对舞狮情有独钟，经常用稻草和松针捆扎成玩具狮子，用麻绳拴着，同村里的小伙伴一起玩颠狮子的游戏。在他十八岁时，永康解放，他成了革命积极分子，正式参与九狮图庆祝活动，成为石桥头九狮图舞狮队的队员，跟随土改工作队参加村里的土地改革，接着被推选为副村长。1951年，应征入伍参加抗美援朝，因耳朵被炮火震伤复员回乡，担任农会主任。此后一直在村里担任村长、支部书记，直至退休。

长期以来，胡金超对九狮图倾注了大量的心血，可以说他走到哪里就把九狮图带到哪里。1950年，金华地区要求下属八县选送一项与竹篾编织相关的民间文艺项目参加比赛，永康推选了由胡金超负责的石桥头九狮图。比赛在兰溪进行，九狮图技压群雄，引起全城轰动，拔得头筹。1961年，石桥头村的胡新钦、胡章显、胡新铨

胡金超接受采访

等人到了江西景德镇，写信回家邀请胡金超也去。胡金超去后不久，正好赶上过春节。他想，如若在家，正是九狮闹元宵的时节，于是他立即将同村伙伴召集在一起说："我们虽然人在异乡，但九狮不能停，元宵将至，我们何不将九狮舞上街头呢？"他的提议得到了同伴的一致赞成。说干就干，他们就地取材，制作了一个狮架，编扎了五只道具狮子，打制了纤绳，经过短期的操作演练，于元宵节舞上了景德镇街头，万人空巷。

时间到了1977年，石桥头的九狮图因"文化大革命"已经沉睡了十多年，道具基本毁坏，只剩狮架的一根挑头静静横架在村大会堂的横梁上。对此，胡金超始终耿耿于胸，不能忘怀。随着形势的变化，胡金超及时地召集村中骨干进行商议，他说："九狮图是我们祖宗流传下来的宝贝，不应在我们这一代人手中消失，现在形势已经好转，我们应该趁着当年传人尚有健在，抓住当前的大好时机，尽快将它恢复，以不至于失传。"于是他们重新制作道具，于1978年大年初一晚上，在唐先镇的大街上一直闹到午夜三点多钟。接着九狮图即投入了宣传党的总任务活动，得到了当时金华地区领导的称赞，邀请他们到金华参加宣传活动。

九狮图恢复演出后名声大噪，经常受邀到外地演出。经过一段时间奔波，胡金超感觉到了培养接班人的急迫，因此他首先让自己的儿子胡双福很快地学会舞狮技艺，成为牵头人。随着改革开放步伐的加快，男性精壮人员都积极地投身商海，给九狮图随时组织演出带来了许多不便和困难。为解决这一难题，胡金超父子在永康市有关部门领导的提议下，组建了首支永康九狮图女子表演队，悉心传授技艺，精心组织培训和演练，使队员们很快掌握了舞狮技巧，登场表演。随着永康九狮图名声日隆，胡金超也成了该项目的国家级代表性传承人。

2017年，胡金超已经八十五岁高龄，除耳朵被炮弹震伤有点聋外，身体尚算硬朗，未发现有其他疾病。我们在调查采访时发现，他的九狮梦依然非常执着。他说："党和政府给我们九狮图这么多荣誉，使之走向全国、走向世界，又为九狮图建立了如此完善的保护机制，对我本人更是照顾周到，实是感激万分。"他表示，有生之年定要为九狮图的传承发展尽最大努力。现在他已将他的长孙胡洵涛培养成拉大狮的骨干。另外，编打拉狮子的纤绳同样是一项绝活，至今村里会打纤绳的人已经不多，而胡金超是打纤绳的好手。他搬出了一套打纤绳的工具说，他要尽快物色好对象，把打纤绳的技艺传授下去，并亲自打两套纤绳存放在非遗保护中心予以保存。他希望党和政府继续支持和帮助九狮图，以使这一文化遗产能够得到有效的传承和发展。

国家级非遗项目（常山喝彩歌谣）代表性传承人曾祥泰调研报告

常山县非遗保护中心　余根良

　　非物质文化遗产是一个民族得以延续的根基和源泉，是我们走向未来的文化自信。开展非物质文化遗产保护、传承和发展，首先应加强传承人保护，尤其是国家级及省级代表性传承人，他们是浙江省非遗保护工作的重要对象，更是非物质文化遗产传承传播、保护发展的能动因素和关键人物。为了更好地实施国家级、省级非遗项目代表性传承人抢救性记录工作，深入了解他们的生存与传承现状，提升他们开展非遗保护工作的水平，以及响应《浙江省文化厅办公室关于开展我省国家级非遗传承人调研报告征集评选的通知》（浙文办〔2016〕80号），2016年7月下旬至8月中旬，笔者对国家级非物质文化遗产项目常山喝彩歌谣省级代表性传承人曾祥泰老先生进行了专题调查和研究。通过实地考察、资料查阅、个人座谈和周边了解等方式，形成了调研成果。现将调研情况报告如下。

一、常山喝彩歌谣传承发展及其代表性传承人的现状

　　常山喝彩歌谣于2014年11月被国务院公布为第四批国家级非物质文化遗产代表性项目。它是流行于浙江省衢州市常山县境内的一种在结婚、上梁、祝寿以及春种、秋收、开业时进行喝唱的民间习俗，是当地优秀传统文化的重要内容。彩词保存完整，演绎仪式讲究，充分体现了当地老百姓的智慧和对美好生活的向往。常山喝彩歌谣历经各朝各代，文人修饰润色，百姓口头传唱，几百年来生生不息、代代相传，还传播到江西等地。目前，常山喝彩歌谣已搜集到的彩词有一千多首、二十多万字，它们对于音乐、仪式、民族史、文化史、人类学，甚至是民俗和文学研究方面都有着重要的研究价值。

其代表性传承人曾祥泰，孩提时入私塾，读过《三字经》《百家姓》《中庸》等国学经典，民国时期改读新课本，十五岁辍学，师从刘朝训（后成为岳父）习木工和喝彩。1948年8月的一天，时年十六岁的曾祥泰的家乡有两户人家做喜事，一户人家上梁，一户人家结婚，师傅就让曾祥泰一个人去了上梁的那户人家喝彩，对方非常满意。从此，师傅经常让他去大户人家作喝彩事。1961年以后，在他做木工期间，方圆百里请他喝彩的人可说无数。1970年，他开始养蜂，周游全国，此后约八年时间仍然坚持喝彩。1980年以后，各地建造新房如雨后春笋，曾祥泰从五十岁起以喝彩为业，经常忙得到处奔波。近年来，在县文化部门的大力支持和推动下，曾祥泰老先生取得了众多的传承成果。

2014年元宵节常山县非遗展演，曾祥泰带领全家及弟子二十余人登台表演（余根良摄）

一是展演活动如火如荼。曾祥泰先生是常山喝彩歌谣第五代传承人，熟练掌握常山喝

曾祥泰的喝彩神态（罗文富摄）

彩歌谣技艺，传承有序，脉络清晰，从事喝彩歌谣活动五十五年，在常山县区域内具有较大的影响。他积极开展常山喝彩歌谣的传承活动，主动参与县乡组织的公益性文化展演。2014年，常山县专门举办了以"薪火相传·美丽常山"为主题的非遗展演活动，把常山喝彩歌谣作为开台节目，曾祥泰全家二十多人登台表演新春喝彩，并荣获一等奖。此后，他还编排了开业、开张、开园、开游等多种形式的喝彩表演，在全县春节团拜会、旅游节、胡柚节、油茶节、乡镇文化节等活动，以及老百姓造屋、结婚、生日等民俗活动中，处处可见其身

常山喝彩歌谣在 2015 年县团拜会活动中进行展演（罗文富摄）

影，每年参与展演活动达五十多场次。

二是整理资料编纂书籍。在曾祥泰老先生及其儿子曾令兵的配合下，常山县文化部门采取积极有效举措，开展传承人活态传承情况的普查工作，掌握了一批喝彩者和创作者的名单。通过对传统喝彩歌谣文化深入挖掘，目前已收集整理出大量有关常山喝彩歌谣的资料。曾祥泰及其儿子曾令兵直接参与编纂出版的喝彩书籍有《常山喝彩歌谣》《民间上梁喝彩习俗》《为企业家喝彩》《为常山喝彩》《招贤柳》等，连环画有《常山民俗风情集》《喝彩歌谣代代传》等，使常山喝彩歌谣有了整套的民俗记载和彩词汇编。

三是心仪喝彩热心传授。如今的曾祥泰已是一位八旬老人，但他对常山喝彩歌谣的未来依然充满憧憬。2015 年上半年开始，曾祥泰和儿子曾令兵在县文化部门的帮助下，在县实验小学建立了传承教学基地，开展喝彩歌谣进校园活动。2015 年秋季，应老家所在地招贤中心小学的邀请，曾祥泰非常高兴地来到课堂，他那娴熟的喝彩赢得了学生们的热烈欢迎，此后近半年的培训也取得了很好的效果。在培训期间，曾祥泰还把自己祖传的各类彩词自费编印成小册子发放给学生。近三年来，曾老不遗余力地积极传授喝彩技艺，在儿子曾令兵创办的半典阁连环画博览馆和常山实验小学、招贤中心

婚礼中的常山喝彩歌谣展示现场（资料图片）

小学等处建立了创作、培训园地。如今，他培养的徒弟有二十多人，授训学生达五百多人，有效推动了常山喝彩歌谣的传承与发展。

二、常山喝彩歌谣保护传承工作存在的问题及其原因

（一）非遗价值思想认识淡薄

全社会对非遗的认知度不高，大部分公众甚至部分领导干部中对非物质文化遗产的文化价值、科学价值、历史价值、社会价值不甚了解，对非遗的显性价值和潜在价值认识不足，对国家级及省级代表性传承人的保护缺乏有效办法，没有形成应有的保护传承观念。目前，常山县尚未出台非遗保护专项规划以及系统性的长效机制和力度较强的激励措施，很难使常山喝彩歌谣及其他非遗项目得到更好的传承和发展。

（二）保护传承队伍力量薄弱

常山县文化馆是常山喝彩歌谣指定保护单位，而县文化馆编制和人员不足，缺乏专业人士，传承力量薄弱。代表性传承人曾祥泰现已八十四岁，全县虽有民间传承人十多人，但多数都年事已高，老龄化现象严重，从事喝彩艺术研究的人才更是奇缺，年轻一代鲜有问津，后继乏人。再者，从事喝彩活动经济回报较低，只能作为现有传承人在生活上的经济辅助，而不能当作一种职业。

（三）非遗保护经费投入不足

非遗保护传承经费投入无法满足日常需要，特别是在喝彩歌谣

传承人曾祥泰（中）与次子曾令兵（左一）交流喝彩技艺（资料图片）

2014年，曾祥泰在常山招贤镇中心小学讲解喝彩歌谣知识（方均良摄）

的基地建设、队伍培养、节目编排、活动开展等方面，缺乏足够的保护资金，主要依赖当地政府补助一点、上级支持一点、传承人出资一点的办法，以解燃眉之急。例如，常山县每年只安排四万元非遗保护专项资金，只能用于保护单位的日常工作费用。第六代传承人曾令兵花费一百二十多万元建立常山喝彩歌谣传习研究所，县里仅补助二十五万元。

三、常山喝彩歌谣及其传承人保护的对策与建议

（一）加大宣传力度，提高对非遗项目及其传承人的保护意识

各级政府要从实践"中国梦"的高度，提高对国家级及省级非遗项目及其代表性传承人的保护意识。要坚持非遗工作"保护为主，抢救第一，合理利用，传承发展"的方针，切实把非遗项目及其传承人纳入当地经济和社会发展计划、城乡建设规划和财政预算。要主动、积极地采取多种形式广泛宣传《非物质文化遗产法》，充分发挥新媒体的宣传优势，普及推广与非物质文化遗产相关的法律法规及科学知识，增强人民群众对非遗项目及其传承人的保护意识，充分发挥非物质文化遗产在宣传爱国主义教育、增强民族凝聚力、构建和谐社会、促进社会主义先进文化建设中的重要作用，积极营造全社会关心、爱护并参与非遗项目及其传承人保护的良好氛围。

（二）加大扶持力度，推进非遗项目及其传承人的有效保护

政府要加大对非遗项目及其传承人保护的资金投入，将此项经费纳入本级政府财政预算，并做到随着经济水平的提高而有所增长。同时，要积极吸纳社会资金，通过更有力的政策、措施，鼓励社会团体、企业和个人对非遗项目保护传承的捐赠，努力形成政府主导和社会参与相结合的经费投入机制。要突出保护为主，对濒危的国家级和省级非物质文化遗产项目立即进行抢救性记录，在政策和资金上给予倾斜，促其发扬光大，不断创新，服务社会。在上级政府对传承人补助的基础上，基层政府要给予资金配套，加强对代表性传承人的资助，给予生活补助以及必要的传承经费，使传统文化得以薪火相传。对非遗中有一定自我造血能力、产业基础和市场潜力的项目，要进一步探索其适应市场规律的经营机制，实现新型的生产性传承发展。

（三）健全管理机构，加强新生代非遗传承人队伍建设

常山县非物质文化遗产项目较多，加强管理必须要有一个健全的机构和一批热心保护非物质文化遗产事业的管理人才及专业人士。在制定"八个一"非遗保护计划的基础上，要增加保护管理机构编制，吸收那些真正热心于非物质文化遗产工作和文化素质较高的人才。各级政府应依法承担起辖区内非物质文化遗产保护传承的工作职能，尽快建立相应的非物质文化遗产保护传承协调机构。要采取进修、短训等方式，对现有人员进行有计划的培训，提高他们的工作能力和业务水平，以满足非物质文化遗产保护传承工作的急需。同时，积极鼓励民间人士加入到非物质文化遗产研究、保护、传承工作中，动员全社会力量共同参与非物质文化遗产保护传承工作。

龙游皮纸制作技艺传承现状及发展对策

龙游县非遗保护中心　吴建国

龙游皮纸制作技艺是流传于浙江龙游一带以山桠皮、雁皮等为主要原料的一种皮纸制作技艺，全部采用手工制作，需要经过皮料制作、成品制成两个流程和剥皮、碾料、捞纸、焙纸等三十多道工序，其过程和纸品质量全凭手工艺人的肉眼观察和手感经验把握。龙游皮纸制作技艺具有传承悠久的历史价值、活态的文化价值、独具特色的工艺价值和流传久远的经济价值，因其非遗特色鲜明，2011 年被列入第三批国家级非物质文化遗产保护名录。为了解龙游皮纸制作技艺目前的传承情况，我们开展了相关调研，以期在传承现状中找到存在的问题和破解对策。

一、龙游皮纸制作发展历程

龙游皮纸历史悠久，明万历《龙游县志》有"多烧纸，纸胜于别县"之誉，至今有一千四百多年的历史。历史上的龙游皮纸作坊普遍规模不大，但各类传统皮纸制作工场遍布龙游南部山区各乡村，据《龙游商帮研究》记载，1929 年，龙游有纸槽三百一十七条、槽工一千八百零二人。1940 年，增至三百五十条。1950 年，龙游县合并各地皮纸作坊成立龙游沐尘造纸社，厂址在龙游县沐尘乡渡头村，属于县二轻局下属企业。1994 年，企业改制，由时任厂长的皮纸制作技艺传承人万爱珠独资购买而成为私营企业并改名为"浙江龙游辰港宣纸有限公司"。2005 年，由于沐尘水库的建造，全厂整体由渡头村搬迁到县灵江工业开发区。由于环境整治等原因，南部山区一些小型的皮纸作坊已在前几年全部关停。目前，全县只有浙江龙游辰港宣纸有限公司一家从事龙游皮纸制作的企业。

二、龙游皮纸制作技艺传承情况

（一）龙游皮纸制作技艺传承人队伍现状

龙游皮纸制作技艺以师徒传承为主要方式，采取师傅一对一带徒弟的形式，通过具体实践培育传承人。目前，全县皮纸制作业有国家级代表性传承人一人，省级代表性传承人一人，衢州市民间工艺大师六人，在岗一线制纸师六十五人。这六十五人中，五十岁到五十九岁的为十二人，四十到四十九岁的为四十八人，三十到三十九岁的为五人，除国家级代表性传承人万爱珠外，在岗年龄最大的为五十六岁的华成求，年龄最小的为三十二岁的徐小军，退休在家的老艺人中健在的大约一百余人，其中年龄最大的为九十六岁高龄的毛元福。目前在岗的这批制纸师大多为 2005 年前

万爱珠在刮洗山桠皮

进厂的工人，最近十来年进厂培训能熟练掌握制纸技艺的新人几乎没有。

（二）传承人万爱珠的传承与实践

龙游皮纸制作技艺国家级代表性传承人万爱珠 1972 年进入龙游沐尘造纸社，师从毛华根、毛元福等师傅进行龙游皮纸制作的学习。在三年学徒生涯中，从山桠皮、雁皮纸的原料挑选、制作配方等开始学习，先后学会了原材料制作、各式皮纸的捞制、榨纸、焙纸、检纸等全套技艺，成为了一名技术过硬且全面的龙游皮纸制作师傅，到 1981 年止一直在车间里从事皮纸制作，同时也开始带学徒操作。万爱珠 20 世纪 80 年代担任厂长期间和 90 年代成立浙江龙游辰港宣纸有限公司并任董事长兼厂长后，始终坚持手工制作龙游皮纸，注册了"寿牌"商标，山桠皮纸、雁皮纸、古艺国色皮纸、画仙纸等产品使龙游皮纸的知名度迅速提高，产品由原来通过浙江省工艺品进出口有限公司出口改为自营出口后，龙游皮纸市场发展到了日本、韩国、新加坡等国。万爱珠本人也因在龙游皮纸制作领域的突出贡献先后成为衢州市民间工艺大师、浙江省工艺美术行业协会会员、浙江省工艺美术行业协会优秀企业家、龙游皮纸制作技艺省级代表性传承人等，2012 年，被认定为龙游皮纸制作技艺国家级代表性传承人。在传承人培育方面，20 世纪 70 年代末到 80 年代初，主要学徒有邱林根、童林荣、刘国良、张文秀等十多人，90 年代成立浙江龙游辰港宣纸

万爱珠在捞纸

有限公司并任董事长兼厂长后，万爱珠大规模开展龙游皮纸制作技艺传承人培训，每年都有十几名新人被招进厂里做学徒，主要有钱金伟、徐小军、柴建坤、徐晓燕、徐晓静、刘海英、张丽娟、王石水、龚岳荣、张成茂、康志良、钱银伟等人。到2005年整体搬迁时，皮纸制作技艺熟练工人达两百人左右。

三、龙游皮纸制作技艺传承过程中存在的主要问题及原因

由于社会结构的变化，科学技术的发展，自动化、机械化生产的冲击，皮纸制作技艺传承发展面临着众多的问题。

（一）年轻人培养的问题

目前在岗的熟练工随着退休人员的增加而逐步减少，已经从高峰时的两百人左右减少为六十五人，2005年后新进厂的学徒能够安心学习并成为熟练制纸师傅的很少，产生此现象的原因大致有以下几点。

1.学艺要求较高

由于皮纸全部采用纯手工制作，如捞纸工序中帘床入池的深浅、打起浪花的大小，只能凭眼观和手感进行操作，最终也决定成品纸的质量，这些对初学者的悟性、身体柔韧性和手上控制能力都有很高的要求。

2.制作环境相对艰苦

冬天的捞纸和夏天的焙纸环境比较艰苦。冬天不能往水中加热

水，需要在较低水温中长时间作业，对操作者的手是一个极大的考验。夏天焙纸没有空调、没有风扇，在 35 到 40 摄氏度的室温里面对 90 摄氏度左右的焙纸蒸汽铁板，工作条件相对艰苦。

龙游皮纸制作技艺培训班

3. 工作时间较长

由于皮纸制作采取全手工操作，只有达到一定的产量才能产生经济效益，一般一个捞纸师需要每天捞制一千张左右的皮纸才能确保企业正常运转，而捞制一千张纸需要熟练工人劳动九小时左右，一般要求朝八晚五。

4. 工资收入吸引力不大

一般熟练工人工资大约五千元一月左右。因为比较辛苦，工作内容单调枯燥，工资和工作性质性价比一般，对年轻人吸引力不是很强，来厂学习的年轻人半途而废的比较多。

（二）产业化程度低和从业人员总量较小的问题

1. 生产总量较小

龙游皮纸制作技艺是纯手工制作技艺，生产规模相对偏小，产业化程度相对较低，2015 年，全公司生产各种皮纸一百八十吨，产值两千万元左右。

2. 从业人员总量较小

除八万亩原料生产基地因涉及龙南山区的庙下乡、大街乡、沐尘乡等众多村民外，职业原料收购经纪人员只有几十个，专职生产和销售人员也只有几十个。

3. 皮纸作坊和工厂较少

目前，全县只有辰港宣纸有限公司一家从事龙游皮纸制作的企业，社会整体关注度不高，传承工作合力不足，整体显得比较单薄。

（三）产品和销售渠道等问题

1. 销售渠道单一

目前销售主要以出口日本为主，国内还没有一个销售点，主要原因为企业整体力量单薄，无力满足更多需求，只能顾及已经成熟的销售渠道。由于销售渠道单一，市场份额和生产规模始终无法扩大。

龙游皮纸制纸师评选颁奖

2.销售形式单一

由于规模偏小、生产家族化，所以一直以来多是订单生产，未能跟上互联网销售的时代大潮，没有产业集聚功能，传承人培育也面临无米之炊。

3.产品品种单一

自 2005 年至今，生产产品以原先的几个拳头产品为主，未能开发出新的更具竞争力的品种，整体生产规模无法扩大，从业人员难以增加。

四、推进皮纸制作技艺传承的对策

根据龙游皮纸制作技艺传承现状和存在的问题，可以采取以下对策来推进整体保护和传承。

（一）加大保护力度，建立传承机制

加大项目保护力度，通过申报非遗名录、认定非遗传承人、建立非遗生产性传承保护基地等措施，争取上级部门政策和资金扶持，推进项目保护。

充分发挥万爱珠等国家级代表性传承人的带动作用，定期开展优秀制纸师评选和认定工作，树立皮纸从业人员的荣誉感、责任感、增强其对社会的辐射力，增强皮纸的影响力。

政府部门出台相关保护政策，通过加强对老艺人的保护及提高从业者的待遇等手段，推进传承人的梯度传承。

（二）加强传承人培育，结合职业教育开设皮纸制作培训班

文化、劳动部门结合公共培训，每年定期举办几期皮纸制作技艺的培训班，做到在岗工人都要经过轮训，提高其操作技能和理论水平。

结合龙游县造纸这一优势产业，在龙游造纸中专等职业技术学校开设龙游皮纸制作班，定向培养专门人才。

鉴于本地学员比较难招的现实，建议到云南省、贵州省等地定向招收一批学员进厂培训、工作。

（三）加强宣传，扩大知名度

培育新一代销售人员，尝试互联网销售等形式，加大国内市场的开发，扩大市场份额，推进皮纸制作产业化，形成相关人才市场。

经常组织皮纸产品参加各种展示活动，扩大知名度。

在产区建立龙游皮纸展示馆，除展出相关古老制纸器具、纸产品等常规物品外，可以增设制纸实践区和书画大师试纸区。辰港宣纸有限公司在这方面曾有过非常成功的实践经验，著名书画家沙孟海、启功、谢稚柳等大家都纷纷试纸。试纸区开设后能吸引更多的书画名家前来试纸，扩大龙游皮纸的影响力。

（四）开发新产品，提升产业化水平

适时开发新的符合时代特征的实用产品，争取更大的市场份额。

除继续完善日本市场、完成订单生产外，争取在国内开设新的销售点，扩大国内市场份额。

完善经纪人等制度，增强皮纸制作对社会的吸引力，在产业化过程中完成技艺的传承和制纸师的培育。

翩翩公子展俊颜　婺韵飘香志传承
——国家级非遗项目（婺剧）代表性传承人姜志谦调研报告

一、项目综述

婺剧，俗称"金华戏"，是中国浙江省汉族地方戏曲之一，是高腔、昆腔、乱弹、徽戏、滩簧、时调六种声腔的总称。它以金华地区为中心，流行于金华、丽水、临海、建德、衢州、淳安以及江西东北部的玉山、上饶、贵溪、鄱阳、景德镇等地。

江山市地处浙闽赣三省交界，是浙江省的西南门户和钱江源头之一。婺剧于清朝中后期传入江山，与江山传统文化相融合，并集金华高腔、浦江乱弹、江西清阳高腔、戈阳高腔、安徽徽剧之精华于一体，形成独特的江山婺剧，带有具本地特色的"变脸""耍牙"等招牌技法。婺剧"变脸"技巧在我国戏曲艺术中有多种表现手法，其特技风格在全国剧种中属罕见，共分"自然变脸""抹脸""吹脸""扯脸"四种，结合剧情表演，用于表现戏中人物情绪的变化，或惊恐，或愤怒，或绝望等。"耍牙"是一种古老的汉族传统艺术，婺剧花脸特技之一，动作变化多端，有两颗牙始终藏在口内，却仍要唱、念、做、打，不仅能突出刻画人物凶恶狰狞的面目，更能突显表演者深厚的功底。2008年，江山婺剧入选第二批国家级非物质文化遗产名录。2009年，江山婺剧艺人姜志谦被认定为第三批国家级非物质文化遗产传承人。

二、传承现状及存在问题

非遗传承的核心是传承人，重点是可持续性。传承人在传承活动中，结合自己的感悟，把千年文化与现代理念有机结合，赋予"旧"非遗以"新"生命，创作出将优秀传统文化与现代人文元素完美结合的精品，推动非遗的传承与发展。姜志谦就是这样一位连

原脸

白脸

黑脸

蓝脸

金脸

姜志谦展示"变脸"　　　　姜志谦剧照

接"新"与"旧"的传承人。

1955年，十五岁的姜志谦考入剧团，开始学戏。最开始分行当时，老师看他眉清目秀，想让他学花旦，而且他的花旦扮相确实非常惊艳，但他自己一心只想学小生。于是，勤奋的他苦练基本功，其他孩子早上练功都要老师叫很多次才起床，姜志谦每天四五点就自觉起床去河边喊嗓练打。别的孩子三年出师，他不到两年就已出师，领正式演员的工资。从此，姜志谦跟随恩师张新钱学习婺剧"变脸"绝活。张新钱江湖诨名"掼不死"，拿手绝技就是婺剧"变脸"。挑中姜志谦后，张新钱便将自己的一手绝活倾囊相授。

通过不断学习和舞台实践，姜志谦的表演能力不断提高，渐渐形成了自己的表演风格，在金华、丽水、衢州、上饶等地有一定的影响。当时，十九岁的他已经是江山婺剧团的当家小生，一身绝技，尤擅"变脸"。在《火烧子都》中，子都遇见颍考叔的冤魂大惊失色，此时演员的脸由原来武小生的粉脸刷地变白，然后变绿、变红，再变成黑色，最后变成金色。变脸时，当颍考叔大喊一声"子都，拿命来！"时，饰演子都的姜志谦跟随"急急风"锣鼓，一个"抢背"（后滚翻）、"洒头"（面朝后单膝下跪颤抖），继而转身亮相，面目全非。这部戏现场效果非常惊人，是姜志谦的得意之作，长演不衰，有时到一个地方可以连着演半个月都场场爆满。

回忆起曾经的光辉岁月，最让姜志谦兴奋不已的就是斗台。两三个戏班，多时能有四个，对搭戏台进行竞赛。姜志谦凭着"变脸"的绝技，演一次轰动一次。那时的他只要一出门，身边都围着众多的戏迷，各种礼物、小纸条源源不断。他演到哪里，戏迷们就跟着看到哪里。

姜志谦主演的《双阳公主》《双合印》《三请梨花》《梅姻缘》《火烧子都》等剧目都非常有特色。他参与创作编排的《松林斗虎》到北京参加过国庆献礼演出，并被摄制成电影，是当时文艺界的著名人物。1958年12月，获金华地区青年演员优秀奖；1959年3月，获浙江省文艺会演双优秀奖；1959年7月，获全国音乐文艺会演双优秀奖；参演的建国十周年电影《松林斗虎》在全国公映；1959至1961年，先后被评为县、地、省先进工作者，被写入了《江山戏曲志》。

后转入江山市文化馆进行农村群众文艺工作，成绩依然突出。每年的农村文化活动都开展得有声有色，还创办了四都、大溪滩两个农村业余剧团，在浙、赣、闽等地巡回演出中深受群众好评。

然而随着"文化大革命"的开始，沉浸在婺韵风采中的姜志谦被勒令不准演戏，改行当工人。此后的四十多年时间里，姜志谦再也没碰过戏，婺剧也随之沉寂。2007 年，江山婺剧入选第二批浙江省非物质文化遗产名录。这位婺剧传承人走进婺剧团，走上戏台，带着徒弟将江山婺剧这面旗帜再次高高举起。

但当时姜志谦已六十六岁，与婺剧隔绝了四十多年，对于还能不能演好这个问题，他自己心中也没有十足的把握。但穿上戏服之后，他跟随音乐的节拍走场、踢腿、摆出架势，威风凛凛的子都便再次出现在众人的眼前。他精彩的表演让众人再一次近距离感受到了婺剧"变脸"之奇。但是近七十岁的姜志谦表演时动作衔接之间已显得有些许力不从心。致力于恢复江山婺剧的姜志谦和弟子毛向阳等人不辞辛苦，一遍遍练习，一遍遍琢磨，经过一年多时间，毛向阳已经能变四到五张脸，其他弟子也都渐渐入了门。

三、保护对策

虽然经历了岁月的洗礼和历史的变迁，但婺剧在江山一直有着深厚的群众基础，喜爱者众多，又有着姜志谦、毛向阳等一代代传承人的辛苦付出，因此得以较好地传承。但是民众依然对此知之甚少，传承工作面临着种种困难。为了让民众与婺剧"相遇、相知、相爱、相守"，江山市通过学习取经、就地挖掘、深究探索等方式，破解婺剧传承难题的招数层出不穷，努力打造婺剧成为宣传推广江山的一张金名片。

（一）推陈出新，打造婺剧精品剧目

为切实做好婺剧传承保护工作，江山市委、市政府出台了一系列的保护措施，做到传承和创新并举、校园和农村同步、政府和民间呼应。精心编排的传统折子戏《三跌头》《林冲起解》入选 2010 年央视戏曲春节联欢晚会；2011 年 10 月，吹打乐《闹花台》参加中华人民共和国第八届残运会展演；2012 年 2 月，以江山婺剧研究院为班底的浙江省首部中国民族歌剧《祝福》，由赵洪祝书记带队赴北京国家大剧院展演；2014 年底，由省领导带队，赴东南亚地区对外交流展演；新编排的《江山本色》《江南风雪情》《大陈新事》等节目参加浙江省戏剧节比赛，获多个奖项；新编廉政历史剧《铁面御史——赵抃》参加衢州市首届廉政文化节，在各地巡演。2015 年，凭借婺剧，江山市被评为传统戏剧特色县，荣获第二批浙江省"传统戏剧之乡"称号。

（二）普及教育，搭建婺剧宣传平台

积极探索婺剧艺术普及和提高的新方法，通过流动文化加油站、

文化走亲、文化赶集、文化联动等形式多样的流动机制，将婺剧巧妙地融入其中，送进乡村、校园、军营、企业等地点。一是在各社区、乡镇、校园设立传承基地，先后建立了江山婺剧研究院、江山市解放路小学、江山中专、廿八都镇中心小学、县前社区等近二十个县级非物质文化遗产传承基地，其中江山婺剧研究院被评为省级非物质文化遗产传承基地，江山市解放路小学被评为省非物质文化遗产传承教学基地。由江山婺剧研究院的专业演员对中小

姜志谦向毛向阳等弟子教授婺剧"变脸"

学音乐教师进行集中专业培训，培养婺剧在校园的师资力量，并每年组织参加省市婺剧促进会、教育部门组织的师资培训。同时，解放路小学通过婺剧进课堂等方式，将婺剧作为学校选修课或兴趣班，与音乐课深度结合，在中小学生心中撒下婺剧的种子，激发他们的兴趣爱好。二是加强婺剧在农村地区的覆盖面，通过举办婺剧卡拉OK大奖赛、民间婺剧戏迷联欢等活动，推动婺剧的传承与普及。同时，定期邀请婺剧专业人员下基层、进农村，与农民面对面开展培

训辅导，加强农村现有人才的学习交流和技艺提高，并吸引年轻一代的兴趣，不断扩大和加强群众基础。三是开通江山婺剧网，设婺剧新闻、演出动态等七个栏目，更好地展示宣传江山婺剧文化。

（三）活态传承，激发婺剧传承热情

传承性和活态性是非物质文化遗产的重要特性。为保护这种特性，一要依托江山婺剧研究院设立非遗传承专业团队，集人才培养、展演展示、项目创新于一体，创设集中传承与分散传承相互结合、专业传承与业余传承相互补充的新模式，力争让非遗传承刚性化、日常化、永续化。二要深入挖掘，建立婺剧传承人名录，一方面关心传承人的身体健康，尽可能延长其艺术生涯，培养婺剧接班人和爱好者；

2015年7月，大学生暑期社会实践采访姜志谦

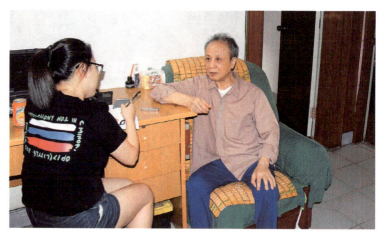

2016年8月，前往姜志谦家中进行看望和调研工作

另一方面整理收集传承人保存的婺剧曲谱、掌故，并利用影视设备在传承人现场演绎时同步摄录，以免遗失婺剧国粹经典。三要利用江山婺剧研究院等专业剧团的人才优势，在保留传统特点和技艺的同时，向京剧、越剧等其他发展良好的剧种学习，探索创新婺剧曲目，不断创作出符合当下社会特点和普遍审美的新曲目、新技艺，推陈出新，吸引年轻人的关注和兴趣。

婺剧传承保护工作任重而道远。作为国家级非物质文化遗产，婺剧需要更好地在年轻一代中进行普及与传承，需要政府和相关部门更多的引导、支持和帮助，需要广大婺剧爱好者的积极参与，通过各方带动，让更多民众认识婺剧、懂得婺剧、爱上婺剧、传承婺剧，将婺剧这一朵地方戏剧奇葩发扬光大。

现在，因为身体原因，姜志谦已久不在舞台上表演。近几年由于中风，身体更是不如之前硬朗。但他的勤奋好学和对婺剧的热爱让江山婺剧的"变脸"这一绝技更好地传承了下来，不至于失传。每次去看望他时，只要说到精彩处，他仍旧神采奕奕，手舞足蹈，透过那双发亮的眼睛和舞动的双手，我们仿佛还能看到他当年在舞台上意气风发的模样。在此，非常感谢姜志谦的夫人，姜志谦因为身体原因，有些记忆已模糊，经常是由其夫人帮忙回忆与述说。2016 年 8 月，去看姜志谦夫妇的时候，他一直在说："这段时间我的身体正在慢慢好转，等我再好一点，你们再来时，说不定我还能舞两下呢！"衷心希望姜志谦的飒爽身姿能再次出现在戏台上，为我们展示江山婺剧的精彩魅力。

灯海逐梦路艰辛

——国家级非遗项目（仙居花灯）代表性传承人李湘满调研报告

仙居县非遗保护中心　王世良　张春娟　蒋婉

有"东方神灯""中华第一灯"之美誉的仙居花灯，是中国民间艺术皇冠上的一颗璀璨明珠，蕴含着中华民族特有的精神价值、思维方式、想象力和文化意识，体现着中华民族的生命力和创造力，是仙居人民智慧的结晶，也是人类文明的瑰宝。仙居花灯的重现凝结着传承人李湘满大师的心血与精力，他用自己的双手重新点亮这一千古神灯，托起仙居非遗文化事业的蓬勃发展，实现了仙居花灯非遗梦，圆了人生事业梦。他的名字留在仙居人民的心中，刻在仙居非遗文化事业的历史记忆里。

一、项目综述

仙居花灯又名"仙居针刺无骨花灯"，融绘画、刺绣、建筑艺术于一体，在灯体的造型上独树一帜，类别千变万化。仙居花灯的特点一是针刺，灯面图案均由灯光透过刀凿、针刺的小孔留影而成；二是无骨架，通身不用一根骨架，全由大小不等、形态各异的纸片折叠粘贴而成，形状千姿百态。仙居花灯于 1983 年开始重新挖掘，1996—1997 年间在国内外民间艺术大赛中获得金奖，在民间灯彩中享有"灯海明珠"之美誉。2006 年 5 月，仙居花灯入选首批国家级非物质文化遗产名录，被国内外专家、学者、权威人士赞誉为"中华第一灯""东方神灯""华夏一绝""中华瑰宝"。

仙居花灯由此成为彰显仙居地域文化的金名片，它参加了中国国家博物馆举行的中国非物质文化遗产保护成果展。2007 年，仙居花灯受澳门特区政府邀请，参加澳门特别行政区举办的民间艺术展演。2009 年春节期间，仙居花灯首次在香港展出，凤凰卫视、亚洲电视台、《大公报》、《文汇报》、香港宽频等媒体竞相报道。

2010年春节期间，仙居花灯首次走出国门，在美国帝国大厦展出一个月。2011年春节期间，仙居花灯二次赴美国帝国大厦展出。2012年2月，中国非物质文化遗产生产性保护成果大展在北京全国农业展览馆举行，仙居花灯作为文化部的特邀作品参展，是台州唯一参展的非遗项目。2013年12月，仙居花灯参与中国非物质文化遗产年俗文化展示周活动。2014年春节，参与"非遗之光"浙江省非遗春晚拍摄。2014年元宵期间，仙居花灯赴宝岛台湾参加2014马耀南投元宵灯展，为期一周。同年，铁制花灯获得世界手工艺品博览会徽章认证。2015年，仙居花灯在韩国首尔举办灯展，在浙江省非遗博览会上获得了三金三银的好成绩。2016年，在浙江全省非遗手工艺产业及衍生品大赛中获得金奖，铁制花灯获得提名奖。

据调查，仙居花灯艺术的历史悠久，源远流长，可追溯到汉代蔡伦发明纸张的时期。唐代时出现了针刺无骨花灯，时称"唐灯"。盛唐以后，针刺无骨花灯更是荣耀乡里，声名远播。到清末民国时期逐渐衰落。1983年，在仙居县委县政府的高度重视下，通过文化主管部门的多方努力及民间老艺人李湘满等人的艰辛抢救、挖掘，这一失传五十多年的民间艺术奇葩重放异彩。

时光倒回到1983年，在改革开放政策的指引下，以繁荣群众文化为契机，仙居县皤滩乡在元宵节举办了全乡欢庆元宵活动，沉寂了几十年的元宵灯会又兴盛起来，千年古镇顿时生机盎然，家家户户扎花灯，欢欢喜喜闹元宵，场面热闹非凡。乡文化站站长李湘满穿梭于各种灯展现场，忙得不亦乐乎，他被千万盏形态各异的花灯所吸引。灯会上，李湘满从一位八十多岁的老人冯立标口中得知，过去的花灯曾有不用铁丝、竹篾作骨架，只用纸片粘贴而成，各种花纹图案全部用绣花针刺成，精美绝伦，李湘满心生向往，便从此踏上了复原仙居花灯的艰辛历程。

二、传承人李湘满的经历与传承实践活动

李湘满，1946年生于皤滩古街一中医世家，从小喜爱绘画，因父命难违在大学时学医，"文化大革命"期间在家务农，1978年，到皤滩乡文化站工作。

自1983年的元宵灯会后，李湘满通过多方打听，了解到皤滩古镇上还有十二位八十多岁的老人知道古老的仙居花灯的制作情况。但这十二位老人过去的阶级成分都是地主富农，在改革开放的初期有所顾忌，于是李湘满大师采用各种方法，花了一年多时间，打消了老人们怕招惹是非的思想顾虑，同意参加仙居花灯的抢救工作。

抢救仙居花灯的工作好不容易开了头，当时公社里却有人说三道四，说一个文化员不跟贫下中农多接触而和过去的地主富农们在一起，阶级立场是否有问题。还有人当面嘲讽他说："一个文化站工作人员，叫些老人来剪纸做灯笼，像小孩子闹玩过家家的游戏，真是不务正业。"面对种种非难，李湘满以超强的自信坚持了下来。他一方

李湘满在研究作品

面更加努力地做好乡文化站的本职工作，另一方面稳住这十二位老人的思想情绪，加快对仙居花灯的抢救挖掘工作。而这十二位老同志也尽力克服眼花、手硬、精力不济等不利条件，聚集在一起用心回忆、想象、描述，逐步整理出仙居花灯的制作过程。

经过老人们几个月的回忆和反复修改、制作，第一盏针刺无骨花灯终于重现于世。这盏花灯虽然没有像老人们过去所见过的那样精致，但李湘满终于看到了失传五十多年的仙居花灯雏形，而且初步掌握了仙居花灯的制作程序。制作一盏花灯颇费功夫，制作工序少则十到二十工时，多则五十到一百工时，大致有十三道工序，包括制图、胶浆调配、灯纸制作、熨纸、剪样、装订、凿花、拷贝、刺绣、竖灯、制作篮头、组装、装饰等。在我们后来采访李湘满大师时，他自豪地说："当时，我看到花灯的雏形，比自己生了宝贝儿子还高兴，心情激动得真是无法形容啊！"

在抢救、挖掘、整理过程中所需的各种材料和用具，多数都是李湘满自己出钱购买。老人们得知这种情况后深受感动，不但坚决没要报酬，还为仙居花灯的抢救保护工作捐钱出资；乡卫生院退休的老院长吴子清捐了十元，叶妙凤老人捐了五元，冯立标老人捐了五元（当时的工作人员月工资五十元，木匠工钱一元两角一天，猪肉价格九角三分一斤，饭店里面条一角钱一碗，鸡蛋三分钱一只）。

李湘满在观图

凭着对仙居花灯艺术的执着追求，李湘满大师走过了人生中一段十分艰辛但又充满梦想和希望的探索之路。

三、灯海追梦，为灯消得人憔悴

仙居历史上花灯活动丰富多彩，民间流传这样一句顺口溜："临海的城，仙居的灯，黄岩的乱弹呀呀声。"李湘满在探索仙居花灯的过程中了解到，仙居十八个乡镇历史上都有花灯活动。得知这一情况后，他就更加忙碌了，要奔赴横溪、白塔、埠头、下各、朱溪等各个乡镇，查找、挖掘、抢救、了解历史上花灯的制作情况。翻山越岭，走村串户，有时走在山路上，被雨淋湿了衣服，他就找有炉膛的村民家，边烤衣服边聊花灯的历史故事。在农闲季节里，李湘满大师还千方百计把各地懂花灯制作的老艺人请到皤滩来，一起回忆、整理仙居花灯的制作工艺及流程，了解历史上闹花灯的一些精彩活动。

为了揭开一盏盏仙居花灯的神秘面纱，凭着对仙居化灯艺术的不懈追求，李湘满把自己三十多年的时间与精力都花在了仙居花灯的抢救、挖掘、整理工作中，牺牲了其他爱好和兴趣。李湘满的妻子在 20 世纪 90 年代初期总是说："我家湘满对仙居花灯的研究痴迷到了可以不吃饭的地步，不理儿女读书好坏，不管家庭是死是活，家务全落在我一人身上。"可见他对花灯的专注与执着。李湘满大师平日里不吸烟、不喝酒、不玩扑克、不打麻将，把所有的业余时间都献给了仙居花灯事业。他平时生活俭朴，衣着简单，穿的衬衣

李湘满在上海世博会

最多几十元钱一件，皮鞋没有一双超过一百元钱，他把自己的工资都投入到了仙居花灯的研究中。

为了制作花灯图纸，他常常研究到夜深才去睡觉，有时甚至会到下半夜。李湘满大师说："绘图是制作花灯的命根，是一项细致工作，要在人静时思路才会清晰，才不会出差错，制作出来的图纸才会美观。"为了体现出仙居花灯的美感，他还孜孜不倦地学起了几何构图、黄金分割、绘图技法等知识，力求使图案更加完美。

有一次，听说古建筑的梁头马腿上有花灯图案，他就借来梯子爬上去看，发现自己挖掘出来的花灯都没有这个好看。古建筑上的花灯匀称平直，在比例上更为美观，同时他也发现了自己在针刺、粘贴等各道工序上存在的一些问题，于是就大胆地进行修改，探索更高层次的制作技艺。他还前往东阳、金华、义乌、北京等地采风，博采众长，吸取精华。2001年春节，他制作了一种珠蓝灯，灯周围的花纹图案是用仅一厘米长、比头发丝稍粗的绣花针刺成。这种针放在水里能漂浮在水面上，号称"水上浮"，是花灯海洋中的极品。

李湘满不单从仙居花灯的造型工艺、艺术工艺上下功夫，还深入到其所含的历史文化内涵里。他所挖掘抢救的近百个花灯品种都蕴

李湘满在研究花灯图纸

涵着丰富的历史背景和深厚的文化底蕴。单灯主要品种有荔枝灯、龙凤八卦灯、菊花灯、绣球灯、圆球灯、小宫灯、宝石灯、花瓶灯、珠蓝灯、花篮灯、喜字灯、十二生肖灯等。组灯的经典品种有：长旗灯、古亭灯、牌坊灯、宝塔灯、财神灯、轿里狮子灯、鲤鱼跳龙门灯、走马灯、细乐亭灯等。在这三十多年里，李湘满投入了个人资金五十多万元，岁月增添了他的皱纹，霜雪染白了他的青丝，病魔损害了他的身体，挖掘、抢救、整理出的仙居花灯有二十七个品种、五十二个分支品种，终于一步步揭开了仙居花灯的神秘面纱。

李湘满大师于 2015 年 11 月病故，享年七十一岁。李湘满在世时多次被评为县、市、省先进文化工作者。1991 年，被评为全国先进文化站长。2000 年，仙居县因仙居花灯被国家文化部评为中国民间艺术之乡。2004 年，他荣获"中国十佳艺人"称号。2006 年初，被评为台州市首批民间工艺美术大师。2007 年，被评为首批国家级非物质文化遗产项目仙居花灯国家级代表性传承人。面对各种各样的荣誉，他却十分平静："各种荣誉是国家和人民对我的鼓励和信任，我一定不辜负人们的期望，做一个忠实于人类传统文化遗产的守护者、传承者和弘扬者，忠实于非遗事业的追梦者，创作出更多优秀的艺术品回报社会。"2014 年元宵节，仙居花灯赴台湾南投展示，以花灯为媒，共促两岸情，李湘满因病不能前往，他对学徒们说："我已是古稀之人，走不动了。我一生不为名，不逐利，当初不辞艰辛地抢救仙居花灯和守护文化瑰宝是出于一个知识分子的责任感，是出于自己对绘画艺术的爱好与执着。失传就意味着失去，而祖宗留下来的优秀传统文化艺术不能断送在咱们手里。"他的话感人至深。的确，三十多个春秋的坎坷旅程、抢救传统古文化的万苦千辛和种种流言蜚语，岂是一个名利追逐者所能忍受的？唯有对文化艺术的热爱，唯有对人类文明的崇敬，唯有对生命价值的领悟，唯有对这个国家、民族的深厚感情，才能让一个人有永不枯竭的动力去战胜困难，创造奇迹。

四、传承现状及存在问题

随着时代的发展，社会生活发生了深刻变化，尤其电视、电影、网络等的出现，影响着人们生活方式和价值取向的转变。有着诸多辉煌历史的仙居针刺无骨花灯，虽然得到仙居县委县政府和上级文化部门的大力扶持，但其保护和传承仍然处境艰难，发展现状堪忧。

据2015年10月调查统计，仙居花灯现有国家级代表性传承人一人，省级代表性传承人一人，市级代表性传承人一人，县级代表性传承人七人，能制作针刺无骨花灯的民间艺人仅存一百零一人，六十岁以上的五十一人，七十岁以上的二十一人。有的年轻人为了发家致富放弃花灯制作而出外经商，后继乏人。仙居花灯展览厅虽然有两处，一处设在皤滩古街，另一处设在仙居县文广新局，但规模和档次都不太理想。仙居花灯制作研究所和仙居花灯制作研究协会各有一个，均因经费拮据而无法运作。仙居花灯的保护传承工作步履维艰，究其原因，主要有以下几方面。

（一）特定历史时期物质生活方式和社会价值取向的变化，使仙居花灯借以展现的民间习俗难以普遍延续

第一，改革开放和市场经济的大环境为乡民提供了更广阔的创业空间，外出务工、经商的人员比比皆是，那种在民间习俗文化中崭露头角获得价值体验的追求逐渐消失，取而代之的是对"能挣钱才算有本事"的钦慕。灯会等民间习俗的延续受到了价值观念的挑战。

第二，在大量农村人口外出的条件下，由民间自发组织的元宵灯会、庙会等节庆活动往往由于人手不够或筹备不足而搁浅。民间习俗的延续受到冲击。

第三，民间自发或政府组织的民间艺术活动，参与者往往是留守村中的老年人。人们误认为灯会、庙会主要是老年人赋闲在家无所事事的消遣活动，年轻人不屑参与。这给民间习俗及民间艺术的传承带来了后继乏人的危机。

（二）仙居花灯传承有其自身的局限性，不尽符合现代生活的实用要求

第一，仙居花灯的材料仅选用纸张，通身无一根骨架，人们在惊叹其工艺奇特之余，又为她的材质易潮、易褪色、造型易变、携带困难而苦恼，许多人欲购买收藏但往往因此忍痛割爱。

第二，仙居花灯难以解决其观赏方式及实用价值问题。其作为纯粹的民间艺术确实惊艳，但它纯古典民俗的造型和悬挂于房檐屋顶的

李湘满在指导学员

观赏方式难以为现代人广泛接受，现代装潢也难以对它兼容并蓄，装饰在露天庭院又无法经受风吹雨打，欣赏价值大打折扣。

（三）仙居花灯的传承缺乏有力的领导机构和传承基地建设，经费投入和专业研究人员贫乏

第一，仙居花灯虽然受到仙居县委县政府的重视和上级文化主管部门的扶持，但缺乏一个有效的组织领导机构，工作无绪，仙居花灯几乎还是处于自生自灭状态。同时，研究工作也后继乏人。据调查所知，仙居花灯的专业研究人员就是李湘满等几人，其他从业人员都没有李湘满见解独到。

第二，缺乏传承基地和经费投入。仙居花灯缺乏传承基地，尤其缺乏抢救和挖掘的经费，发展自然缓慢。用于采风和整理民间艺术资源的经费匮乏，更谈不上建造有档次的陈列馆和档案馆等。在2015年元宵期间，从李湘满处获悉，采风活动的经费都是他自己掏腰包出钱。

五、保护对策

随着市场经济和科技文化的迅猛发展，仙居花灯传承基地的发展迫在眉睫，刻不容缓。从仙居花灯的历史、传承人现状分析，仙居花灯虽有一定的局限性，但其优势与特点却是举世公认的。对仙居花灯的保护传承及开发利用应更偏向保护、发扬，而不是破坏、

改变这些优势和特点。要依照"保护为主，抢救第一，合理利用，传承发展"的基本方针，以保护抢救为基础，传承发展为方向，让仙居花灯在传承中华优秀传统文化、提高人民群众精神文明素质、增强民族凝聚力、促进社会主义先进文化和构建社会主义和谐社会中发挥其应有的作用。

仙居花灯保护传承及传承人的培养措施可概括为加强传承基地建设、弘扬传统手工技艺、培养民间习俗、拓展市场发展空间、自求平衡、自我发展等几个基本思路。

（一）政府协调扶持，社会创办为主，促进传承基地建设

"保护与抢救非物质文化遗产，是各级党委、政府的历史责任。"仙居县政府把花灯的保护传承作为一项重要的文化工作来抓。据 2015 年 10 月份调查所知，在县政府的协调下，专门成立了花灯工作领导小组，由分管文化的副县长担任组长，文化、宣传等单位的负责人担任副组长，宣传、文化、工商、税收、教育、卫生等各相关单位的负责人为组员。在给予必要政策扶持的同时，加强组织领导，调动社会力量，并且鼓励社会及企业界的资本投入到仙居花灯的抢救和挖掘工作中，加强和促进仙居花灯传承基地建设。

（二）依托协会管理运作，组建花灯制作研究所，加强专业人员培养

保护传承仙居花灯需要做大量艰苦工作，比如对花灯制作技艺的研究，新品种的开发，传承人的培养，与政府、社会及企业联姻等。这是政府及其职能部门难以承担而个体民间艺人又难以开展的。因此有必要成立由有志于弘扬民族优秀文化、懂文化艺术、酷爱花灯的文化人士组成的仙居花灯制作协会，由该协会自主管理，承担起仙居花灯保护传承的具体任务。同时定期举办培训班，使年轻同志逐渐成为花灯传承工作的专业研究人员或技术人员。据调查，仙居县目前正在筹备成立花灯制作研究协会、仙居花灯保护协会和仙居非遗保护协会。

（三）弘扬传统手工技艺，培养区域民间习俗，搭建仙居花灯展示平台

仙居花灯的珍贵价值在于它独特的传统手工工艺技能，它通身不用一根骨架却有千变万化的造型，令其他灯艺望洋兴叹；它胜似苏绣、湘绣，在同类花灯中尽展风姿。这种弥足珍贵的手工制作技艺是仙居花灯的灵魂，也是仙居花灯在将来的文化市场中独领风骚的优势所在。让这种传统手工工艺世代传承，是我们保护和抢救非

李湘满的作品受学生喜爱

物质文化遗产的首要任务。

当然，任何传统工艺都需要随着时代发展不断创新和完善。仙居花灯深深根植于仙居民间习俗文化的土壤之中，灯会、庙会等民间习俗的兴衰在很大程度上左右着仙居花灯的命运。现代人对真、善、美的追求和对返璞归真的向往，都将是民间习俗文化继续生存发展的理由与条件。尤其当这种具有民族民俗特色的文化与旅游资源、旅游经济结合的时候，往往能为当地旅游经济注入强大的生命力，如能将仙居花灯及闹花灯等民间习俗活动融入仙居旅游，则不仅能让仙居花灯在区域内得以兴盛，还将培养出新型的民间习俗，为仙居花灯提供更广阔的展示平台。

（四）依托市场发展空间，加强展览厅建设，自求发展，自我平衡

不管从仙居花灯的历史还是现状分析，仙居花灯的生存发展必须具备在市场中自求平衡的运作机制。在自给自足的封建社会条件下，它的"市场"是各种庙会、灯会、节庆活动等民俗活动。而目前的这种"市场"除继续存在于乡风民俗中外，还应突破区域局限，

在更广阔的空间寻求在商品形态的交换中实现其应有的物质形态价值，这也是仙居花灯获得自主发展、世代传承的根本途径。否则，缺少内在动力，一味靠政府抢救性扶持，任何非物质文化遗产最终都会走向衰亡。没有市场和产业的传统技艺，其生命力是短暂的。仙居花灯细腻传神的绰约风姿使每个目睹过它的人无不难忘而神往。据有关专家分析，以仙居花灯的精美绝伦，完全有条件主攻国内及国际高档礼品市场，尤其是开发包装成既具有较高审美价值、又传承中华传统文化的高档礼品送给国际友人，那是最适宜、最受欢迎的。当然，以目前仙居花灯的原始形态而言，距高档文化礼品的要求还有很大差距，关键是如何以创新的意识去加工、提升、包装，如何克服仙居花灯目前自身的局限性，如何使它更符合现代文化市场的审美及实用需求。2016 年 4 月，仙居花灯在全省非遗手工艺品及衍生品大赛中获得金奖，以更高的实用性更好地融入现代生活，跨越了这一步的仙居花灯必将拥有更加广阔的市场，也能促进仙居花灯传承发展及传承人的培育。

让我们继续举起保护传承仙居花灯梦想的接力棒，再圆李湘满大师的非遗梦，让仙居花灯这一优秀传统非物质文化遗产继续发扬光大。

愿七月七小人节代代相传

——国家级非遗项目（石塘七夕习俗）代表性传承人陈其才调研报告

温岭日报社　黄晓慧

浙江省温岭市地处浙东南沿海，台州湾以南，市境三面濒海，明成化五年（1469）十二月从黄岩县析置，原名太平县，1914年，改名温岭县，1994年，撤县设市。

温岭是温黄平原著名的"粮仓"，也是我国著名的海洋渔业大市，温岭人不仅创造了美好的物质生活，也留下了丰富多彩的非物质文化遗产。

温岭现有两项国家级非物质文化遗产项目，即温岭大奏鼓和石塘七夕习俗。石塘镇东海村陈其才是石塘七夕习俗项目的国家级代表性传承人。

本文在陈其才等口述实录基础上撰写，旨在真实反映石塘七夕习俗的历史演变及目前的传承情况。

一、石塘七夕习俗：祭拜少儿保护神七娘夫人

2011年5月，石塘七夕习俗与广州天河乞巧习俗合为"七夕节"项目入围国家级非物质文化遗产扩展项目名录。

石塘七夕习俗为流传于温岭市石塘镇部分地区（原石塘镇、箬山镇部分村落，包括新滨、新红、新峰、新进、东兴、胜海、东湖、东山、东海、花岙、里箬、小箬、水仙岙、桂岙、庆丰、长海、长征、前进、中山、新东、东角头、小沙头、新村。捕屿、小黄泥、大黄泥、前红、粗沙头、流水坑等村则不兴此俗）的闽南移民后裔聚居地的七夕习俗。每年的农历七月七，这一区域的信佛（泛神的民间信仰）人家，照例要为一岁至十六岁的小孩子过节，祭拜少年儿童的保护神七娘夫人，当地通称为做"七月七"、过"小人节"。

石塘七夕习俗祭拜的七娘夫人即闽南人所称的七娘妈、七星娘

小人节小孩常挂七色线——长命缕　　　　　陈其才珍藏的七月七彩亭

传统的七娘妈座　　　　　　　　　十六岁的男孩过最后一次七月七，祭品要有公鸡

娘、七星娘、七星奶、七星妈、七星夫人，一般认为是传说中的七仙女及其姐妹，塑像或画像为七位端庄温柔的妇女。相传七夕是七娘生日，俗称为"七娘妈生"，故于此日祭祀七娘夫人，以保佑孩子平安健康成长。

七月七祭拜七娘妈仪式必备的祭祀用品目前有三种，即彩亭（或称纸亭，当地人以闽南语发音就称一个字"亭"，亭中或写有"虫二亭"字样，"虫二"即繁体字"風月"两字去掉外框，寓意风月无边）、彩轿和七娘妈座。一般来说，过去，男孩子用彩亭，女孩子用彩轿，或用制作非常简单的七娘妈座（仅在纸牌上装饰七娘夫人人偶或纸偶即成）来代替。十六岁时，男孩子用特制的满金亭，

七月七祭拜

女孩子用满金轿。不过，现在独生子女为多，近年来，女孩子家在一到十五岁祭拜时也多用彩亭了，用七娘妈座的则比较少见。

七月七彩亭为半边状的立体造型，正面突出，背面平直，两个彩亭背靠背贴合在一起则为一立体六角亭。彩亭一般有两层、三层结构的，相传底层为"保赤宫"，为七娘夫人神居，前面还有楹联，如"上天奏好事，下界保平安""二祈礼拜八节圣神，一心诚敬七娘夫人""一心诚敬佛，下界保平安"等；二层后壁现一般贴有观世音版画。

彩亭、彩轿等一般都由渔村糊纸艺人用毛竹条、彩纸（或缎、绢、布）和泥巴等为主要原料扎制而成，其中彩亭高约 80 厘米，一般为两层，扎制最为精致，也最花功夫。彩轿次之，七娘妈座则最为简单。十六岁代表成年，这最后一年过节要用的彩亭和彩轿称"满金亭""满金轿"，制作较其他岁数用的彩亭、彩轿更讲究些。满金亭一般特别精致，有的做到三层，有 1 米多高，底层中间还装饰着一个背着包袱、拿着雨伞等上京赶考的书生泥偶，寓意从此长大成人。满金轿中则装饰着一个带着包袱、雨伞的女孩泥偶。

石塘、箬山的彩亭都在每层上装饰一些戏曲人物小泥偶（或纸人、绢人），制作精巧，题材多取于《封神榜》《西游记》《白蛇传》《童子拜观音》等。彩亭的优劣有一半取决于上面装饰着的戏曲泥偶是否精美，糊亭的纸扎艺人常以彩亭上的泥偶精细程度争胜竞艺，人们也因泥偶的高精巧程度而乐于付更多的钱选购。

泥偶制作所需的材料包括竹签、废纸、彩纸（或绸缎、布）、剪刀、糊糊（或胶枪）、田泥、电光片等。目前，箬山的糊纸艺人制作的泥偶一般都用彩色皱纹纸为衣服主要原料，以金、银纸为盔甲原料，可称"纸人"；而石塘的则用缎、绢等为主要原料，可称"绢人"。

在焚烧彩亭前，大人常将纸人拔下给孩子玩

泥偶由骨架、泥头、衣帽、道具等部分组成，其中身体骨架由竹签和废纸等打坯制成，泥偶的手臂、腿、手、脚等由纸做成，衣服由彩纸（或绸缎、绢、布）等制成，泥头则按人物角色由专门的陶模等印制而成。经晒干或阴干后描容开脸，装配合成，穿衣戴盔帽、头饰后的泥偶人物形象生动。

纸亭糊好后，一般在农历七月初一前即从糊纸艺人家请回，供奉在家，每日焚香祈祝，至七月七当天凌晨或上午置供桌上烧金祭拜。

七月七的其他祭品包括五牲（三牲）、五果、六菜（泉州一带称之为"六斋"）、四福食等。五牲就是鸡（或蘸上盐的鸡蛋）、猪肉（刀肉）、墨鱼鲞、黄鱼鲞、猪肝等；五果即时令水果，如苹果、梨、香蕉、李、西瓜等；六菜即米面、黑木耳、白木耳、金针（黄花菜）等；四福食则是糖龟、粽子、索面、馒头（不一定全部都放上去）等。这些供品一般都放在盘中。另外，还有七杯酒、一碗或两碗糯米水圆和七种鲜花（如南瓜花、丝瓜花、紫薇、木槿、凤仙花，都要采自干净的地方，十六岁时不能用南瓜花和木槿），有些人家还要奉上一些经牒、纸折金元宝等。

按传统习俗，小人节祭拜仪式一般由家里的女性如祖母、母亲等主持。祭拜时，大人们将供桌摆放在自家门前，在中间放上彩亭、彩轿或七娘妈座，然后在彩亭或彩轿前点上香烛，摆上一壶老酒、七只酒盅，在托盘上摆上五牲（三牲）、五果、六菜等祭品，多寡视家庭情况而定。如果是信佛吃素的人家，也有不用荤类祭品的，而是以瓜果、福食等为主，以七杯茶代替七杯酒，祭祀程序也是类似。在上了三炷香、叫小孩或代小孩许愿后，将纸亭或彩轿以及金纸等放在铁镬中烧掉，仪式结束后燃放爆竹鞭炮庆祝。烧后的纸灰送往海滨沙滩倒掉。在焚烧前，大人们常扯下纸亭中装饰的戏剧人物泥偶供小孩子把玩。

据调查，"文化大革命"前，七月七祭拜活动一般在七月七当天的午后进行，当天中午则邀请不过小人节的亲友来家中享受丰盛的宴席，共庆小人节。"文化大革命"期间将做七月七作为"四旧"进行打击，人们为避免受打击，而将祭拜时间提前，相沿成习，遂改为早上进行。

为保护传统民俗文化，2006年，石塘小人节被列入第一批台州市非物质文化遗产代表作名录。2011年，又被列入国家级非物质文化遗产保护名录。2008年6月，小人节纸亭制作工艺传承人、石塘镇东兴村骆业生和东湖村陈筱祥被列入第一批温岭市非物质文化遗产项目代表性传承人推荐名单。陈其才则为石塘七夕习俗国家级代表性传承人。温岭市还在箬山小学、石塘小学等地设立陈列室和传承基地，以更好地传承七夕习俗。

二、传承人陈其才：曾是东海天后宫负责人

陈其才，石塘镇东海村人，石塘七夕习俗项目的国家级代表性传承人，也是目前温岭市仅有的一位国家级非遗传承人。他早年打鱼为生，从小受家庭及周边影响，对纸亭、台阁等的制作十分喜爱。1967年，他开始在家扎制纸亭、纸轿、花圈等。

1997年6月，开始担任镇业余文保员，负责文保单位东海天后宫的日常看护工作。

因年久失修，东海天后宫破烂不堪。当时，东湖村、胜海村、小箬村、东海村四个村的妈祖信众决定重修天后宫，陈祥田、吴文贵和陈其才等一些热心公共事业的人被推举出来担任重建天后宫小组成员。时当酷暑夏日，陈其才等分组分头到四个村上门去募捐，足足花了一个星期左右时间才完成任务。此外，石塘桂岙、小沙头、流水坑、捕屿、苍岙、上马、打〼岙、花岙等各个渔村的妈祖信众闻讯后也踊跃捐款乐助，加上市里的拨款，凑齐了天后宫的维修资金。

东海天后宫在"文化大革命"结束前曾被当作县水产公司的渔

货仓库二十多年，天后宫内戏台前的青石雕刻、原来所立的石碑等都被破坏了。水产公司停止利用天后宫作仓库后，东海村又在天后宫内办起了机械厂，天后宫里的彩楼全部被拆。在重修天后宫前，天后宫破破烂烂，不少渔民将网具、木料及一些家用杂物长期寄放在庙里。陈其才他们耐心地劝大家说，天后宫是文物保护单位，如果你们不将网具等搬出去，文化局要将文保单位称号撤销的。在陈其才等的劝说下，大家将各自的东西搬出了天后宫，经过整修，天后宫焕然一新。在任期间，陈其才着力维护天后宫的安全和整洁。2014年初，他辞去东海天后宫管理工作。

此外，他还积极参加 2007 年石塘镇箬山片的非物质文化遗产普查以及小人节等民俗项目的座谈调查等，为前来调研的专家们提供了丰富的石塘民风、民俗素材。

三、陈其才口述实录：小时候有幸过过小人节

2015 年，陈其才在身体状况还比较好时曾接受笔者的访谈调查，口述了他的家族历史和小人节的有关情况，下面是当时的口述实录。

我今年七十四岁了，肖马，虽然在箬山（笔者注：东海村位于原箬山镇）生活了这么多年，但我爸其实是温岭城里人，被卖给我爷爷的。

我爷爷叫陈成玉，1949 年前做过箬山镇镇长。我伯伯陈兆庚十八岁时就去世了，我爸是老二，叫陈兆河，还有位叔叔叫陈兆和，他现在在台湾，还在世。

我爸本来是我爷爷买来当作用人的，后来被爷爷收作养子。

我爷爷那时候有十几只商船，是箬山很有威望的人，与里箬村的陈和隆，就是现在的陈和隆旧宅（即省级文物保护单位——石塘陈宅）的主人陈和隆比较要好。那个时候，箬山的街在东海村，现在打爿爺这边都还没有街的。我还记得当时老街的一些店名，如"三益"，这个是当时的娱乐场所，吃乌烟（鸦片）、吃红丸的都有。对面是布店"元茂"，是我爷爷开的。还有药店、卖糕店，药店是陈兆望开的，卖"药头药脑"。比如说，春天到了，药店里的人叫渔民的老婆买补药给老公吃，没有钱可以赊，只想把药推销出去，过一阶段就来讨药钱了。当时有句话是"药头药脑，早界赊，晏界讨（早上赊账，下午讨账）"，就是说的这个意思。还有卖糕的，是上头人，可能是松门河头人，有一个女儿，我们叫她"倌店囡"。

我爸生了我们六兄弟，分别是我老大，老二陈其木，比我小五

岁，老三陈其飞，老四陈其谱，老五陈其仙，老六陈其福，我过房给大伯陈兆庚，老四陈其谱过继给娘舅家，老六陈其福也过继给一个叔伯辈人家。现在，六兄弟中，老二、老三、老四这三个兄弟都去世了，只剩我本人和老五、老六了。

我爷爷是在我四岁时去世的，他在世时孙子只有我一个人，那时家庭状况还很好，所以家里给我过小人节很隆重。

而我的几个弟弟们就没有这么好的运气了。中华人民共和国成立后，因为我爷爷当过镇长，叔叔陈兆和逃台湾去了，本地人说我们家是土匪家属，家里条件一落千丈，所以他们就没有钱过小人节了。

过去我过小人节时，有钱的人家才买亭，一般的家里买不起的，就用七娘妈座（像台历架一样，上面贴着七个七娘夫人人偶）代替。有钱人家请人糊的纸亭上面插着神仙人物，如《封神榜》《西游记》等等，用缎布做衣裳，工艺特别复杂。一般的则都是用纸来糊了，过去用的是皱纸，我们把这些人物叫一仙、两仙、三仙……在亭上插的纸人一般都是七仙、九仙或十一仙。

男孩子从一岁起做七月七，要一直做到十六岁，十六岁时的七月七特别隆重；女孩子也是从一岁做到十六岁，十六岁时要买一座满金轿，也是纸糊的。男孩子十六岁时用的彩亭特别漂亮，叫"满金亭"，上边还装饰有一个背着包袱拿着雨伞上京赶考的书生。

七月七每年都要做。过去，在"文化大革命"前，七月七是在下午做的。在七月七前，人们要给亲戚家送水圆，这种水圆是糯米做的，在七月七当天也要供在桌上。在七月七前，人们要先将水圆做好，放在"甀头"（一种像钵头一样的陶瓷容器）里送给不过七月七的亲戚，同时也邀请他们在七月七这天到箬山来吃七月七。

像小黄泥村和大黄泥村，还有上马村（指金星村），都不过七月七，小黄泥村过的是五月十五，是平水禹王寿日，大黄泥村过的是六月初一，上马村大王庙大王老爷的寿日是五月十八。这几个日子，这些村的人如果有箬山亲戚，也会邀请箬山亲戚去他们那里吃。他们这几个日子是做麦饼、拭饼吃的。

过去，箬山交通不便，到上马要翻过牛栏轧（写为"隔""闩"）岭。这条岭有两个路廊，在石苍岙这边的这个叫上路廊，翻过岭在上马那边的叫下路廊。到七月七时，经过牛栏轧岭到箬山吃七月七的人络绎不绝。改革开放以后，因为生活条件的极大改善，七月七请亲戚朋友到家里来吃的逐渐少了。现在，平常过七月七，在七月七前都不送水圆了，只有在一岁、十六岁时才特别隆重，有些家庭

许愿祈福

也还是会叫亲友来吃七月七。

要问我对七月七习俗的看法，我对前景不是很看好。因为，随着时代的变化，这个节日有些淡下去了。现在基督教发展很快，信基督教的家庭在七月七时就不过小人节了。还有一些年轻人对这个节日也不是很重视了。再就是糊亭艺人后继乏人，这都会影响到这一节日习俗的传承。你想想看，糊一个亭要花一两日工夫，现在箬山有些还在糊亭的，岁数都比较大了，有些还是家人一起帮忙糊的，算起来收入是不高的，这样就没有人愿意学，像我有两个孙女，大孙女已出嫁，小孙女十四岁，喜欢玩电脑，她们两个都不愿意学糊亭的。现在政府对这个节日民俗很重视，在里箬村陈和隆旧宅里还建立了陈列室，还是希望年轻一代能够喜欢这个节日民俗，能够将这一传统节俗一代一代传下去。

四、传承人现状：因为中风身体状况大不如前

陈其才曾经小中风过，中风后身体状况大不如前。以前其夫人还在世时，尚可照顾他，后来他的夫人生病去世了，因为身体的原因，他无法自我照顾，家人将他送到大黄泥村的一个敬老院里，这个敬老院离他唯一的女儿陈秀琴家很近，可以照看他。

据陈秀琴介绍，陈其才是猴年春节后搬到敬老院去住的，目前的身体状况比在家时有所好转，能够自己动筷子吃饭了（以前小中风后一个阶段尚需其夫人喂饭）。他的思维尚清晰，只是更习惯说福建话（闽南话），但大黄泥村、小黄泥村这片地方是习惯说太平

陈其才自刻的糖龟印模

话（温岭本地方言）的，这样，陈其才与人交流就有些困难，不过陈秀琴与他交流是无障碍的。由于身体原因，他也不方便接受采访。

五、石塘七夕习俗：传承前景堪忧，保护仍需努力

作为一种岁时习俗，石塘七夕习俗（小人节）的传承在当下受到了多种因素的影响。一是宗教信仰改变的影响。在石塘、箬山等地，信仰基督教的群体有日渐壮大之势，而信基督教的家庭是不过小人节的，这对石塘七夕习俗的流传有一定的影响。影响小人节这一习俗传承的还有人口的迁徙因素。由于交通条件的改善和社会经济的发展，搬离原居住地到外边工作生活的石塘人、箬山人越来越多。许多人离开老家后，由于居住环境的改变而改变了一些旧有的习俗。当然，听说也有居住到温岭市区、松门等地的石塘人、箬山人仍然坚持为孩子过小人节的，有的是转回老家做七月七，有的听说是从石塘、箬山买亭回去烧（笔者没有亲见，仅从受访者口中获知）。但不可否认的是，一些人在离开原居住地的原民俗文化圈后，就终止了做七月七。

小人节必备的祭祀品是纸亭（纸轿或七娘妈座），其中以纸亭造型最为复杂，也最费工时，它的制作技艺涉及篾作、泥塑、剪纸、绘画等方方面面，没有一定的耐心细致是难以学好的。这一手艺的传承与社会经济的发展密切相关，即便是现在，许多原料如彩纸可用印刷品代替，但是大部分的糊制工艺还是手工完成。糊纸亭工序繁杂，而现在人工费用上升，但是纸亭又不能涨价太多。2014年时，石塘徐彩娥制作的纸亭，普通的和十六岁时用的满金亭分别只要一百一十八元和一百二十八元一只（箬山那边满金亭一般是三层，价格要高许多，像东山村梁财庆受人委托定制的满金亭一个要三百多元，徐彩娥糊制的仅加插一些泥偶），但也还是有人觉得贵。要不是年岁大了没有别的活可做，徐彩娥可能不会坚守下去。

纸亭制作费工费时，相对来说，制作人的收入就显得微薄，糊亭艺人均感觉从经济角度来说没有前景，因此，许多原先从事这一行当的艺人退出了。一些艺人坦言，收入少是其歇业的主要原因。

还有一些年事已高的民间糊亭艺人陆续去世，这些掌握纸亭糊制技艺的老人平生大部分时间都用在糊亭上，从事糊亭已有许多年，他们的晚辈有的也学得了相关技艺，但青出于蓝的不多，有的则没有兴趣从事这门手艺，这让糊亭技艺的传承亮起了红灯。

2013 年 2 月 1 日，里箬村的大奏鼓传承人、糊亭艺人陈其鸿去世，享年八十七岁。2014 年 5 月 30 日，东山村的糊亭老艺人梁福春病逝，享年八十四岁。2014 年 7 月 3 日，石塘七夕习俗（小人节）的重要代表艺人、省级非物质文化遗产代表性传承人骆业生过世，享年八十一岁。2016 年 1 月 24 日，兴建村八十六岁的糊亭艺人梁安奶病逝。这些传承人的陆续去世无疑是七月七纸亭糊制技艺的一大损失。目前仍在坚持糊亭的民间艺人大多年事偏高，而仍在从业的年轻一代糊亭艺人已经很少了。

还有的影响因素可能是年轻一辈对传统习俗的淡漠。有些应当过七月七的家庭不过七月七是由于年轻的家长怕麻烦、觉得可有可无，便将这一习俗忽略了。

未来石塘、箬山的小人节是否会渐渐式微以至趋于消亡很难预料，但是必须有一种文化自觉意识，认识其在历史、文化等方面的多种价值，才有助于我们保护好这一传统习俗。

作为一种岁时节俗文化，石塘、箬山小人节贯通古今、横连闽南文化圈，对于研究中国传统七夕习俗的演变、闽南文化圈七夕习俗的异同等，都具有非常重要的参考价值。因此，我们要加强活态保护。在保护机制方面，要通过加大财政投入力度，把保护经费列入财政的经常性预算。设立保护专项资金，用于小人节相关珍贵资料、实物的征集和糊亭艺人等非物质文化遗产传承人、传承单位的资助或者补助等。可将小人节习俗与旅游产业相结合，将小人节纸亭泥偶独立制作包装成旅游纪念品（偶人衣服以缎布等制作，提高耐用性），提高民间糊亭艺人的经济收入。同时，还要进一步研究小人节习俗的源流，研究其丰富的历史文化含义。要加强横向联系，研究福建泉州、台湾台南、温州洞头、玉环坎门等相关闽南文化区的民俗文化，加强温岭文化的源流研究，把温岭的习俗文化放在一个大的背景上加以研究。

民间文化保护是一项长期的系统工程，我们要争取将民间文化保护纳入本级经济和社会发展规划，温岭市文广新局已委托浙江师范大学浙江省非物质文化遗产研究基地编制《温岭市石塘文化生态保护区总体规划》，在小人节习俗保护方面也有较多内容涉及。

　　2015 年七月七，温岭市委宣传部、温岭市文广新局、石塘镇政府联合在石塘镇四新社区举行了小人节首次集体祈福活动。2016 年七月七，温岭市文保中心特邀温岭市小人节传承人徐彩娥、郑念玉到石塘小学为小朋友们授课，现场教学纸亭糊制、泥人彩画等。这些活动的举办有助于增加人们对石塘七夕习俗的关注，提高传承的自觉性。

解燃眉之急 断后顾之忧 促非遗传承

——国家级非遗项目（临海黄沙狮子）代表性传承人王曰友调研报告

临海市非遗保护中心 徐媛苹 戴相尚

中华优秀传统文化是民族的"根"和"魂"，是中华民族的精神命脉，是涵养社会主义核心价值观的重要源泉，也是我们在世界文化激荡中站稳脚跟的坚实根基。优秀传统文化中的非物质文化遗产是人类文明的"活化石"，是我们的文化血脉。《保护非物质文化遗产公约》指出：非物质文化遗产是密切人与人之间的关系以及他们之间进行交流和了解的要素，它的作用是不可估量的。而非物质文化遗产的传承以人为载体，主要依靠传承人的口传心授世代传承，没有传承人就没有非遗。非遗项目代表性传承人是非遗保护的核心和重中之重，加强对代表性传承人的保护是非物质文化遗产保护的关键环节，因此，国家级非物质文化遗产代表性传承人的抢救性记录工作是《文化部"十二五"时期文化改革发展规划》的重要任务。

为更好地实施国家级非物质文化遗产代表性传承人抢救性记录工作，深入了解非遗传承人的生存与传承现状并提升保护工作的业务水平，近日，我们赴白水洋镇上游村走访了临海市唯一一名国家级非物质文化遗产代表性传承人王曰友，对其所处的环境及生活近况作了全方位调研，并以此为典型深入研究分析了非遗传承人的保护策略。现将调查情况作如下分析。

一、国家级非物质文化遗产代表性项目临海黄沙狮子及其传承人概况

（一）临海黄沙狮子的发展背景

黄沙狮子，又称"上桌狮子"，因起源于浙江省临海市白水洋镇黄沙洋地区而得名。黄沙洋一带四面环山，河流纵横。中华人民

共和国成立前，雨季则永安溪、黄沙坑等大水夹至；旱季则经常断流，田地颗粒无收，百姓生活艰难。当地传统民谣有"有囡难嫁黄沙洋，面如橘皮手如姜""困觉不能闭双眼，毒蛇蜈蚣爬进间；旱年还能吃饭肚，涝年大小推个开（被水冲走）"的说法。

正是在这样恶劣的生活条件下，黄沙洋的老百姓在农闲时间学习了秧歌、乱弹及舞狮等"乞丐戏"，每逢喜庆日子，如新春佳节、庙会、结婚等大喜之日，黄沙洋百姓便到周边地区去敲锣打鼓、舞狮庆祝。受贺人家或村里给狮子送红包，给队员包饭吃。既有钱赚又有肉吃，与当时普通农民的生活形成了鲜明对比。因此，自北宋庆历年间（1041—1048），当地武师杨显枪开设武馆、创立舞武一体的舞狮表演形式以来，黄沙洋地区男人学跳狮子的习俗绵延不绝，代代相传。中华人民共和国成立之初，黄沙洋地区尚有狮子班二十余家，传至目前，有名可查的已至第八代，学员一百多人。

（二）黄沙狮子的艺术特色

黄沙狮子的表演由舞狮、武艺、锣鼓三个部分综合穿插组成。舞狮表演分上半坦、下半坦两套三十多个动作，从狮子出场跳四角到狮子正上方三拜完毕。武艺表演分上盘、下盘两套十八个动作，有叠罗汉、接人长、过堂、跨桌、桌上倒立、仰仆翻、串跳、人上竖颈行、走桌脚等。伴奏的乐器有大锣、小锣、叫锣、大钹、皮鼓等，锣鼓的节奏根据整个表演气氛打出轻重缓急，抑扬顿挫，韵味十足。这项传统的民间艺术将精湛的武艺与粗犷、淳朴、明快、刚健的舞狮表演融为一体，表演者的演出地点是九张八仙桌叠就的九米高台，惊险刺激、刚柔相济、祭神娱人，极富欣赏价值和地域特色。因而，黄沙狮子于2006年5月被国务院公布为第一批国家级非物质文化遗产代表性项目。

（三）传承人王曰友的基本情况

王曰友，男，1949出生，农民，临海市白水洋镇上游村人，黄沙狮子第六代代表性传承人，也是黄沙狮子承前启后的关键传承人，2008年2月，被列为第二批国家级非物质文化遗产项目代表性传承人。

黄沙狮子训练难度极大，融合了舞狮、武艺、锣鼓三大门类，需要极好的身体协调能力、音乐感知力和强大的体力才能舞好。王曰友出身于伶人世家，其祖父与父亲均是当地剧团的乐师，从小就对音乐有着浓厚的兴趣，尤其擅长听鼓点并随着锣鼓起舞，将舞狮的阳刚之气与观赏艺术结合得很到位。艰苦的训练加上天生的乐感使得王曰友在同班二十来个师兄弟中脱颖而出，成为最终出师的四名弟子中师傅最看好的一位。

然而好景不长，舞了两三年，由于"文化大革命"等历史原因，黄沙狮子停演近三十年，处于濒危状况。

手捧传承人证书的王曰友（徐媛苹摄）

二、黄沙狮子的传承发展状况

（一）抢救性保护

为了使宝贵的非物质文化遗产得到有效保护和弘扬，在当地政府和有识之士的大力支持下，推出一系列抢救性保护措施。20世纪90年代，在浙江省文化厅、临海市文化部门和白水洋镇政府的重视和支持下，黄沙狮子重整旗鼓。1992年，王曰友重新组织狮子班，担任主教练及击鼓指挥，传承舞狮技巧。1998年，王曰友牵头组建黄沙狮子表演艺术团，在黄沙狮子传承中发挥重要作用。2004年，黄沙狮子表演艺术团正式注册。2006年，黄沙狮子被国务院公布为首批国家级非物质文化遗产代表性项目。

（二）传承性发展

想要保护好非物质文化遗产就必须开展好传承工作。为此，地方政府高度重视传承性发展。2012年，黄沙狮子六十年来首次举行拜师仪式，招收新弟子四十多名。2015年，临海黄沙狮子传习所在民政部门注册。2016年，临海市举行优秀项目传承拜师仪式，黄沙狮子第七代主要传承人招收了十九名弟子，新弟子既有热爱黄沙狮子的村民，也有在校的中学生，平均年龄二十出头，最小的十三岁，还有五名女弟子。

（三）普及性传播

能够在当下受到更广泛的传播和认同，才能更大限度地发挥非物质文化遗产在历史传承、审美艺术、科学认识、社会和谐等多方面的重要价值。因此，官方鼓励并扶持非物质文化遗产的产业化发展。自1998年以来，王曰友担任主教练的临海黄沙狮子表演艺术团先后十二次参加中国江南长城节、古城文化节，多次受邀参加浙江省文化遗产日、台州市元宵踩街等大型文化活动，每年演出场次均在三十五场以上。2010年和2015年，黄沙狮子还走出国门，受邀

2012年7月，临海市举行优秀项目传承拜师仪式（穿黄　为学员示范上桌要领（上桌者为王日
衣站中间者为王日友）　　　　　　　　　　　　友）（沈建中摄）

示范带球（右为王日友）（沈建中摄）　　　王日友带徒

赴韩国横城郡参加该郡举办的韩牛节活动，广受当地群众好评，进一步在世界舞台上弘扬临海市优秀非物质文化遗产表演艺术，展示临海作为千年府城所蕴含的传统文化的历史价值和艺术魅力。

（四）公益性宣传

为让国家级非物质文化遗产更广泛地被大众所了解并受到广泛关注，在抢救、传承和发展过程中，注重以公益性宣传来扩大和提升非物质文化遗产的价值和魅力。2006年，黄沙狮子表演艺术团获台州市首届农民文化节表演金奖、浙江省农博会文化表演优秀奖。2005年和2007年，中央电视台来临海拍摄黄沙狮子专题片，并在CCTV-4《华夏文明》和CCTV-1《共同关注》栏目多次向国内外观众宣传，使其蕴含的丰富而久远的历史、文化、民俗价值得到广泛传播。

三、传承人王日友的现状及传承问题

随着国家对文化越来越重视，黄沙狮子总体朝着乐观的方向发展，但是随着传承人年龄的增长，跳桌已力不从心，王日友逐渐从艺

术团的总教练变成总指挥，专门为队友敲鼓板；他还成了学校的教师，受聘到白水洋镇中心校、白水洋镇中学等学校为黄沙狮子传习班的学生讲解黄沙狮子的历史，传授黄沙狮子演出技艺。然而，随着年事渐高，传承人面临的不仅是从台前到幕后的改变，还有健康受损、收入减少、精神失落等一系列问题。

2014年春节，黄沙狮子在临海兴善门表演（戴相尚摄）

（一）健康状况堪忧

2014年夏，王曰友在山间劳作时忽然晕倒，被紧急送往台州医院，诊断结果为脑动脉瘤，随即送往杭州浙一医院，经过紧张的手术，脑动脉里留下九个支架，至今时常会觉得头晕发热，每天要吃阿司匹林等药，药费平均每个月要二百多元。

（二）家庭经济困难

王曰友家有两亩耕田，已租给别人，其收入主要靠家里的八十余株杨梅。由于市场萎缩、演出机会减少，王曰友收入骤减，根本不能解决生活问题。2014年，手术花费的十六万元医药费，

2016年5月黄沙狮子演出剧照（左二为王曰友）（戴相尚摄）

除农医保报销了四万元外，都是东拼西借的，至今还欠六万元。目前，其平时开销主要依靠每月一百二十元的农民养老金和每年一万元的传承人补助。

（三）生活难以改善

身为国家级代表性传承人，王曰友有着很强的荣誉感，每当提及此事总是无比自豪。然而在荣誉感的背后却有着深深的失落。每次电视台、报社的记者来采访时，王曰友总表现得非常兴奋，积极配合记者完成所有的采访任务，然而每次记者离开，王老的生活又回归平静，没有多少实质性的变化。

黄沙狮子舞出文化品牌　　　　　　中国非物质文化遗产保护协会采访王曰友

2016 年 8 月，调研组在王曰友家采访（徐媛苹摄）

（四）传承后继乏人

作为舞了一辈子黄沙狮子的老艺人，王曰友最放心不下的还是黄沙狮子的传承问题。黄沙狮子表演难度高、收入低，虽然部分年轻人有学习兴趣，但专业从事这项工作的却很少。以第七批传承人为例，当时在白水洋中学参加培训的学员达百余人，但是学生毕业后或升学、或外出打工，几乎没有人加入黄沙狮子传习所。近年来，虽然传承活动常有，但真正随团表演的艺人却鲜有新面孔，主要还是靠王曰友第一批培养出来的二十几个人。

四、保护对策

在当前非物质文化遗产保护工作中，非物质文化遗产的濒危性集中表现在传承危机，而解决传承危机的关键是对传承人的保护。

要使非物质文化遗产的传承形成一条永不断流、奔腾向前的河，人就是源头的活水，是决定性的因素。一旦老艺人离世，他身上承载的非物质文化遗产也会随之消亡，所以，解决传承人的燃眉之急、让他们没有后顾之忧、进一步增强他们的文化自信，乃是当务之急。根据临海市传承人王曰友的实际，结合临海市其他传承人的情况，笔者认为对于非遗代表性传承人可以采取以下保护方法。

（一）建立艺人体检和大病保险制度

传承人大多是年事已高的农民，在医疗保障上大多只有农医保，虽然目前国家每年均为农民组织体检，但许多大病仍无法查出。若每年固定组织传承人进行一次甚至两次体检，并给传承人购买一份重大疾病医疗保险，早发现、早治疗，能防病患于未然，避免因病致贫、因病返贫，使传承人减少后顾之忧。如2015年，临海市向包括国家级、省级及台州市级在内的三十二名传承人发放面值为五百元的体检卡，关心传承人的生活与健康状态，让传承人切实感受到政府的关怀与温暖，进一步激发了他们传承知识和技艺的热情。

（二）建立工资卡制度

通过发放补贴来调动民间艺人的积极性，对于那些身怀绝技但身体不好、生活又很窘迫的民间传承人来说，确实很有必要。目前，国家级代表性传承人的补贴为每年一万元。但是这笔补贴是一次性发放的，无形中造成补贴流失，有的可能一到位便会被挪作他用。建议建立工资卡制度，把同样金额的补贴以每月工资形式向传承人发放，如每月发放五百元，另外四千元作为年终奖；或者每月发放八百元。这种方式也有利于传承人建立文化自信，产生"我也有工资""我也是退休人员"的感觉。

（三）建立慰问制度

国家级代表性传承人是"国保"级人物，但却并没有享受到相应的待遇，除了非物质文化遗产保护中心每年组织的传承人慰问活动外，很少有相关领导及部门主动慰问他们，这难免使老人产生失落感。为此，建议宣传、文化等相关部门和镇（街）建立慰问制度，每月、每季度定期前去慰问传承人，或不定期召开座谈会，增进老人之间的感情。

（四）成立非遗保护协会与研究会

传承人一般技艺高超，但文化程度普遍不高，不知如何表达自己的观点与想法。如果能成立相关的保护协会与研究会，使老艺人在找到集体归属感的同时将所掌握的文化及技能汇集成文，可留下一批有形的文化资料和文化遗产。2016年9月，临海市成立省内首家县级非遗社会团体——临海市非物质文化遗产保护协会，该协会汇聚市、镇两级非遗保护工作者、各级非遗代表性传承人以及社会各界热爱非遗事业的有识之士，开展非物质文化遗产的理论研究和资料整理，提高非物质文化遗产的文化档次和社会认可度，增强传承人的文化自信，更好地为传承人服务。

（五）完善传承人管理机制

有效认定和管理非遗项目传承人，将我国优秀的非遗项目发扬光大，是非遗保护工作的重中之重。目前，临海市出台了《临海市非物质文化遗产项目代表性传承人认定与管理办法》，让传承人有法可依。《管理办法》对临海市级非物质文化遗产代表性项目代表性传承人（团队）的认定、管理环节提出明确规定。同时，对代表性传承人和技艺继承者实行双向考核，对考核优秀和良好的传承人，市文化行政主管部门发文通报表扬并给予一到两千元传承补助，带徒传承人的奖励视技艺继承者考核结果而定，技艺继承者一人合格一次性奖励一千元，二人合格一次性奖励两千元，以此类推；技艺继承者考核认定为合格的，市文化行政主管部门发文通报表扬并给予两千元传承补助。建立技艺继承者追踪制度，由市文化行政主管部门建立技艺继承者档案；鼓励技艺继承者加入相应的传习所；技艺继承者有义务每半年向文化行政主管部门汇报自己的从艺情况，原则上要求每半年有两次以上的公开技能表演展示；技艺继承者有义务宣传所学技能，鼓励及招收新学员。把传承人管理纳入到管理办法中，使传承人有法可依，享受一定的权利，使他们有信心有兴趣把自己的技艺更好地传承下去。

国家级非遗项目（天台山干漆夹苎技艺）代表性传承人汤春甫调研报告

天台山佛教城　王慧芬

　　天台山干漆夹苎技艺是浙江天台山民间工匠以中国大漆、苎麻、桐油、朱砂等十三种天然材料为原料创造并应用于造像的一项独特传统手工技艺，世代相传。2006年，天台山干漆夹苎技艺被评为首批国家级非物质文化遗产代表性项目，汤春甫为该项目国家级代表性传承人。

一、项目综述

　　干漆夹苎技艺起源于东晋时期的天台山，是一项古老的传统手工艺，世代相传，在唐宋时期形成独特手工技法，自立一派，被誉为"百工之范""唐招提派之冠"。

　　干漆夹苎技艺整个制作过程全是手工操作，技术要求非常高，在取材和用料上十分讲究。其使用中国大漆应用于造像制作的传统手工技艺，也可应用于宫殿、宗教殿堂以及楼阁、匾额等建筑装饰和保护。经过几十年的挖掘、整理，传承人汤春甫总结出该技艺采用的天然原材料，包括中国大漆、桐油、野生麻、苎麻布、古

天台山干漆夹苎技艺

天台山干漆夹苎技艺传承人汤春甫

瓦粉、铁灰粉、防火石粉、五彩石粉、火山灰、烟灰、朱砂、铁红、24K足金十三种，采用雕塑、修造、夹苎、漆苎、披灰、上漆、灰漆、水磨、贴金、矸金、罩金、彩绘等四十八道工艺流程，每道工艺流程均为手工完成，其中又包含若干道小工序，大小工序达一百六十八道。所有天然原材料须采用手工加工提炼才能达到要求。干漆夹苎技艺制作的作品能防水、防火、防蛀、永不开裂，有较强的耐酸、耐热性，抗碱性强，防腐蚀，抗氧化，可保存千年以上。

天台山干漆夹苎技艺具有独特鲜明的民族风格和浓郁的地域文化特征，具有重要的精神文化价值。

（一）坚持原材料的本真性

天台山干漆夹苎技艺对原材料的要求极其严格，必须为天然原材料，不可用现代化学材料替代。天台山地沃物阜的自然环境提供了干漆夹苎技艺所需的独特原料，这也是干漆夹苎技艺在天台民间广泛流传的重要因素之一。

（二）坚持技艺流程的完整性与规范性

天台山干漆夹苎技艺现拥有完整的四十八道工艺流程、一百六十八道工序，以传统手工制作。每道工序均有严格的操作规范，工序间又环环相扣，每道工序完成程度均会影响到下一道，从而影响整件作品的创作，一件作品的完成约需一年时间。

（三）传统优秀手工技艺的杰出代表

天台山干漆夹苎技艺自东晋起流传至今，历史悠久，技艺精湛，广泛应用于宗教造像、宫殿、殿堂以及楼阁、匾额等建筑装饰和保护。

二、项目代表性传承人概况

三十多年来，天台山干漆夹苎技艺项目代表性传承人汤春甫，培育传承人三十七位。天台山干漆夹苎技艺历来采用口传身授的方式传承其所承载的优秀传统造像文化。

（一）传承人经历

1952年9月，汤春甫出生在天台山下的一个农民家庭。1962年3月，十一岁的汤春甫跟随华顶寺六十二岁的老艺僧释广弘学习天台山干漆夹苎手工技艺，与师父相依为命度过了少年时期，从此与佛教造像艺术结下了不解之缘。1968年至1977年，采用干漆夹苎技艺制作家装。

自1977年以来，汤春甫分别创办了天台山美术馆、天台山佛教城、台州传统工艺博物院，

大漆过滤

汤春甫中国工艺美术大师证书

致力于具有鲜明地方特色的干漆夹苎手工技艺传承保护工作。他在工作中十分注意发掘、整理、研究传统干漆夹苎手工技艺作品与天然材料的关系，并掌握了十分独特的干漆夹苎技艺造型和制作，对濒危失传的干漆夹苎技艺进行深入的挖掘和研究。他选用优质香樟木、天然大漆、野生苎麻、桐油、火山灰、千年瓦粉、防火石粉、五彩石粉等十三种天然原材料，并用传统手工技艺对其进行提炼加工。经过几十年来的三百一十九次试验，总结出四十八道工艺流程、一百六十八道工序，使干漆夹苎技艺制作的作品具有很强的耐酸、耐热、抗碱防腐能力，具有防水、防火、防蛀、抗风化、永不开裂

天台山干漆夹苎技艺四十八道工艺流程之行金底

等优点，可保存千年以上。作品风格古朴雄浑、厚实稳固，形成了独特的艺术特性。

（二）传承人业绩和荣誉

1997 年 3 月，浙江省人事厅高级专业技术职务评审委员会评定其为高级工艺美术师。2005 年，浙江省人民政府授予汤春甫"浙江工艺美术大师"称号。2006 年，国务院授予汤春甫"中国工艺美术大师"称号。2007 年，被评为台州市第五届拔尖人才，天台县授予其"当代百名天台人"称号。2009 年，中国侨联、国务院侨办授予其"全国归侨侨眷先进个人"荣誉称号。2009 年，被浙江省侨联、省侨办评为浙江省侨界十大杰出人物。2013 年荣获台州市委文化曙光奖。

汤春甫现为国家级非物质文化遗产项目天台山干漆夹苎技艺国家级代表性传承人、省级非物质文化遗产项目金漆造像技艺代表性传承人、现任中国华侨国际文化交流促进会副会长、中国工艺美术学会常务理事、中国传统艺术学会常务理事、国家级工艺美术专家、澳大利亚中国工艺美术馆终身名誉馆长、APEC 文化论坛中心副理事长、历任浙江省政协委员、中国侨联委员、浙江省侨联副主席、台州市侨联副主席、天台县侨联主席。

1987 年，汤春甫在新加坡创办的我国第一家非贸易企业——中国浙江特艺公司，是浙江省改革开放三十年来第一家走出国门的创汇企业。自 20 世纪 80 年代至今，汤春甫传承的干漆夹苎技艺始终坚持师古而创新，注意立意与思想内涵，展现出紧贴时代脉搏的艺术审美与价值取向，体现了历史经典产业的继承与创新。作品保存历史悠久，在国内外享有盛誉，有鲜明的民族风格和地方特色。作品不受世界各地的气候等影响，畅销六十多个国家，累计创汇六千多万美元。他创作的作品前后被六十多个国家的博物馆、艺术馆珍藏。五十多年来，汤春甫创作的作品前后荣获国际、国家级金奖六十余次，成为当代天台山文化的符号。

1989 年 5 月，由汤春甫组织设计制作的以中国历代杰出帝王为主题的大型群像在新加坡展出，受到新加坡政府和各界人士的高度重视，新加坡电视台、中央电视台报道了这一展出盛况，在东南亚各国产生很大影响。

1990 年，汤春甫主创的泰国历代圣王像珍藏在泰国皇宫圣皇殿，得到外交部和泰国政府的高度评价。同年，荣获浙江省对外经济贸易厅"开拓国际经贸先进工作者"称号。

1991 年，汤春甫创作的释迦牟尼像被南京博物院珍藏。

1992 年 6 月，汤春甫创作的观音像被美国西来寺文物馆收藏。

九龙大屏风 规格：总宽4.2米 总高3.3米

中南海收藏汤春甫制作的九龙大屏风（主席接待厅陈列）

1993 年 6 月，汤春甫创作的通高 2.8 米千手观音像被纽约正觉寺珍宝馆收藏，通高 1.08 米弥勒像赠送给中国驻美国纽约总领事馆珍藏，现安放在贵宾接待厅。同年荣获台州"为国创汇先进工作者"称号。

1995 年 5 月，汤春甫创作的文殊、普贤、鉴真等九尊佛教造像参加日本国际文化艺术博览会，文殊、普贤、鉴真像荣获金奖，分别被日本日莲宗、曹洞宗国宝馆珍藏。

1996 年 3 月，汤春甫创作的普贤、文殊像被日本天台寺门宗国宝馆珍藏，释迦牟尼像被日本 TVC 大阪本社艺术馆珍藏。

1996 年 4 月，浙江省举办乡镇工艺美术精品展评会，汤春甫创作的千手观音像被评为最高荣誉特等奖。

1999 年 9 月，汤春甫经六年时间创作的通高 3.46 米千手观音像获 1999 工艺美术创作大展"世纪杯"金奖，并被故宫博物院珍藏。

2000 年 10 月，汤春甫创作的通高 4.68 米千手观音像荣获"2000 杭州西湖博览会"首届中国工艺美术大师精品奖金奖。

2001 年 12 月，中国轻工业联合会举办中国工艺美术精品博览会，汤春甫创作的四面弥勒像荣获中国工艺美术大师精品金奖。

2003 年 11 月，汤春甫创作的观音像荣获中国工艺美术大师精品博览会金奖。

2004 年 10 月，中国工艺美术学会举办中国民间工艺品博览会，汤春甫创作的观音像荣获金奖。

2005 年 11 月，中国轻工业联合会举办中国工艺美术大师精品博览会，汤春甫创作的四十九龙大屏风和立像弥勒缘荣获金奖。

2006 年，汤春甫创作的九龙大屏风被中南海珍藏，陈列在国家主席接待厅。

2007 年，汤春甫创作的千手观音像被巴拿马艺术馆收藏。

2010 年 5 月，汤春甫创作的和合二仙像参加第六届中国（深圳）文博会荣获金奖。

2012 年，汤春甫领衔制作的澳大利亚历任总理塑像受邀参加澳中文化年活动，现收藏于澳大利亚名人馆。

2013 年 6 月，汤春甫参加"大漆的记忆"中国漆艺大师展，作品《皆大欢喜》由国家图书馆收藏。

2014 年 10 月，作品《邓小平塑像》荣获第十六届中国工艺美术大师精品博览会特别金奖，《和谐世界》获金奖，《寒山拾得》获银奖。作品《漆雕——和谐世界》在第十五届中国工艺美术大师作品暨国际艺术精品博览会上荣获 2014 中国原创百花杯中国工艺美术精品奖银奖。作品《伟人邓小平》在"中国梦想·美丽浙江"浙江省传统手工艺主题创作展中荣获二等奖。

汤春甫近年来还编著出版了《澳大利亚历任总理塑像集》《孔子七十二贤塑像集》《五百罗汉塑像集》等书，制定了"国家职业技能标准——干漆夹苎技艺""国家职业技能标准——金漆造像工"等。

（三）传承方式及活动

汤春甫以传承、保护为宗旨，积极培育德艺双馨的优秀工匠型技能人才，成立汤春甫名家工作室、汤春甫技能大师工作室，进一步搜集整理技艺的相关资料，认真研究、保护、发展天台山干漆夹苎技艺和金漆造像技艺，逐步建立起比较完备的保护体系，使此两项技艺得到有效保护，并得以传承和发扬。

汤春甫工作室不定期开展干漆夹苎技艺传承人才培训活动，举办技艺研讨会。培训内容灵活，不仅开设国学、职业道德等文化课，更是结合技艺操作实践等课程，多样化提升从业人员文化素质及操作技能。

近三年来，汤春甫开展的传承活动主要有以下几个方面：2013年 9 月，参加台州市委宣传部举办的文化创新团队名家工作室作品展文化交流活动。10 月，开办传承人才技艺提高班，招收学员九人，培训时间七天，培训内容为干漆夹苎技艺，并应邀参加文化部在成都举办的民间美术类与传统手工技艺类非遗灾害预防与风险管理培训。12 月，举办"中国传统工艺美术与天台山干漆夹苎技艺的关系"国际研讨会。

汤春甫工作照

2014 年 9 月，举办"中国大漆发展史及现状"国家级研讨会，邀请国内非物质文化遗产专家及各地漆艺传承人沟通交流，互相学习，取得显著成绩。10 月，工作室开办传承人才文化素养提升班，招收学员九人，培训时间五天，培训内容分为国学、宗教学、中国传统工艺美术史等。

2015 年 1 月，汤春甫赴武汉参加文化部举办的国家级非物质文化遗产漆艺项目代表性传承人作品展。2015 年 4 月，新设了一百多平方米的培训教室，可同时容纳八十人上课。此次培训规模最大，招收学员八十人，培训时间六个月，其中理论培训时间二十一天，培训内容包括职业道德、国学、干漆夹苎技艺起源及历史、干漆夹苎技艺原材料提炼及问题等。

汤春甫利用其浙江省侨联副主席、中国华侨国际文化交流促进会副会长的身份，与海外华人华侨加强联系，积极拓展海外市场。2012年 4 月，汤春甫采用干漆夹苎技艺创作雕塑澳大利亚历任总理肖像二十八位、新南威尔士州历任州长肖像四十七位，受邀参加 2012 澳中文化年活动，得到了澳大利亚各界著名人士的一致好评。2014 年，经澳大利亚政府批准，在风景优美的悉尼蓝山旅游中心内设立澳大利亚历届总理塑像纪念馆和州长塑像纪念馆，供广大民众瞻仰、纪念。2014 年 9 月，经中华人民共和国商务部批准在悉尼设立澳中国际文化展示馆，展示天台山干漆夹苎技艺作品，弘扬中华民族优秀传统文化。2015 年 4 月，经中宣部、中央电视台选定，汤春甫参加央视一带一路纪录片拍摄，分别赴日本、韩国、新加坡等七个国家拍摄干漆夹苎技艺制作的佛像。2015 年 8 月，国家旅游局授予干漆夹苎技艺传承基地"国佛家园"称号。2016 年 2 月，与瑞典诺贝尔博物馆合作，采用干漆夹苎技艺创作八百多尊诺贝尔奖得主塑像（和平奖除外），为中华民族的优秀传统文化艺术拓展了国际空间，使其国际地位和影响力显著提高，为中华文化走出去提供了重要契机。

三、传承现状及存在问题

第一，天然原材料日益减少，部分已经濒危，材料的缺少导致作品成本提高，难以适应市场销售。

第二，市场份额减少，从业人员收入减少，纷纷改行，技艺传承后继乏人。

第三，传统手工技艺普遍学习时间长，学习过程辛苦，干漆夹苎技艺更是如此，工序繁多，造成年轻一代不想学、不愿学，原有传承人老龄化，传承形势日趋严峻。

第四，传承保护经费不足。虽然每年自筹资金一百二十万元用于传承人工资和日常开支，但资金不足问题仍使传承保护工作和传承人才培训计划难以持续开展。

四、保护对策

第一，开展天台山干漆夹苎技艺项目历史资料调查，包括对存续状况的调查和资料采集，以及购置资料整理记录所必需的设备，采用数据化记录方式，以图片文字相结合的形式，完整记录技艺资料。

第二，开办天台山干漆夹苎技艺传承人才传习班，采用理论与实践操作相结合的学习方式，学习结束进行操作考核，颁发初级证书。积极培养少壮传承人，以现有代表性传承人为骨干，致力培养少壮传承人。

第三，扶持生漆树种植基地以及苎麻种植基地建设，从源头上保证原材料的本真性。

第四，对假冒伪劣品种坚决给予制止和打击。

第五，优秀非遗也就是优秀传统文化，是中华民族的精神命脉，是涵养社会主义核心价值观的重要源泉，也是我们在世界文化激荡中站稳脚跟的坚实根基。换言之，要结合新的时代条件传承和弘扬中华优秀传统文化，进一步增强文化自觉与文化自信，为此，建议筛选出优秀传统文化品种，进行鼓励扶持。

国家级非遗项目（龙泉青瓷烧制技艺）代表性传承人徐朝兴调研报告

龙泉市朝兴苑　徐凌

一、项目综述

龙泉青瓷是拥有深厚文化底蕴及历史传统的中国著名瓷器，早在南宋时期就以其产品之精、釉色之美达到我国青瓷烧制技术的巅峰，并以其"冰肌玉骨，耀青流翠"之风采享誉海内外，成为陶瓷界的世界级珍宝。

在长达一千七百多年的制瓷历史中，龙泉青瓷逐渐构成了青釉配制、厚釉装饰、青瓷烧成、开片控制四大独特技艺，龙泉人借助于得天独厚的天时地利与人和，奇迹般地烧制出了独创的梅子青釉和粉青釉，不仅把青瓷的烧造技艺推上巅峰，更以其儒雅之风尚将造型、制作、釉色进行了完美的诠释，使之融入了超凡脱俗的艺术气质和温润如玉的人性之美。

中华人民共和国成立后，龙泉青瓷艺苑更是人才济济百花齐放，取得了辉煌的成就，并在全世界有着广泛影响，其传统烧制技艺已正式入选联合国教科文组织的人类非物质文化遗产代表性名录。

今天，伴随着中国优秀传统文化的弘扬和中华民族的伟大复兴，龙泉青瓷正在步入一个全新的繁荣期。2006 年，龙泉青瓷入选国家级非物质文化遗产名录；2009 年 9 月 30 日，联合国教科文组织保护非物质文化遗产政府间委员会第四次会议审议并批准了列入《人类非物质文化遗产代表作名录》的七十六个项目——龙泉青瓷传统烧制技艺榜上有名，这是全球第一个也是唯一一个入选的陶瓷类项目。

在我国瓷器发展历史中，青瓷技艺在南宋之际达到巅峰，龙泉青瓷更是集青瓷技艺之大成，不仅在中国陶瓷史上具有举足轻重的地位，而且在人类陶瓷文明发展、世界商贸和文化交流中也发挥着巨大的作用。作为人类非物质文化遗产的杰出代表，龙泉青瓷传统烧制技艺世代相传，至今依然保持了顽强旺盛的生命力，见证着人类陶瓷文明的发展和伟大的创造力。截至目前，龙泉青瓷领域已经有中国工艺美术大师四位，中国陶瓷艺术大师九位，浙江省工艺美术大师三十余人。

二、项目代表性传承人概况

徐朝兴先生从十三岁开始学艺，六十年来一直孜孜不倦潜心钻研，秉承着严谨的制瓷态度以及力求创新的制瓷思路，在继承龙泉青瓷传统的基础上锐意创新，前后成功开发哥弟绞胎、哥弟混合、象形开片、露胎装饰、青瓷玲珑、点缀纹片、灰釉跳刀等新工艺，力求将龙泉青瓷的工艺特点与美术装饰、艺术与文化相结合，使作品给世人以一种清纯、典雅、洗练的艺术感。在发扬传统青瓷菁华的同时，拓宽了青瓷的美学范畴，深化了陶瓷文化的内涵，使龙泉青瓷这一古老艺术得以发展，成为当代龙泉青瓷继往开来的领军人物。

他的作品被美国白宫、韩国、日本国家博物馆、北京人民大会堂、中南海紫光阁、国家博物馆、中国美术馆等收藏，他本人亦获得了亚太手工艺大师、中国工艺美术大师、龙泉青瓷烧制技艺国家级代表性传承人、中国知识产权文化大使、中国艺术研究院硕士生导师、浙江省青瓷行业协会会长、中国政协文史馆工艺美术研究院副院长、浙江省文史馆馆员等头衔。

三、传承：回顾过去

作为首批国家级非物质文化遗产代表性传承人，徐朝兴大师为龙泉青瓷传承发展呕心沥血，不仅自己创作出大量的精品力作，而且言传身教，无私传艺，培养出一大批龙泉青瓷的中坚力量。目前拜师于他门下的弟子中有六人被评为中国陶瓷艺术大师；八人被评为浙江省工艺美术大师；徒孙辈也已有三人被评为浙江省工艺美术大师。

一直以来，徐朝兴都在为青瓷文化的弘扬不断努力，做出贡献。

早在 2006 年，为了提升龙泉青瓷的知名度与影响力，其自发在中国美院举办徐朝兴从艺五十周年回顾展，受到了陶瓷艺术界和社会的广泛关注和肯定。

在 2009 年申报人类非遗过程中，作为首批国家级非遗传承人，徐朝兴深感自己有责任和义务为此次申报做一些力所能及的事情。经过长时间的策划与筹备，他携徒弟在杭州成功举办了以"传承·延续"为主题的龙泉青瓷精品展，为申报人类非遗起了积极的推动作用。

2013 年是联合国教科文组织《保护非物质文化遗产公约》颁布

徐朝兴从艺五十周年回顾展

龙泉青瓷展

十周年。为推动亚太地区传统手工艺的保护和发展，10月17日，首届亚太传统手工艺博览会拉开帷幕。作为传统手工艺的非遗瑰宝龙泉青瓷精彩亮相。徐朝兴携徒子徒孙共一百一十五人以"青之梦、瓷之道"为主题，从家庭生活中吸取灵感，设中堂、书房、餐厅、展示厅、手工艺现场表演，在青瓷生活馆全方位展示了龙泉青瓷保护、传承、发展的全过程。在此期间，浙江省非物质文化遗产保护中心还专门召开了徐朝兴师徒的画册《青之梦瓷之道：徐朝兴师徒精品集》的首发式，全面呈现了龙泉青瓷传承的新篇章，记录了徐朝兴师徒三代的传承脉络和发展历程。

作为浙江省青瓷行业协会的会长，徐朝兴每年都会带头组织举办龙泉青瓷创新设计评比和技艺比武，亲自邀请国内外的知名陶艺大师作为评委，力求给年轻一辈的青瓷从业人员搭建一个可以相互学习、相互交流、展示自我的平台，从而促进龙泉青瓷行业整体技艺水平的提高。

为了培养龙泉青瓷后备力量，传输新鲜血液，龙泉市政府在龙泉市中等职业技术学院开设了青瓷专业。作为传承人，徐朝兴为了更好地传承青瓷文化，从2012年起在青瓷班特别设立了徐朝兴奖学金，希望以此来激励新一代接班人。

四、传承：展望未来

目前，龙泉青瓷整体发展形势虽趋于良好，但仍存在许多不足之处。首当其冲的就是龙泉青瓷的推广问题。由于龙泉地处偏远，交通不便，硬性条件的不足很大程度上造成了龙泉青瓷从业人员思维的局限性。虽然龙泉青瓷是目前第一个也是唯一一个人类非物质文化遗产的陶瓷类项目，但是我们不得不承认，它的知名度远不如景德镇青花瓷来得高。为了打破这一尴尬的局面，我们必须要做好龙泉青瓷的推广工作，搭建更多平台，让龙泉青瓷可以更好更快地走出浙江，走向国际。

徐朝兴虽然已年过七旬，但仍勇于担当，身体力行，心系青瓷，携徒子徒孙一百余人共二百五十余件作品，于2016年12月在北京中国美术馆举办徐朝兴从艺六十周年暨师徒非遗传承龙泉青瓷作品展。

此次展览共分为三个模块，分别为文献、工具、作品（作品为参展主体，其余两个模块为衬托主体而设）。

展览期间举办了关于龙泉青瓷知识普及与制作的现场交流互动。徐凌及竺娜亚主持"触摸泥土，感受青瓷"的青瓷主题公开课，结

徐朝兴师徒展合影

龙泉青瓷传承活动

"徐朝兴奖学金"颁奖仪式

合青瓷现场制作，让观众切身体验青瓷制作中的拉坯、修坯等流程。此外，还举办了两场学术研讨会：徐朝兴从艺六十周年历程梳理；全国手工艺行业传承拓新问题，特定时期中的转型问题，适应时代的转型问题。

出版《传承与拓新：龙泉青瓷徐朝兴从艺六十周年展暨师徒作品集》以及《上手》两本书籍。其中《上手》这本书是通过对国内外工艺美术界、文学界等知名手艺人以及学者的采访进行梳理成册，其中包含不同行业的人对于工匠和手艺人的理解，手艺人对于生长、时间的解读，以及如何保护传统工艺、如何创新、对于龙泉青瓷未来发展的建议等一系列问题的看法。

在人类非遗保护的背景下，龙泉青瓷承担着延续陶瓷文明的历史使命。希望借由此次展览，给大家提供一个全方位认知青瓷的平台，让更多的人了解青瓷，体会青瓷的韵味。也希望在不久的将来，龙泉可以建立青瓷考古研究、传统业态保护、传承人梯队建设、传承基地设立、传播平台构建等的非遗保护体系，树立起一个可供世界借鉴的非遗传承典范。

高腔传承路漫漫

——国家级非遗项目（松阳高腔）代表性传承人陈春林调研报告

丽水市非遗保护中心　黄来松

　　松阳高腔发源于松阳县玉岩镇一带，源于宋元南戏，是一种历史悠久、自成格局、颇具特色的单声腔剧种。民国 17 年（1928）的《松阳县志》就有玉岩镇新岗村演出高腔的记载。因其在艺术上保留着很多古戏痕迹，被有关专家称为戏曲的"活化石"。2005 年 5月，松阳高腔被浙江省人民政府公布为首批浙江省非物质文化遗产代表性项目。2006 年 6 月，又被国务院公布为首批国家级非物质文化遗产代表性项目。2007 年，陈春林被评为松阳高腔国家级代表性传承人。

　　据陈春林回忆，以前松阳县玉岩镇一带逢年过节或举办各种庙会和节庆活动的时候，都离不开松阳高腔。他的父亲是土生土长的农民，从来没有参加过高腔演出，嗓音也不是很好，但在家中也偶尔能够哼几句。1964 年春，以原新岗村为班底的高腔剧团恢复演出，急需培养年轻演员。经村民集体商议，陈春林和其余十二位小朋友一起到了高腔剧团。根据陈春林的爱好，团里让他主演大花脸角色。新岗高腔剧团属于农村业余剧团，农忙时演员参加生产劳动，农闲时组织演出，因此对唱腔和表演水平等没有太严格的要求，剧团也没有明确的师徒关系，不存在严格意义上的拜师，当时指导陈春林的是李木宙献。和其他老艺人相比，他的要求比较严格，精湛的表演技艺在剧团数一数二。因为文化程度不高，陈春林一边读戏演戏，一边还坚持去完成初中课程。在每一次学戏文的时候，都要将传统剧目的手抄本看熟，领会戏文的主题，将自己的角色分析到位，这样的演出才会比较成功。

　　从跨进高腔表演大门时起，陈春林几乎投入所有的精力刻苦学习，尽力提高自己的表演水平，以此来吸引更多的观众。后来，陈春林担任了白沙岗剧团团长一职，负责剧团最重要的跑戏工作，寻找市场演出机会。1990—2000 年，松阳高腔表演遇到了前所未有的危机，作为传统的民间业余剧团，白沙岗剧团外出表演的机会原本就不多，加上现代娱乐形式的发展，喜欢高腔的年轻人不断减少。高腔衰落还有另一个原因，

松阳高腔开展传习活动

以前村民们愿意参加高腔演出主要还是希望能够增加点儿收入，后来长期面临演出市场每况愈下的现实，村民们的凝聚力也慢慢开始动摇了。从 1982 年开始，松阳县领导及文化部门就十分重视对松阳高腔的保护，也多次做过资助扶持，但是面对市场的不景气，政府的补助几乎是杯水车薪，根本解决不了生存问题。在看不到任何前景的情况下，剧团的大部分成员纷纷提出要解散剧团，变卖演出设备。就在大家准备变卖家底之时，出于对高腔的感情，陈春林建议大家先保留演出设备，通过政府的支持和大家的共同努力，松阳高腔说不定还可以重整旗鼓。但是大家都表示反对，认为高腔的消逝是大势所趋，留着这些设备没有价值和意义，变卖了多多少少还可以回收点成本。当时陈春林在劝说无效的情况下，没有和家人商量就去借了几万元高利贷，买下了剧团所有的戏服和舞台设备。从剧团解散开始，陈春林一直东奔西走，到有关部门了解相关政策，期待高腔这门艺术能够延续下去。2003 年 8 月，浙江省民族民间艺术保护工程工作会议召开后，松阳县文化广电新闻出版局多次召开松阳高腔保护工作座谈会，并制定了《松阳高腔保护实施方案》，白沙岗剧团被列为松阳高腔传承基地之一。这些可喜的变化使白沙岗剧团迎来了春天。因为年龄的原因，目前陈春林基本不再上台演出，主要从事松阳高腔资料、曲目收集和服装道具整理等工作，同时在省级非遗传承教学基地玉岩中学及玉岩小学指导，为小学生和初中生展示松阳高腔表演精髓。

经调查研究，当前松阳高腔传承面临的主要问题如下。

第一，愿意从事高腔演出的年轻一代少，传承人的技艺缺乏吸引力，找不到合适的传授对象。当前，人们的生活方式和思想观念发生了较大变化，原来农忙时生产、农闲时演出的松阳高腔在农耕时代很受当地群众的欢迎，但现在的村民已不再囿于现有的生活区域，大部分演员平时都外出打工经商等，有自己的事业，高腔演出只是一种业余爱好。没有稳定的经济收入和专业的剧团支撑，高腔对年轻一代的吸引力大大降低，这就导致了新一代传承群体的不足。

第二，社会参与面狭窄，文化部门显得力不从心。作为一个国家级非遗项目，松阳高腔得到了松阳县有关部门的重视。但是，松阳高腔的保护和传承需要全社会支持，需多部门形成合力，整体推动，并非文化部门一家能承担得了。近年来，国家对传统戏剧的保护和支持力度很大，国务院办公厅下发了《关于支持戏曲传承发展的若干政策》的通知，浙江省也提出了传统戏剧保护振兴计划，各级财用在松阳高腔保护和传承方面的经费每年约有近一百万。但是，松阳高腔现有的两个剧团都是农村业余表演团体，演出水平不高，同时，由于农村剧团演员文化素质不高，在戏剧创作和艺术提高上很难有所作为。

第三，广大群众对艺术的选择趋于多样化，对松阳高腔如何做好保护和传承工作的意见不一。从非遗保护的基本要求出发，我们保护一个非遗项目要注重其真实性、整体性和传承性，要尽量多保留该项目原汁原味的东西，也就是说要坚持松阳高腔的声腔特点和表演形式；而从市场开发的角度出发，为了地方戏剧的繁荣发展，不同戏剧形式之间要经常交流探讨，只有更接近群众的视听需求，才能更受群众欢迎。坚持传统演出方式还是进行创新改变，这是一个两难的选择。

第四，研究人员缺乏，系统研究与深入开发挖掘难度大。松阳高腔被称为戏曲的"活化石"就是因为它历史悠久，地域特色非常鲜明，但是几乎没有相关的研究人员。我们请教了不少省市级戏剧专家，他们给出的总体意见就是目前很难找到合适的人才和专家对该剧种进行系统研究与深入开发挖掘。因此，文化部门除了经费扶持之外，也缺乏更多的支持方式。

针对上述问题，我们就做好松阳高腔的保护传承工作，计划采取如下几点对策。

首先，当地政府和文化部门通过花钱买服务的形式支持松阳高腔的传承和发展，保证高腔剧团正常运营的基本资金要求和演出市

省级非遗传承教学基地玉岩中学——松阳高腔兴趣班开班典礼

场。在积极推动公共文化服务体系建设的背景下，国家对广大农村群众的文化需求非常重视，因此，可以开展一系列的文化惠民活动，给予一定的经费保障，扶持松阳高腔剧团基本运营；另外，文化和人事部门可以经常性地对传承人和剧团负责人进行必要的经营意识和业务技能培训。促进剧团市场竞争意识，争取两条腿走路。

其次，跳出非遗做非遗，将保护遗产、传承文化与提升城市品位、惠及当地群众有机结合，打好非遗牌，找准非遗与旅游的结合点。文化是旅游的灵魂，人们从居住地到旅游目的地，为的是去寻找、了解、体验这里的地域文化、民俗文化等。在打响松阳文化旅游品牌的同时，可以结合松阳非遗馆这个展示平台，将松阳高腔演出纳入旅游路线内容，既丰富旅游路线的人文内涵，也可以促进非遗馆的人气，提高松阳高腔的知名度。

再次，建立非遗传承工作部门联席会议制度，强化工作合力。非遗的保护和传承需要党委、政府继续在人、财、物方面给予强力保障，重点保证传承人传承、非遗馆建设、展示活动等的基本需要，同时也要加强与各级宣传、民族宗教、建设、旅游等部门的合作。近年来，这些部门在各自的职责范围内都有一定的和文化融合的资源，我们可以借助他们的平台，互相贯通各自工作领域的结合点，重点推出松阳高腔这个本土文化的精品项目，以期多点开花，多领域延伸发展。

最后，建立传承人及学徒的奖励和评估机制。政府及有关部门出台相关扶持政策，对参与松阳高腔演出的传承人及学徒给予精神和物质上的双重奖励；文化教育部门联合做好高腔进校园活动，推动松阳高腔在中小学的传承发展，保证高腔演出后继有人；组织专家学者、相关部门对现有的包括松阳高腔在内的非遗代表性传承人及所掌握的项目技能做系统的科学评估分类，根据其年龄结构、文化水平、传承能力，制定传承人保护和培育新生传承力量的中长期规划。

国家级非遗项目（青田石雕）
代表性传承人倪东方、张爱廷调研报告

青田县非遗保护中心　王丽

一、项目综述

　　青田石雕是青田石与青田雕刻技艺的完美结合，距今已有一千七百多年历史。它所承载的内涵包括原材料选择、传统雕刻工具使用、表现手法和工艺流程运用、创作题材构思、雕刻技艺传承等。青田石雕交替使用圆雕、镂雕、浮雕、线刻等手法，通过相石、开坯、雕琢、封蜡等工艺流程，使作品惟妙惟肖、栩栩如生。雕刻风格有写实和写意两大类，作品力求巧妙、变化、精细，形成了"因材施艺、因色取巧"的独特传统美术工艺，堪称中国工艺石雕之经典，在中国石雕史上占有重要地位。2006年，青田石雕被列入第一批国家级非物质文化遗产保护名录。

　　如何将青田石雕文化发扬发大，将传统技艺延续传承下去，是一个亟待解决的问题。

　　近年来，青田县委、

倪东方

县政府高度重视石雕文化发展工作，紧紧围绕大产业、大发展、大繁荣的产业发展战略，以"强内延外"为举措，不断夯实产业基础，大力培育石文化产业集群，10千米石文化产业带逐步形成。现有山口石雕城、水南石雕加工场两个大的专业市场，国家4A级石文化旅游区大安石文化产业园区正在建设中，秋芦石雕综合体项目修建性详细规划方案已编制完成。2015年底，全县注册石雕生产经营单位1100多家，其中石雕企业200多家，规模以上企业14家，亿元以上企业6家，县外专业经营青田石雕商铺300多家。2015年，全县规模以上石雕企业产值25.17亿元。全县石雕从业人员3万多人，专业石雕创作人员4000多人，其中中国工艺美术大师6人，65周岁以上占比33%，浙江省工艺美术大师54人，65周岁以上占比6%，丽水市工艺美术大师59人，65周岁以上没有，专业技术人才队伍居全省各工艺美术类行业前列；非遗代表性传承人国家级2人、省级2人、市级2人，65周岁以上的占33%；国家级生产性保护基地1个，省级宣传展示、生产性保护、教学等传承基地4个，县级（教学）传承基地9个。

二、项目代表性传承人概况

（一）倪东方

倪东方，男，汉族，生于1928年，浙江青田县人，国遗项目青田石雕国家级代表性传承人，中国工艺美术大师，亚太地区手工艺大师。他与石雕的缘分开始于上学时师母的一句"长一技胜读十年书"。从一开始在石雕工厂锯石头到后来出于对石雕的热爱苦心钻研，自学了两年之后，要求调到雕刻车间工作。就这样，他在青田石雕厂工作了三十多年。担任副厂长期间组织创作组，但总感觉创作的时间远远不够。退休后的他把所有时间都投入到了创作当中，真正迎来了自己的创作黄金时代。他从小接受民间美术和民间审美观念的熏陶，作品不仅多次被故宫珍宝馆、国家博物馆收藏，还受到党和国家领导人赞赏。在七十余载的艺术生涯中，专注于石头世界，以超凡的艺术禀赋和旺盛的创造力，创作出了许多具有极高艺术价值的石雕珍品。代表作《秋菊傲霜》获第六届中国工艺美术品百花奖优秀创作设计一等奖；《花好月圆》是他的力作，被国家邮电部门选为特种邮票图案公开发行，还被中央电视台《寻宝》栏目评为民间国宝，并无偿捐赠给青田石雕博物馆永久珍藏；《俏色印雕》《杨梅》《秋菊傲霜》被中国工艺美术馆作为珍品收藏。被中国工艺美术协会授予中国工艺美术终身成就奖。

倪东方代表作《花好月圆》（洪建国摄）

（二）张爱廷

张爱廷，男，汉族，1939 年 2 月出生，大专学历，国遗项目青田石雕国家级代表性传承人，中国工艺美术大师，亚太地区手工艺大师。十五岁考入青田石雕厂，专业从事青田石雕行业，后被选送到浙江美术学院民间美术系学习。毕业后的他将传统工艺与现代艺术相结合，博古通今，融贯中西，独辟蹊径，作品形神臻于完美，为工艺美术界所推崇。四十多年来，张爱廷潜心于人物、山水、花鸟和动物的创作，造诣颇深。特别是在人物创作上，充分运用艺术美、形式美、装饰美的法则，使石雕人物造型达到形、神、趣三者兼备，从而形成了张氏流派风格。同时，在他的影响下，青田石雕

张爱廷代表作《丰收》

人物类雕刻一改长期处于弱势的局面，得到了中国工艺美术界和收藏界的普遍认同和喜爱。他这种大胆、成功的艺术尝试，为新时期的青田石雕创新提供了极为有益的范本。他的代表作《丰收》入选青田石雕特种邮票并公开发行；作品《舞狮》获2010年中国非物质文化遗产博览会金奖。荣获"中国玉雕刻大师"和"中国当代杰出书画家"等称号，被特聘为中国玉雕大师认定工作委员会委员和第五届中国工艺美术大师评委。其非同凡响的艺术成就确立了其在青田石雕艺术金字塔尖里"东方之子"的应有位置。

三、传承人的传承实践

（一）倪东方传承情况

"'要注重创新，但更要紧抓传统。心要沉，心要静，无论外界多么纷纷扰扰，我们做石雕艺术，要有自己的天地。'这是师傅对我们强调得最多的话，他更是这么要求自己的。"倪东方大师的入室弟子林爱平如是说。倪东方大师还强调，青田石雕要学习书画的意境，更要走进艺术殿堂，如何让青田石雕摆脱原有手工艺的局限转而走向更广阔的艺术世界，是他一直思考的问题。

倪东方大师从艺七十多年来始终牢记自己作为青田石雕传承人所肩负的责任和义务，陆续收徒三十余人，下已传承至五代，徒子徒孙上千人，年近九十高龄的他还收了一个二十多岁的初学者为徒。众徒中有国家大师、省大师、省级代表性传承人、高级工艺美术师、工艺美术师等人才，都已成为青田石雕行业的中坚力量。他还被青田石雕技术学校聘为客座老师，时常到学校为学生传授青田石雕传

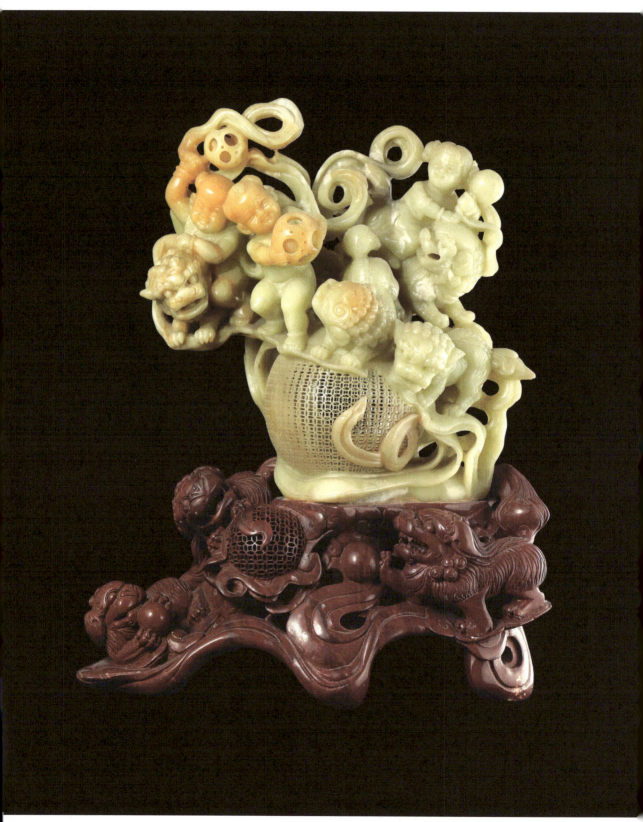

张爱廷代表作《舞狮》

倪东方在指导徒弟雕刻（洪建国摄）

统技艺创新心得体会，手把手指导学生学习雕刻技艺。

（二）张爱廷传承情况

张爱廷大师将现代与传统的创新与青田石雕妥善结合，给学生们讲课。他将青田石雕的传承方式逐渐从过去的师徒传承变为部分学校教育。他不仅编写了青田石雕技术教材，还兼任多种教学和传艺任务，曾任浙江美术学院雕塑系教授，目前还义务在青田石雕艺术学校授课。退休之后创办了个人石雕工作室愚石山庄，招收和培养了一批石雕新人。2001 年以来，每年都接收两到三名学徒，如今还有三名年轻关门弟子在他的工作室学艺。

1961 年，开始为首批青田工艺美术学校的三十八名学生传授石雕技艺，每天上美术基础理论课和石雕实践课。1971 年以来，陆续收徒一百三十八人，手把手传授石雕技艺，真正做到因材施教，根据每个人不同的水平进行讲解，要求也不一样，讲的深度也有不同。几十年所收徒弟中已有十五人取得高级工艺美术师职称，徐永丽、张爱光、戴春平、卓乃枢、留大伟、张海政六人获得"浙江省工艺美术大师"称号。

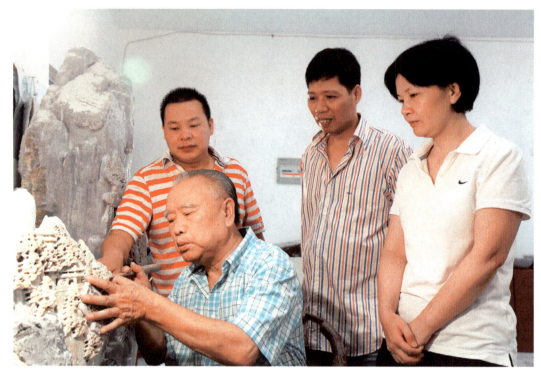

张爱廷现场讲解示范

四、存在问题及保护对策

（一）存在问题

倪东方、张爱廷两位国家级代表性传承人一直都在为青田石雕的传承与发扬光大而奋斗，他们始终没忘自己作为青田石雕传承人所肩负的责任和义务，他们手把手指导学生学习雕刻技艺，将自己在青田石雕艺术上的探索、创新心得都毫无保留地传授给自己的学生。但是，影响石雕技艺传承保护的因素仍普遍存在。

1. 青田石资源稀缺

青田石生成于一亿四千万年前的火山活动时期，是一种变质的中酸性火山岩，叫流纹岩质凝灰岩，主要矿物成分为叶蜡石，还有石英、绢云母、硅线石、绿帘石和一水硬铝石等。质地细软，岩石硬度中等，玉石含叶蜡石、绢云母、硬铝石等矿物，所以岩石有滑腻感，非常适合于雕刻。青田石的品类多达一百余种，其中名贵石种有灯光冻、封门青、黄金耀、蓝花青田、竹叶青、芥菜绿、金玉冻等。青田石原本就是稀缺资源，又不可再生，近几年的过度开采加上缺乏有效保护，正常的雕刻石缺乏公开流转，使这一问题更加严峻。

2. 传统技艺传人断档

虽然还有熟练掌握传统雕刻技艺的大师一直坚持传统雕刻，但

张爱廷在创作中

是面对这个机器替代传统手工艺的大环境，越来越多的人开始远离手工，长此以往，一直传承的传统手工艺就会渐渐流失，传承人的接力棒必然会面临断档的危机，这也给青田石雕的发展造成阻碍。

3. 石雕原始文献奇缺

青田石雕历史悠久，底蕴深厚，雕刻技艺流派较多，流传地域也较广泛。虽然在县委县政府的重视下于 2006 年建立了青田县石雕博物馆，可对石雕雕刻技艺产生、技艺传承流派、流传地域分布等原始文献资料的收集不够系统完备，特别是代表性传承人以流派相承的雕刻技艺及相关文化没有足够的文字资料。

4. 产品交易市场不足

早期，青田石雕虽有一个石雕雕刻厂，但基本是以家族作坊生产和经营为主，没有形成一个正规的规模化的交易市场，不利于营销和宣传，达不到一定的影响力，也在一定程度上制约了青田石雕的发展。

（二）保护对策

近年来，青田县委、县政府为推动石雕行业的发展，加大对石雕技艺的传承和保护，采取了许多有力的扶持政策。

1. 加大对青田石资源的保护和利用

依托青田石雕博物馆、中国石雕城和石雕工业园区等文化产业基地，积极推动青田石矿山公园、中国原石市场建设，出台《关于加快青田石文化发展的决定》，不断完善"政府引导、市场运作"的石雕产业发展机制，配合有关乡镇，推动青田石珍稀资源的管理和保护，合理节约开采，出台《青田石资源管理保护办法》。近年来，又尝试利用石雕雕刻作品过程中废弃的小料进行首饰雕刻。石首饰已经开始走俏市场，刚好可以废物利用，既制作出精美的首饰，还不浪费原材料。

2. 发展石雕手艺人的后继力量

针对青田石雕的传承，利用现代职业教育的优势，保证传承数量和质量。为青田职业技术学校提供较为优惠的办学条件，加大对石雕专业的招生力度，吸引更多人学习石雕技艺；青田县还成立了石雕学术研究基地——青田石雕研究中心，定期培训石雕人才；支持开展各种方式的名师寻徒活动，建立四级梯队代表性传承人传承模式，慢慢进入可持续发展的良性循环。

3. 完善资料档案

加大对青田石雕博物馆的投入，充分发挥青田石雕博物馆的展示、交流和科研平台作用，建立专业的档案规整机制和专门的档案室，做好青田石雕各个历史时期的资料整理共建工作，做好青田石雕各个时期的代表性作品征集工作，保持青田石雕文化发展历史的延续性。制作各个流派雕刻技艺传承的文字、视频等资料。

4. 加快石雕产业集群建设，打造专业展示平台

建成板石原石交易市场，助推小镇形成集矿山开采、原石交易、作品雕刻和鉴赏销售于一体的完整产业链；建成青田石雕市场，填补石雕行业原来有市无场的历史，为石雕艺人和石雕作品提供一个平台。

综合上述调研结果，青田石雕的技艺和文化都是非常宝贵的财富，不仅让我们领略到石雕技艺的精湛，而且让我们感受到了中华民族传统文化的特色韵味，更有许多像倪东方和张爱廷两位爱石雕、为石雕艺术奉献一生的传承人，让我们由衷赞叹。虽然青田石雕的传承保护还有许多需要解决的问题，但是，这些问题大多都已经解决或者正在解决中。在互联网浪潮的助推下，石雕产业必定有好的前景。我们不难发现，科学保护、合理利用非遗项目，不仅能使先辈们留下的宝贵遗产得以继承，更能助力区域社会和经济发展，达到两全其美的效果。

青山不老 雄心不泯

——国家级非遗项目（张山寨七七会）代表性传承人胡文相调研报告

缙云县非遗保护中心 赵茜茜

缙云，这个地处浙中南腹地的秀丽山城，最早建于唐代武周万岁登封元年（696），至今已有一千三百多年的历史。作为有着悠久文明历史的东方山城，缙云县的非物质文化遗产非常丰富，县非遗工作者热爱桑梓，忠于历史，怀乡土之情，具敬畏之心，走村进户，考证筛选，立项建档，申报名录。目前，缙云县已有非遗项目国家级 3 项、省级 17 项、市级 38 项、县级 110 项，国家级非遗代表性传承人 1 名。今天，我们走进大山，对张山寨七七会国家级代表性传承人胡文相的传奇经历和传承实践进行调研。

一、项目综述

在缙云县城东南 16 千米、胡源乡招序村北岩门之南有座古庙，俗称"献山庙"。每逢农历七月初七，这里人山人海，香烟缭绕，爆竹阵阵，鼓乐喧天，龙狮翻腾，歌舞弥漫，这就是闻名遐迩的张山寨七七会。

张山寨献山庙初建于明洪武年间（1368—1398）。山寨四周奇岩偎依，苍松郁郁，环境清幽。庙内供奉着陈十四等六位天仙娘娘。陈十四娘娘是浙南、福建一带民间广为信奉、颇有影响的地方神，传说祖籍福建，父为陈上元，名为陈十四，又名陈靖姑。少时上闾山学法，广结姐妹英豪，除妖保民，屈死成神。相传明洪武七年（1374），陈十四追杀蛇妖路过现胡源乡一带时，救下该乡东山村民张希顺六岁幼子，张希顺感恩戴德，献出张山寨一块山地塑陈十四金身建庙，称"张山寨献山庙"。

张山寨七七会始于明万历二年（1574）。传说农历七月初七是陈十四诞辰，为纪念这位除妖保民的救星，定农历七月七日为大庙会大会期。之后每年七月初五至七月初七，当地百姓及来自杭州、温州、丽水、永康、磐安、仙居、永嘉及福建、江西、台湾等地的群众都聚集在这里祭祀朝拜陈十四娘娘。由缙云县胡源乡、溶江乡、双溪口乡、舒洪镇、东方镇、东渡镇等乡镇的二三十个村组成庞大的迎案队伍，有肃静、回避牌、罗伞、掌扇、旌旗、刀枪斧钺的全副仪仗，陈十四娘娘銮轿在鼓乐仪仗簇拥下，分别从四条路上献山庙。一时间，漫山遍野旌旗蔽空，刀枪林立；民间表演载歌载舞，鼓乐震天。献山庙前空地上表演的节目有叠罗汉、扭秧歌、三十六行、十八狐狸、铜钱棍、纸扇班、大莲花等。杂技有大牌坊、小牌坊、过仙桥、七丁珠、叠水井、开荷花、观音扫殿、老鸦扇翼等，有梅花阵、

胡文相介绍历年张山寨七七会活动情况（胡盛玮摄）

胡文相指导民间表演（胡盛玮摄）

大盘龙、天门阵等十几种阵法。演出节目富有浓郁的地方特色，演出时间长达五小时之久，参与人数多达四万人。

　　张山寨七七会历史悠久，规模宏大，内容丰富，各种文化相互交融，地方特色鲜明。庙会活动涵盖信仰、民俗、文化艺术等领域，且一脉相承，世代相传，不仅丰富和继承了民族民间优秀传统文化，且对弘扬民族精神和增强社会凝聚力都将产生一定的推动作用。

　　2011 年 5 月，张山寨七七会被国务院公布为第三批国家级非物质文化遗产。胡文相为张山寨七七会国家级代表性传承人。

胡文相指导小学生进行民俗表演（胡盛玮摄）

二、项目代表性传承人概况

胡文相，男，1931年6月出生，以种田为生。浙江省缙云县胡源乡胡村村206号是传承人胡文相的家。老人身体尚好，耳朵有点背，家中有一个儿子、一个孙子，老伴已故，两个女儿已外嫁。目前，胡文相参加城乡居民养老保险和城乡医疗保险，每月的一百五十元养老保险及每年省和国家的非遗传承补贴是他的主要收入来源。

胡文相祖辈以种田为生，他从小在胡村生活，在十岁的时候，胡村村的张山寨七七会活动很热闹，每年都进行，几乎全村人都会参与。胡文相喜欢凑热闹，对张山寨七七会很感兴趣，跑前跟后地和村里大人参加了各种庙会仪式。后来，胡村村里的庙会首事人胡拱才看到胡文相年纪小又积极，头脑灵活，聪明好学，就有意培养，一直将他带在身边。胡文相从胡拱才身上学习了多种民间表演技艺，积累了许多宝贵经验。通过每年参与各种活动，胡文相逐渐熟悉了张山寨七七会的流程和规矩，还掌握了"迎罗汉""三十六行"等迎神赛会民间表演技艺。他积极筹备、组织、发动和指导村民参加张山寨七七会活动，成为胡村村点首事（负责人）之一。

张山寨七七会是农历七月初七当日进行的集中表演活动，但整个准备活动需要提前一个月就开始。活动大致分为上寨迎轿、巡游祈福、迎案表演、祭拜归位等几个阶段。

（一）上寨迎轿

每年农历六月初开始，轮值的首事村就要择黄道吉日到张山寨献山庙恭迎陈十四娘娘金身。迎接时，先在陈十四娘娘像前摆香案，献三牲、鲜桃果品、糯米印饼、糖果等供品。然后燃香鸣炮，在主事人的指挥下，以肃静、回避牌为前导，由四人抬扛娘娘銮轿，罗伞、掌扇、刀、枪、斧、钺护卫陈十四娘娘銮轿下山，迎放到娘娘宫里（主事村设有陈十四娘娘的"行宫"，称"娘娘宫"），设供桌、供品，日夜由人轮流值守，添香换烛。七月初五开始，首事村请戏班演戏，戏台正对娘娘宫，请陈十四娘娘观赏，一般要连演三到七天。

（二）巡游祝福

农历七月初五，在主事村的娘娘宫前进行迎案（仪式相对简单），燃放鞭炮，敲锣打鼓，由八人扛抬陈十四娘娘銮轿，仪仗队跟随其后，到各村依次进行巡游祈福。每个村事先在村口摆好供桌供品，等案队一到，即燃香点烛，放鞭炮恭迎。迎游祝福完毕后，回到主事村，将娘娘神像安放回娘娘宫。

（三）迎案表演

农历七月初七的迎案表演最重要，也最热闹，各村都组织表演队参加。每支表演队四更起伙，五更出发（已经天亮）。首先，每队到娘娘宫前列队等候，仪式开始。由首事带头，摆香案，燃香鸣炮，朝娘娘宫跪拜，列队出发，各队的行走顺序为：案头牌、案头旗、先锋号、大锣开路，后为罗汉队、莲花落、秧歌队、三十六行、十八狐狸等，最后是仪仗队护卫下的陈十四娘娘銮轿。

上山表演队共有四十多支，约四五千人，各队集聚张山寨山脚。因上山的路只有四条，按规定，以先登岭头，并在岔路口插立案旗者为胜，胜者可优先进寨，选占中心位置进行祭拜和表演。

到达山寨后，各案队按顺序在献山庙前绕圈摆阵，献艺表演。大家最爱看的是叠罗汉，这需要一定的技艺，有难度，紧张刺激，不时博得在场观众的阵阵喝彩；其次是三十六行、大莲花、铜钱鞭等传统表演，这些表演只有在迎案活动中才能看到。表演队伍中的人员有八十多岁的老人，也有三四岁的小孩。整个会场人山人海，鞭炮齐鸣，锣鼓喧天，气氛热烈，整个迎案表演持续五个多小时。

（四）祭拜归位

迎案表演结束后，主事村扛抬娘娘銮轿，送陈十四娘娘回张山寨献山庙，俗称"娘娘归位"。参加护送陈十四娘娘的全体成员都要排队依次向陈十四娘娘虔诚祭拜。

几十年以来，胡文相利用农闲时间，不计报酬，义务指导张山寨七七会各迎案表演队的训练；在张山寨七七会活动期间，指导村民参加群体性活动、制作活动道具等。通过他的指导，张山寨七七会更规范有序，许多人现已成为传承该活动的骨干。据初步统计，接受指导和培训的村民人数达千人以上。胡文相虽现在年事已高，但仍不遗余力，青山不老雄心不泯，继续为传承和发扬传统民俗文化而努力做贡献。

三、传承现状分析

非物质文化遗产就是活着的宝藏，是历史发展的必然产物，又称无形遗产，是相对于有形遗产，即可传承的物质遗产而言的概念。非物质文化遗产是需要人来传播的——必须是一代又一代、深深融入那片土地的人，用心灵及情感来传承。它不是简单的一门手艺、一方习俗，而是一种地域文化，一种人们对故土的情感和对祖先的崇敬。

非遗是民族的记忆，而民间艺人则是非遗的守护神。文化是一个民族一个国家综合实力的重要组成部分，要充分认识民间艺术对于构建和谐社会的重要意义，树立资源意识、保护意识，把这些草根文化发扬光大。

非遗是缙云县人民艺术智慧的历史见证，是社会主义文化建设的重要组成部分，对于打造文化大县，提升缙云县软实力具有重要意义，保护与传承这份遗产势在必行。

胡文相今年八十五岁高龄，虽然热心于非遗活动，雄心不泯，但年高耳背，一些口传心授的知识正在慢慢消失，若传承人亡故或是丧失传承能力，则面临失传的危机。

四、保护对策

张山寨七七会是缙云县的三个国遗项目之一，也是缙云民俗文化的一个缩影。张山寨七七会最大的特点是村民自发组织、自筹资金、自我管理、自行表演，原汁原味原生态，开展多种方式对此给予保护和支持尤为重要。如何加强非遗和传承人的保护，使之更好地传承，是个待解决难题，也是亟须破解的课题，对策如下。

对策之一，专门聘请专家对张山寨七七会项目进行调研，编撰完成国遗系列丛书之《张山寨七七会》《张山寨七七会通志》《非遗印记》《缙云山歌》等。专门建立张山寨七七会项目档案，开展

传媒大学采访胡文相（潜楚摄）

张山寨七七会各类表演项目进校园活动，邀请上级领导和专家对该项目进行观摩和指导等。

对策之二，以收集文字、图片、录音、录像等方式，全面记录非遗传承人掌握的非遗技艺和知识，征集保管传承人的特别是代表性传承人的代表作品，建立非遗传承人传习情况的档案。

对策之三，协助非遗项目代表性传承人建立必要的传承活动场所，设立具有传承、展示、教育功能的传承基地，加大扶持力度。国家级代表性传承人的保护经费纳入专项财政预算。

对策之四，建设张山寨七七会陈列馆，在原电影院的旧址上进行改建。开展传承人授课传艺或传承培训活动，建立基础补助机制，成绩显著的可给予适当奖励。

对策之五，加强非遗保护机构队伍综合素质的培训，实施"八个一"保护措施，制订五年保护规划，组建专家指导组指导保护传承工作，成立具体负责保护工作施行的工作班子，建立一支专业水平高、人员数量相适应的保护工作队伍。

对策之六，组织开展研讨、展示、宣传等多种形式的活动，提高对非遗保护工作重要性的认识，注重传统与现代、古朴与科技相结合，促进兄弟县市、部门之间的交流合作。

责任编辑　金慕颜
装帧设计　薛　蔚
责任校对　朱晓波
责任印制　朱圣学

图书在版编目（ＣＩＰ）数据

浙江省国家级非物质文化遗产代表性传承人调研报告/
浙江省非物质文化遗产保护中心编．－－ 杭州 ：浙江摄影
出版社，2017.12（2023.1重印）
　ISBN 978-7-5514-2045-7

　Ⅰ．①浙… Ⅱ．①浙… Ⅲ．①非物质文化遗产－研究
报告－浙江 Ⅳ．①G127.55

中国版本图书馆CIP数据核字(2017)第292590号

浙江省国家级非物质文化遗产代表性传承人调研报告

浙江省非物质文化遗产保护中心　编

全国百佳图书出版单位
浙江摄影出版社出版发行

　　　　地址　杭州市体育场路347号
　　　　邮编　310006
　　　　网址　www.photo.zjcb.com
制　　版　浙江新华图文制作有限公司
印　　刷　廊坊市印艺阁数字科技有限公司
开　　本　787mm×1092mm　1/16
印　　张　18
2017年12月第1版　2023年1月第2次印刷
ISBN 978-7-5514-2045-7
定　　价　144.00元